毛泽东家书

解读

季世昌 主编

商務印書館国际有限公司

图书在版编目(CIP)数据

毛泽东家书解读 / 季世昌主编. -- 北京 : 商务印书馆国际有限公司, 2019.1
ISBN 978-7-5176-0658-1

Ⅰ. ①毛… Ⅱ. ①季… Ⅲ. ①毛泽东著作-书信集 Ⅳ. ①A43

中国版本图书馆CIP数据核字(2019)第001844号

MAO ZEDONG JIASHU JIEDU
毛泽东家书解读

主　　编　季世昌
责任编辑　解洪科　王新民
责任校对　王朝晖　梁　超
装帧设计　苗　洁
出版发行　商务印书馆国际有限公司
地　　址　北京市东城区史家胡同甲24号（邮编：100010）
电　　话　010-65592876（总编室）
　　　　　　010-65122489（编辑部）
　　　　　　010-65598498（市场营销部）
网　　址　www.cpi1993.com
印　　刷　三河市紫恒印装有限公司
开　　本　787mm × 960mm　1/16
字　　数　296千字
印　　张　22
版　　次　2019年1月第1版第1次印刷
书　　号　ISBN 978-7-5176-0658-1
定　　价　69.00元

序

杨胜群

季世昌等几位同志编写了这本《毛泽东家书解读》，付梓之际，嘱我写几句话。我不揣浅陋答应了，因为我由于工作缘故同这本书有一点特殊的关系。

二十世纪八十年代初，我大学毕业分配到中共中央文献研究室工作。那时，研究室成立不久，工作任务主要是编辑毛泽东、周恩来、刘少奇、朱德、邓小平、陈云等老一辈革命家的著作。我进室后参加的第一项业务工作，就是编辑《毛泽东书信选集》。此前，毛泽东一生中留下的数百封书信，绝大部分没有公开发表过，更没有结集出版过。我负责参与编辑的正好是毛泽东写给亲友的部分书信。编辑毛泽东没有发表过的文稿，必须以最原始的版本为依据，留有手稿的一定要以手稿为依据。毛泽东给亲友的书信绝大部分是有手稿的，最早的有早年毛泽东在长沙湖南第一师范学校读书时写给舅父舅母及表兄弟的信，最晚的有二十世纪六十年代给家人的信，时间跨度达半个多世纪。我第一次接触到毛泽东这么多手稿，而且是毛泽东的私信手稿，首先感到的是神秘。此前真没想到毛泽东也同常人一样经常写家书，他也牵肠挂肚地惦念父母兄弟、儿女媳婿，他也同三姑六舅、堂亲表戚拉家常，叙家长里短。我庆幸自己成了毛泽东大量家书除当事人之外的最早的读者之一，从中认识了一个自己以前完全不知道的毛泽东，一个作为人之子侄、人之父兄的毛泽东，一个同普通人一样有着浓浓乡情、亲情的毛泽东。后来，我读到毛泽东晚年的一段谈话，更知道了这种同普通人一样的乡情、亲情，是伴随着他一生的。1975年，快走到生命尽头的毛泽东对身边工作人员说："人对自己的童年、自己的故乡、过去的亲朋，是很难忘记的。"

当年，我和同事们编辑毛泽东给亲友的书信，对其中不少书信的背景、内容等做了大量的考证工作，可谓一信之考旬月踌躇。而每一点考证，都会有新的发现，每一点发现都会让我们激动和感动不已。当我们了解到许多书信背后的那些鲜活的人物和故事之后，发现毛泽东的乡情、亲情与普通人一样，又与普通人不一样，是独一份的。毛泽东少小离家，无论是在戎马倥偬的战争年代，还是在中华人民共和国成立后日理万机的时日，他同普通人一样，牵挂故土亲朋。在井冈山，他写信辗转打听亲友的安危。在延安，他经常化名寄信或托人带信给亲友乡邻，慰问"大家的困苦与艰难"。他渴望得到乡音，希望亲友和他通信，说获得他们的"片纸只字都是欢喜的"。他挚爱亲友乡邻，心里装着亲友乡邻的"困苦与艰难"，选择用他认定的方式帮助他们。1937年11月，他在给外婆家一位表兄的回信中深情地说，自己是"为国家民族劳苦民众做事""我为全社会出一些力，是把我十分敬爱的外家及我家乡一切穷苦人包括在内的，我十分眷念我外家诸兄弟子侄，及一切穷苦同乡，但我只能用这种方法帮助你们"。寇深祸亟，毛泽东也许确实只能选择用这种方式帮助亲友。但是，在中华人民共和国成立之后，他在给一些求助于他的亲友的信中，还是说他考虑的是“全国范围内的事”，不便对与自己沾亲带故的一乡一地或一家一人搞“特殊照顾”。他会一一回信给一些亲友嘘寒问暖，并常常拿自己的稿费从生活上接济他们，却不肯为他们求职求学的事“形诸荐牍”，而是嘱他们安心在家务农，或者通过自己的努力创造条件获得工作或学习的机会。

《毛泽东书信选集》于1983年出版，在社会上引起很大的反响。收入选集中的给亲友的书信，也就是毛泽东的家书，在社会上流传开来。时逢毛泽东诞辰90周年，又是在中共中央做出《关于建国以来党的若干历史问题的决议》后不久，社会上出现了“毛泽东热”。毛泽东这部分家书的公开发表，对于人们了解毛泽东的家庭生活、情感活动，全面、正确地评价毛泽东，起到了重要的作用。

《毛泽东书信选集》出版十多年之后，1996年时逢毛泽东逝世20周年。我当时已是中共中央文献研究室编辑毛泽东著作部门的主要负责人，和同事们商量，决定编一部《毛泽东家书》以资纪念。这部书最后是和韶山毛泽东纪念馆的同志共同编辑完成的，但书名没有用“毛泽东家书”，用的是“毛泽东致韶山亲友书信集”，主要是因为当时我们还没有能够将毛泽东的家书收集齐。

在编辑《毛泽东致韶山亲友书信集》的过程中，我们又一次将毛泽东的家事梳理了一遍，也将毛泽东一生中处理家事国事的心路梳理了一遍。我们对毛泽东作为真正做到了以天下为己任的伟大革命家修身、齐家、治国、平天下的家国情怀，对毛泽东作为真正做到了完全彻底为人民服务的人民领袖与人民群众甘苦与共、休戚与共的品格风范，又有了新的感悟。那以后，我一直在想着，把毛泽东的家书更好地介绍给今人及后人，还可以做点什么事情。

现在，这样的事情终于有人做了。呈现在读者面前的这本《毛泽东家书解读》，将目前所能见到的毛泽东的家书都收集齐了，对毛泽东家书的内容的背景及书信中提到的人和事一一做了详尽的考证和介绍，对毛泽东家书的思想精华和精神价值做了深入的阐发，是一本让人更好地了解毛泽东、走近毛泽东的好书。

我相信，毛泽东家书会同历史上那些前贤先哲们留下的家训、家书一样流传下去！

目　录

1　致文运昌
（一九一五年二月二十四日）

6　致七、八舅父
（一九一八年八月）

9　致七、八舅父舅母
（一九一九年四月二十八日）

14　致八舅父七舅母八舅母等
（一九二二年七月五日）

17　致文运昌
（一九二二年十一月十一日）

19　致八舅父舅母
（一九二二年十一月十一日）

21　致文运昌
（一九三七年十一月二十七日）

30　致毛岸英、毛岸青
（一九三八年三月四日）

34　致毛宇居
（一九三八年五月二十六日）

39　致毛岸英、毛岸青
（一九三九年八月二十六日）

42　致毛岸英、毛岸青
（一九四一年一月三十一日）

47　致毛岸青
（一九四六年一月七日）

49　致毛岸英
（一九四六年十二月二十六日）

52　致毛岸英
（一九四七年九月十二日）

55　致毛岸英
（一九四七年十月八日）

58　致毛岸英
（一九四八年四月二十九日）

60　致李敏
（一九四九年）

65　致杨开智
（一九四九年八月十日）

69　致向振熙
（一九四九年九月十一日）

71　致杨开智
（一九四九年十月九日）

76 致毛远翔
（一九四九年十一月十四日）
78 致毛泽青
（一九四九年十一月十五日）
81 致毛宇居
（一九四九年十一月二十八日）
84 致文南松
（一九四九年十一月二十八日）
87 致毛泽荣
（一九四九年十一月二十八日）
89 致刘少奇阅转江青
（一九五〇年一月四日）
91 致毛照秋
（一九五〇年四月十日）
94 致向振熙
（一九五〇年四月十三日）
99 致杨开智、李崇德
（一九五〇年四月十三日）
103 致向明卿
（一九五〇年四月十九日）
106 致文运昌
（一九五〇年四月十九日）
108 致贺晓秋
（一九五〇年四月十九日）
112 致文涧泉
（一九五〇年五月七日）
114 致毛贻华
（一九五〇年五月七日）
116 致赵浦珠
（一九五〇年五月七日）
119 致陈国生
（一九五〇年五月七日）
122 致毛春轩
（一九五〇年五月八日）
125 致宋女士
（一九五〇年五月八日）
128 致毛逸民
（一九五〇年五月八日）
131 致毛远悌
（一九五〇年五月十二日）
133 致毛远翔
（一九五〇年五月十二日）
135 致周文楠
（一九五〇年五月十二日）
140 致文南松
（一九五〇年五月十二日）
144 致毛泽益
（一九五〇年五月十二日）
147 致毛宇居
（一九五〇年五月十五日）
151 致毛桂昌
（一九五〇年五月二十一日）
154 致毛爱桂
（一九五〇年五月二十六日）
157 致罗石泉
（一九五〇年八月二十三日）
160 致李讷
（一九五一年一月四日）
162 致毛宇居
（一九五一年四月五日）

164 致王淑兰
（一九五一年五月十五日）

168 致毛宇居、文梅清、张有成
（一九五一年九月四日）

171 致文炳璋
（一九五一年十月十日）

174 致贺晓明
（一九五一年十月十日）

177 致毛泽连、毛远悌
（一九五一年十二月十一日）

183 致陈玉英
（一九五一年十二月二十三日）

185 致毛岳乔
（一九五二年二月十五日）

188 致毛泽连
（一九五二年六月二十三日）

190 致毛宇居
（一九五二年七月十一日）

195 致毛宇居
（一九五二年八月二十一日）

197 致毛宇居
（一九五二年十月二日）

200 致毛爱桂
（一九五二年十月十日）

202 致毛泽荣
（一九五三年五月二日）

204 致毛宇居
（一九五三年八月二十七日）

207 致文涧泉
（一九五三年九月八日）

210 致毛月秋
（一九五三年十月四日）

220 致文九明
（一九五三年十月二十五日）

224 致文平山
（一九五四年四月二十一日）

227 致毛少贤
（一九五四年四月二十八日）

229 致毛泽荣
（一九五四年六月二十四日）

233 致李敏、李讷
（一九五四年七月二十三日）

236 致邹普勋、谭熙春、毛锡臣
（一九五四年十月二十九日）

239 致毛泽荣
（一九五四年十二月十八日）

241 致文炳璋
（一九五五年五月一日）

244 致孙燕
（一九五五年八月三日）

246 致刘松林
（一九五五年八月六日）

250 致刘松林
（一九五六年二月十四日）

254 致毛宇居
（一九五六年四月二十日）

256 致毛泽荣
（一九五六年四月二十日）

259 致毛笔珠
（一九五六年十月四日）

261 致杨开智
（一九五六年十二月十三日）

262 致毛春秀
（一九五六年十二月十三日）

264 致杨开英
（一九五六年十二月十六日）

268 致孙燕
（一九五七年六月八日）

270 致刘松林
（一九五七年八月四日）

272 致刘松林
（一九五七年八月九日）

274 致孙燕
（一九五七年十二月十七日）

277 致李讷
（一九五八年二月三日）

280 致陈玉英
（一九五八年二月十一日）

283 致杨开智
（一九五八年二月十一日）

285 致杨开英
（一九五八年二月二十日）

287 致毛宇居
（一九五八年九月十日）

289 致刘松林
（一九五九年八月六日）

291 致李讷
（一九五九年十二月三十日）

293 致刘松林
（一九六〇年一月十五日）

295 致杨开英
（一九六〇年四月二十一日）

296 致杨开英
（一九六〇年四月二十五日）

298 致毛岸青
（一九六〇年）

301 致孙燕
（一九六〇年十二月二十九日）

307 致刘松林
（一九六一年六月十三日）

310 致李讷
（一九六二年一月九日）

312 致毛岸青
（一九六二年一月十二日）

313 致邵华
（一九六二年六月三日）

317 致杨开智
（一九六二年十一月十五日）

319 致李讷
（一九六三年一月四日）

322 致李讷
（一九六三年一月十五日）

325 附录一
338 附录二
341 后记

致文运昌[1]

（一九一五年二月二十四日）

咏昌先生：

书十一本，内《盛世危言》[2]失布匣，《新民丛报》[3]损去首叶[4]，抱歉之至，尚希原谅。

泽东敬白[5]

正月十一日

又国文教科［书］二本，信一封[6]。

——见于《毛泽东早期文稿（1912.6—1920.11）》第4页（湖南出版社1990年7月第1版），《毛泽东致韶山亲友书信集》第1页（中央文献出版社1996年8月第1版）。

【注释】

〔1〕文运昌（1884—1961）：名士荇，字咏昌，又作润昌，湖南韶山市大坪乡大坪村唐家坨（当时属湘乡。坨，tuō）人。毛泽东八舅父文玉钦（1859—1929）次子，毛泽东的表兄。早年毕业于湘乡县立师范学校，后在湘乡任小学教师，对少年毛泽东产生过重要影响。大革命时期曾参加农民运动，任湘乡县凤音乡农民协会秘书等。中华人民共和国成立后，任湖南省文物管理委员会委员、湖南省文史研究馆馆员。

〔2〕《盛世危言》：作者郑观应（1842—1921），广东香山（今中山市）人，近代早期改良思想家。书中抨击清政府顽固保守、政治腐败等弊害；呼吁向西方学习，主张中国开设议院，制定宪法，仿效西方君主立宪制度；提出广办学校，提高人民文化水平，扶植、保护和发展民族工商业的理论。

〔3〕《新民丛报》：半月刊，近代资产阶级维新派在戊戌变法后的主要报刊。1902年2月创刊于日本横滨。初期连载过梁启超（1873—1929）的《新民说》，其宗旨为广泛介绍西方资产阶级的政治思想、自然科学和学术文化知识，宣传维新，抨击清廷顽固派，对当时思想界产生过巨大影响。1907年冬季停刊，共出96期。

〔4〕叶：同“页”。

〔5〕敬白：书信署名后的敬语。白：说明，报告。

〔6〕“书”字为编者加。信一封：此信已不存。

【解读】

湘乡县唐家圫是毛泽东的外婆家，毛泽东与唐家圫文家关系甚为亲密，现在所见通信有近20封，其中中华人民共和国成立前7封。这个还书条是毛泽东所有书信中最早的一封。

毛泽东小时候经常随母亲从韶山滴水洞抄小道，翻过黄田坳，到湘乡县大坪乡唐家圫外婆家。那里是他儿时的乐园。几位表兄弟与他关系十分亲密，尤其是表兄文运昌。

1910年夏天，毛泽东父亲毛顺生打算送他到湘潭县城一家米店当学徒。恰在这时，表兄文运昌带来了湘乡县立东山高等小学堂讲授新学的消息，毛泽东听了极为动心，可是父亲不同意他继续上学。为了说服父亲，毛泽东先后请来八舅父文玉钦、堂叔毛麓钟和姨表兄王季范等人劝说父亲，最终父亲改变了主意，同意他到离家50里外的东山小学堂去读书。同年秋天，文运昌亲自陪同毛泽东来到东山小学堂，他积极向校方引荐，并做了毛泽东的入学担保人，帮毛泽东办理了入学注册手续。

文运昌喜欢收藏各种书籍，毛泽东常向他借书。1910年下半年，毛泽东在文运昌那里读过《新民丛报》的汇编本。虽然是两年前已停刊的旧报纸，但对刚从韶山冲走出来的毛泽东来说，无论从内容上还是从文体上看，都令其耳目一新。后来毛泽东组织“新民学会”以“新民”为会名，以“革新学术，砥砺品行，改良人心风俗”为宗旨，均可看出他受到梁启超“新民说”的明显影响。梁启超特有的大气磅礴、文质并茂“笔端常带感情”的文章风格也影响了毛泽东。在读《新民丛报》的时候，毛泽东开始思考了中国的过去、现在和未来问题。

文运昌非常爱惜书籍，常对向他借书的人说：“相公（对人的尊称）借书，老虫借猪，有借无还，还是先打条子，后拿书。”毛泽东向表兄借书时，总是先打条子后拿书。还书时，表兄不在，还会写个便条说明情况，以备表兄回来后查收。据收信人文运昌生前回忆，这个还书便条写于1915年春节。这年寒假，在长沙第一师范读书的毛泽东回到韶山过寒假。农历正月十一日，毛泽东到唐家坨给舅舅拜年，顺便带来了包括《盛世危言》和《新民丛报》在内的13本书还给表兄文运昌。因文运昌不在家，毛泽东写下了这张还书便条。便条和毛泽东读过的《盛世危言》《新民丛报》后来一直由文运昌保存，中华人民共和国成立后捐献给了人民政府，成为研究毛泽东早年读书生活和早期思想的重要文献资料。

毛泽东与文运昌属平辈，但毛泽东在信中不仅称其“咏昌先生”，而且信末用“泽东敬白”作为启禀语，足见毛泽东对表兄文运昌尊敬的程度。只是“《盛世危言》失布匣，《新民丛报》损去首叶”，书被读破了，“抱歉之至，尚希原谅”。可见毛泽东读书认真，又可见其待人态度既坦率又诚恳，反映了青年毛泽东朴实敦厚的为人风格。

1936年，毛泽东在陕北和美国记者埃德加·斯诺谈话时，在谈到他早年在湘乡东山高等小学堂读书的生活时说："我在这个学堂里有了不少进步。……但是我无心读古文。当时我正在读表兄送我的两本书，讲的是康有为的变法运动。一本是郑观应的《盛世危言》，一本是《新民丛报》，是梁启超编的。这两本书我读了又读，直到可以背出来。我崇拜康有为和梁启超，也非常感谢我的表兄……"

这封还书便条还让我们看到了毛泽东早期书法。这是毛泽东这一时期仅存的书法作品之一，对于研究毛泽东的书法艺术有着重要的意义。毛泽东从小就对学习毛笔字产生了浓厚的兴趣，孜孜不倦地攻学书法、诗词成为他一生最大的爱好，并且都取得了巨大的成就。这封还书便条，行楷兼具，字形略显狭长，内宫紧收，点画准确合度，体势清劲简直，大有《集王羲之圣教序》的风范。可以说，具有欧体的笔意，魏碑的风骨，王字的风范。这充分说明毛泽东从小学习书法是经过严格训练的，他注意吸收各家的优点，年轻时就写得一手好字。他后来成为当代最伟大的书法家之一，也就不足为怪了。

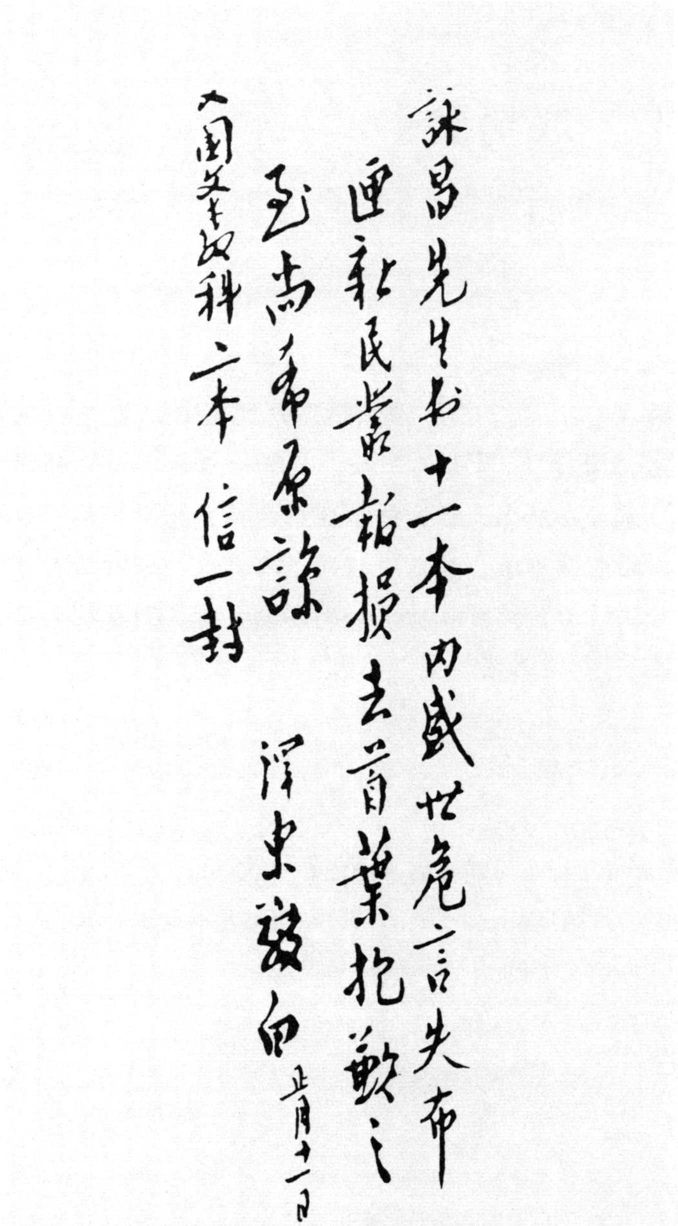
詠昌先生書十一本內盛世危言失布
匣新民叢報損去首葉抱歉之
至尚希原諒　澤東敬白　正月十一日
又國文教科二本　信一封

致文运昌（一九一五年二月二十四日）

致七、八舅父[1]

（一九一八年八月）

七、八二位舅父大人座下[2]：

前在府上[3]拜别，到省[4]忽又数日。定于初七日开船赴京，同行[5]有十二三人。此行专以游历为目的，非有他意。家母在府上久住，并承照料疾病，感激不尽。乡中良医少，恐久病难治，故前有接同下省之议。今特请人开来一方，如法诊治，谅可收功。如尚不愈之时，到秋收之后，拟由润莲[6]护送来省，望二位大人助其成行也。

甥叩[7]

——见于《毛泽东早期文稿（1912.6—1920.11）》第288页（湖南出版社1990年7月第1版），《毛泽东致韶山亲友书信集》第3页（中央文献出版社1996年8月第1版）。

【注释】

〔1〕七舅父：文玉瑞（1853—1920），名正兴，号玉瑞。毕生务农，勤俭持家，为人忠厚，在家族中颇有些声望。因在家族中排行第七，毛泽东称他为七舅父。他和七舅母文赵氏（1854—1924）子女众多，被认为命中多福。毛泽东小时候，外婆贺氏曾叫他拜七舅父母为干爹、干妈，意在托

福。七舅父母把毛泽东视如己出，倍加疼爱。八舅父：文玉钦（1859—1929），名正莹，号玉钦。性情温和，品行端洁。早年读过私塾，略通文墨，在家开馆授徒。因在家族中排行第八，毛泽东称他为八舅父。毛泽东小时候深得八舅父和八舅母文赵氏（1855—1937）喜爱。常到八舅父开的蒙馆里旁听，八舅父不仅教他读书认字，还常给他讲一些古人励志成才的故事，鼓励他刻苦学习。这封信的写作时间是根据毛泽东的有关生平资料判定的。

〔2〕座下：旧时书信用语，对尊者、长者的敬称。

〔3〕府上：敬辞，用于称述对方的住所或故乡。

〔4〕省：指省城，即长沙。

〔5〕同行：1918年4月14日，毛泽东、蔡和森、萧子升等人发起成立以“革新学术、砥砺品行、改良人心风俗”为宗旨的新民学会，会上通过了由毛泽东、邹鼎丞起草的会章。毛泽东被选举为新民学会干事。

〔6〕润莲：也作咏莲，即毛泽民（1896—1943），毛泽东的大弟。1922年加入中国共产党。历任安源路矿工人俱乐部工人消费合作社经理、中共中央出版发行部经理、中华苏维埃共和国临时中央政府国家银行行长、中华工农民主政府国民经济部部长、新疆省政府财政厅厅长及民政厅厅长等职。1943年9月被军阀盛世才杀害于新疆迪化（今乌鲁木齐市）。

〔7〕叩：旧时书信敬语，即叩头下拜之意。

【解读】

1918年6月，毛泽东同部分新民学会会员从湖南省立第一师范学校毕业。正当毛泽东等面临选择今后生活道路的时候，在北京大学哲学系任教的杨昌济先生告诉毛泽东、蔡和森、萧子升等，蔡元培、李石曾等正在发起组织赴法勤工俭学的运动。毛泽东等人认为赴法勤工俭学是一条很好的出路，便决定响应这一运动。经蔡和森先期赴京接洽，毛泽东、萧子升等在长沙湖南一师、长郡中学、周南女校等学校宣传鼓动，邀集了部分志愿者，准备由长沙坐船到湖北汉口转乘火车赴京。原“定于初七日开船赴京，同行有十二三人”。后来，毛泽东等人成行于七月初九日（1918年8月15日），同行的有萧子升、罗学瓒、张昆弟、李维汉、罗章龙等24名青年。

文玉瑞是毛泽东的大舅父，文玉钦是毛泽东的二舅父。信中所称七、八舅父是毛泽东按文玉瑞、文玉钦二位舅父在其家族中的排行称呼的。1918年初，毛泽东母亲文氏患淋巴腺炎。病后一直在唐家坨的娘家养病。毛泽东曾往唐家坨探望过母亲，并打算接母亲到省城长沙治疗，但母病沉重，短时难以痊愈，而且临行在即，毛泽东只得将为母治病和照料病母一事，托付给舅父舅母及诸表兄嫂。

毛泽东心中十分牵挂和惦念母亲的病情，他四处打听，特意请人开了一个为母治病的药方。在信中，毛泽东对悉心照料母亲的二位舅父及其家人表达了无限的感激之情，并随信寄去了药方。

从“乡中良医少，恐久病难治，故前有接同下省之议”对母病的思虑，到“今特请人开来一方，如法诊治，谅可收功”对母病寻医问药的行动，再到“如尚不愈之时，到秋收之后，拟由润莲（毛泽民）护送来省”对母病进一步治疗的打算，以及“望二位大人助其成行也”的嘱托，字里行间无不饱含着毛泽东对有病在身的母亲的万般牵挂和眷念之情。纵观全信，虽为普通的家常书信，但叙事得体，态度恭敬，感情细腻，语言明快，真切地表达了毛泽东对长辈亲人无限爱戴、无限依恋的深厚感情。

信中同时向七、八舅父报告了自己近来的情况和行止，以免亲人惦念和牵挂。

这封信未署写作日期，但根据信的内容和毛泽东的有关生平，当写于1918年8月15日毛泽东组织赴法勤工俭学的青年离开长沙赴京的前夕。

致七、八舅父舅母[1]

（一九一九年四月二十八日）

七、八两位舅父大人暨舅母大人尊鉴[2]：

甥自去夏拜别，匆忽经年[3]，中间曾有一信问安，知蒙洞鉴[4]。辰维兴居万福，履瞩多亨，为颂为慰。家母久寓尊府，备蒙照拂[5]，至深感激。病状现已有转机，喉蛾[6]十愈七八，疬子[7]尚未见效，来源本甚深远，固非多日不能奏效也。甥在京中北京大学担任职员一席[8]，闻家母病势危重，不得不赶回服侍。于阳[历][9]三月十二号动身，十四号到上海，因事勾留二十天，四月六号始由沪到省。亲侍汤药，未尝废离，足纡<纾>廑念[10]。肃颂

福安！

各位表兄表嫂同此问候。

四、五、十舅父[11]大人同此问安，未另。

愚甥　毛泽东禀[12]

四月二十八日

——见于《毛泽东早期文稿（1912.6—1920.11）》第290页（湖南出版社1990年7月第1版），《毛泽东致韶山亲友书信集》第5页（中央文献出版社1996年8月第1版）。

【注释】

〔1〕七、八舅父：指文玉瑞和文玉钦，毛泽东按他们在家族中的排行对他们的称呼。详见P6注释〔1〕。

〔2〕尊鉴：旧时书信敬语，用在对方称呼后面，表示尊敬。

〔3〕经年：经过一年。

〔4〕洞鉴：明察，透彻。这里指知道情况。

〔5〕照拂：照顾，照料。

〔6〕喉蛾：中医病名，也叫乳蛾。症发时，咽部两侧咽弓、扁桃体肿胀、疼痛、糜烂，有黄白色脓样分泌物。患处很像蚕蛾，故称。

〔7〕疡（yáng）子：中医病名，泛指疮。

〔8〕甥在京中北京大学担任职员一席：为了组织新民学会会员和其他湖南青年去法国勤工俭学，毛泽东于1918年8月19日第一次来到北京。10月间，经杨昌济先生介绍，毛泽东得到时任北京大学图书馆主任李大钊的帮助，在图书馆任图书助理员，每月薪水8块大洋。这不仅解决了毛泽东在京必须的生活费用问题，而且使毛泽东得到参加北大学术活动、汲取各种新知识、接触各种新思想的机会。在李大钊的影响下，毛泽东开始对俄国十月革命的胜利有所了解，并且开始接触到马克思主义理论。

〔9〕阳［历］：公历。“历”字为编者加。

〔10〕纡：“纾”（shū）字的笔误。廑（qín）念：殷切的关注。

〔11〕四、五、十舅父：四舅父，即文玉善（1844—1919），系毛泽东伯外祖父文绵芳的长子，在家族排行第四，毛泽东称他四舅父。五舅父，即文玉里（1847—1922），系毛泽东伯外祖父文绵芳的次子，在家族排行第五，毛泽东称他五舅父。十舅父，即文玉森（1864—1930），系毛泽东叔外祖父文绵姜之子，在家族排行第十，毛泽东称他十舅父。毛泽东的三位堂舅父均为农民，早年都读过几年私塾，知书达礼，对毛泽东的童年生活及成长都曾给予关怀和爱护。

〔12〕禀：敬语，下级向上级、晚辈向长辈报告。

【解读】

毛泽东母亲文素勤（文七妹）生于1867年2月12日，系毛泽东外祖父文绵薰和外祖母贺氏的小女儿。因在同族姐妹中排行第七，家人和邻里都称之“七妹”。

因文家有祖坟在韶山，为了每年清明扫墓在韶山有个落脚处，文家便将七妹许配给了韶山冲毛翼臣（1846—1904）的儿子毛顺生（1870—1920）。她13岁与毛顺生订婚，18岁正式过门到毛家，婚后生过两个儿子，但都在襁褓中夭折了。毛泽东出生时，文七妹已经26岁，她生怕毛泽东也“根基不稳”，便多方祈求神佛保佑，并从此虔诚地吃起“观音斋”。在毛泽东满月后，文七妹抱毛泽东回娘家坐月子时，疼爱外孙并深信八字和风水的外婆贺氏，叫女儿同她一起抱毛泽东到唐家坨（tuō)后山，拜龙潭坨口的一块名“石观音”的巨石为干娘，并给毛泽东起了一个容易养活的乳名“石三伢子”，期望毛泽东健康平安地长大成人。后来，文七妹怀上了毛泽东的大弟毛泽民，就把毛泽东寄养在生活条件和环境较为优裕的娘家，使毛泽东健康快乐地度过了无忧无虑的童年时光。

文七妹共生有五男二女七个孩子，但只剩下毛泽东、毛泽民、毛泽覃三兄弟，其余都夭折了。文七妹一生默默地操持家务，抚养儿辈。她待人接物周到，纯朴善良，极富同情心。受其影响，毛泽东兄弟从小就同情贫弱，乐于助人。

1918年8月15日，毛泽东组织赴法勤工俭学的青年前往北京。在北京期间，毛泽东心中无时无刻不挂念着母亲的病情。1919年春，在北京大学图书馆工作的毛泽东，接到家中来信，得知母亲病势危重，“不得不赶回服侍”。他于3月12日离京，途中转道上海送别了萧子升等湖南赴法勤工俭学的青年，4月6日由上海风尘仆仆地回到了长沙。

这时，毛泽东的大弟毛泽民已按哥哥的嘱托将母亲送来省城长沙治疗，住在毛泽东的同窗好友蔡和森家中。毛泽东随即服侍母亲治病，

"亲侍汤药"，极尽孝心。当时，为了解决生活问题和便于工作，毛泽东在任教长沙修业小学的好友周世钊的介绍下，住到长沙修业小学，担任历史课教员。任课之余，毛泽东除主持新民学会会务和广泛联络长沙教育界、新闻界和青年学生外，尽量抽出时间陪伴母亲。在服侍母亲治病期间，为免去舅父、舅母等舅家亲人的惦念，毛泽东写了这封致七舅父舅母和八舅父舅母的信。

其后不久，毛泽东母亲文氏因病的治疗效果不佳，自己要求回乡下，毛泽东考虑母亲难得来长沙一次，恰逢兄弟三人都在长沙，便与大弟泽民、小弟泽覃一起搀扶老母到照相馆，留下了唯一的一张也是毛泽东一生中最喜爱的兄弟三人与母亲的合影。

在信中，毛泽东对"家母久寓尊府，备蒙照拂"，再次表达了晚辈"至深感激"之情。语言充满温馨，彬彬有礼，娓娓道来，可见其当时对母亲病情略有好转，而"足纾廑念"的愉快心情。信中还就母病在长沙的治疗情况和自己因母病势危重赶回长沙服侍的细节，向舅父舅母做了详细的禀告，真实反映了毛泽东对母亲极为孝敬的一片拳拳赤子之心。

这封信的祝颂问安语十分亲切感人，附笔问候各位表兄表嫂及四、五、十舅父大人等，深深表达了毛泽东对外祖文家亲人的无限感激和眷恋之情。

1919年10月5日，毛泽东母亲文素勤患瘰疬（luǒ lì，俗称疝子颈）病逝，终年53岁。毛泽东日夜兼程从长沙赶回韶山守灵，并和泪写下了感人肺腑、情义深长的两副挽联和一篇《祭母文》。

孝敬父母，祭祀祖先，是毛泽东一贯的思想和毛氏家风。1919年，毛泽东为母亲守灵时，含泪写道："有生一日，皆报恩时；有生一日，皆伴亲时。"1959年，毛泽东回到阔别32年的韶山。一天早晨，他谁也没告诉，默然地爬上故居对面的楠竹圫，来到父母坟前，献上身边工作人员临时用松枝扎成的"花圈"，深深地三鞠躬，并说"父亲、母亲，我看望你们来了”。回到住处，他对随行人员说：“我们共产党人是彻底的唯物主义者，不信什么鬼神。但生我者父母，教我者党、同志、老师也。”又说：“我下次再回来，还要去看他们两个。”对于祖先，毛泽东也怀有感佩和怀念之情。路过毛氏宗祠时，他走进祠堂，向放有祖宗牌位的敦本堂三鞠躬。走到毛震公祠时，发现没有祖先牌位了，马上问祖先牌位哪去了。陪同人员说：“有人将他们烧了。”毛泽东生气地说：“你们这里冇得柴烧！”又教育族人说：“菩萨是迷信，应该打倒！烈士墓和祖宗牌位是纪念。”毛泽东还查阅了毛氏族谱，缅怀祖先。

致八舅父七舅母八舅母等[1]

（一九二二年七月五日）

八舅父、七舅母、八舅母及各位表兄嫂同鉴：

润莲[2]下乡带上一信，不知收到否？天气渐渐热了，各位舅父母、兄嫂都好么？甥今年住家读书，没有在外边做事，幸喜身体还好，每天也还快活。泽民、泽覃、淑兰、先桂、泽建、开慧[3]都好，不劳挂念。端人[4]下乡，托他带上此信。余后再陈[5]。敬颂

大安！

甥　泽东

七月五号

——见于《毛泽东致韶山亲友书信集》第7页（中央文献出版社1996年8月第1版）。

【注释】

〔1〕八舅父七舅：指文玉钦和文玉瑞，毛泽东按他们在家族中的排行对他们的称呼。详见P6注释〔1〕。

〔2〕润莲：即毛泽民，毛泽东的大弟。详见P7注释〔6〕。

〔3〕泽覃：即毛泽覃（1905—1935），毛泽东的二弟。当时在长沙读书。1923年加入中国共产党。曾任中共苏区中央局秘书长，红军独立师师长等职。

主力红军长征后，留在苏区坚持游击战争。1935年4月在江西瑞金牺牲。淑兰：即王淑兰，毛泽民的夫人。详见P164注释〔1〕，当时随毛泽民在长沙居住。先桂：即赵先桂（1905—1932），湖南韶山市大坪乡湘韶村人。毛泽覃的原配。1923年加入中国共产党。1932年在济南被国民党特务杀害。泽建：即毛泽建（1905—1929），湖南韶山市韶山乡韶源村人，毛泽东的堂妹，从小由毛泽东的父母抚养。1923年加入中国共产党。1928年夏在耒阳被捕，1929年8月被国民党衡山县政府杀害。开慧：指杨开慧（1901—1930），毛泽东的夫人。

〔4〕端人：即文端人（1901—1932），湖南韶山市大坪乡唐家圫（当时属湘乡。圫，tuō）人，毛泽东的表侄。当时在湖南省立第一师范学校附小读书。

〔5〕陈：陈述，告知。

【解读】

1922年是中国共产党集中力量领导工人运动的开局之年。从1月开始到翌年3月，中国共产党领导工人运动掀起了第一次高潮。其间，爆发的罢工斗争达100余次，参加罢工的工人达30万以上。这一时期，身为中共湘区委员会书记的毛泽东主要工作是组织和宣传工人运动。在他的指导下，中共安源支部、安源路矿工人俱乐部相继成立，并随后成功地开展了安源路矿工人大罢工运动。毛泽东工作虽忙，但乡思难断。在百忙之中，他十分惦念外家亲戚，便给八舅父、七舅母、八舅母写了这封信。

毛泽东提到“润莲下乡带上一信”，可见在此前不久，他曾写有一信给舅舅们，但未得到回音，故问：“不知收到否？”可惜这封信今天已经看不到了。毛泽东对舅舅们一往深情，提醒“天气渐渐热了”，希望他们务必要注意气候变化中身体的保养。他报告了自己的近况，说是“今年住家读书，没有在外边做事”。实际上毛泽东正在忙于湘区党务和工人运动，只是这些政治上的事不便也不能写到家信里。他自述身心都健康：“幸喜身体还好，每天也还快活。”

此时，毛泽东身边有许多亲人，包括毛泽民、毛泽覃、王淑兰、赵先桂、毛泽建、杨开慧等。他们在生活上是毛泽东的帮手，毛泽东则是他们的主心骨，展示了毛泽东全家都早已“舍小家为大家”、走上革命道路的生动场景。此信不是通过邮路送达韶山的，而是由文端人带去的。父母去世后，在家乡舅舅、舅母就是毛泽东最亲的人了。他们得到毛泽东的来信，自是欢喜了得。

致文运昌[1]

（一九二二年十一月十一日）

运昌姻兄[2]：

来示接读。刘君[3]实在无法位置[4]，今刘回乡，情形请面询之。弟在此无善足录，生活奇窘[5]，不足为戚友道也。

舅父母一函请面呈。各位表兄嫂同此问候。有暇盼兄时赐教言。即颂

乡祺[6]！

弟　泽东上

十一月十一号

——见于《毛泽东致韶山亲友书信集》第9页（中央文献出版社1996年8月第1版）。

【注释】

〔1〕文运昌：毛泽东的表兄。详见P1注释〔1〕。

〔2〕姻兄：表兄，姻亲中同辈弟兄的互称。

〔3〕刘君：即《致八舅父舅母》（一九二二年十一月十一日）信中所提的刘先生。见P19注释〔4〕。

〔4〕位置：即职位，工作。

〔5〕生活奇窘：建党初期，为了革命工作，毛泽东不得不放弃在湖南省立第

一师范学校担任的国文教员职位。他和夫人杨开慧住在长沙小吴门外清水塘22号，过着十分清苦的生活。从1921年10月起，这里成为中共湖南省支部所在地。1922年5月以后，又是新成立的中共湘区委员会所在地。当时，毛泽东不但要照顾在长沙读书的小弟毛泽覃和继妹毛泽建，而且还要接待来往的革命同志。由于毛泽东的经济来源有限，以至当时有孕在身的杨开慧不得不经常从母亲向振熙那里索要些陈年家底以贴补家用。同年10月，毛岸英出生，给毛泽东和杨开慧带来了欢乐，但是也加剧了他们的生活窘境。

〔6〕祺：吉祥，幸福。

【解读】

1922年秋，担任中共湘区委员会书记的毛泽东正在长沙全力领导湖南的工人运动，工作十分紧张和繁忙。这时，在湘乡教书的表兄文运昌托一位姓刘的同乡带给毛泽东一封信，信中要求表弟毛泽东为这位刘姓同乡找一份工作。毛泽东在百忙之中，四处打听，为这位刘先生寻找“位置”，但终因无力玉成其事，只好嘱其返乡。刘先生回乡时，毛泽东托他带上了这封写给表兄文运昌的信。

毛泽东整天为领导工人运动奔波操劳，在1922年10月24日儿子毛岸英出生的当天，也没能陪在夫人杨开慧身边，而是作为长沙泥木工人的首席代表率领其他几位工人代表一起到省政务厅与反动当局谈判。如此辛劳，不但没能给毛泽东的家庭带来经济实惠，反而使他的家庭陷入“生活奇窘”的地步。对此，毛泽东坦然面对，在给表兄文运昌的信中，只是一句“不足为戚友道也”了之。而对于表兄的请托，“刘君实在无法位置，今刘回乡，情形请面询之”，从语气到态度，不难看出毛泽东想为曾经给予自己有过较大帮助的表兄尽力办事但又力不从心的苦衷。

这封信虽短，却反映了年轻革命家毛泽东甘愿忍受家庭贫穷而对革命事业孜孜以求的人生观和极为重视亲情、友情的处世观。

致八舅父舅母[1]

（一九二二年十一月十一日）

舅父舅母大人尊前：

久不通信，疏忽得很！二位大人谅[2]都人好！合宅谅都安吉！甥在省[3]身体尚好，惟学问无进，甚是抱愧！刘先生[4]回乡之便，托带片言，借当问候。有便望二位大人临赐教诲为祷[5]！敬颂

德安！

甥　毛泽东上

十一月十一号

——见于《毛泽东致韶山亲友书信集》第10页（中央文献出版社1996年8月第1版）。

【注释】

〔1〕八舅父：指文玉钦，毛泽东按他在家族中的排行对他的称呼。详见P6注释〔1〕。

〔2〕谅：推想。

〔3〕省：省城，省会，这里指长沙。

〔4〕刘先生：指毛泽东大姨母钟文氏抚子刘霖生之子刘笃根，毛泽东在湖南第一师范的同学。

〔5〕祷：旧时书信用语，请求，盼望。

【解读】

毛泽东的父母去世后，七舅父文玉瑞不久也相继离世，毛泽东对七舅母和八舅父舅母心中更是多了几分挂念。不论工作多忙，只要有人回乡，毛泽东都要捎信问候舅父舅母。

1922年秋，表兄文运昌写信托毛泽东为同乡刘先生找工作，因“刘君实在无法位置”（同日致文运昌信），刘先生回乡时，毛泽东托他带信给表兄文运昌，其中就有这封请表兄转交八舅父舅母（文运昌的父母）的问候信。

信的开篇“久不通信，疏忽得很”，从表面上看，毛泽东因工作很忙，很长时间未给舅父舅母写信。其实不然，从现存不多的资料看，毛泽东曾在同年七月五日，由表侄文端人带信问候舅父舅母，并在信中提到，“润莲下乡带上一信”（这封信现在未见收录）。可见，当年毛泽东与文家书信往来比较频繁，毛泽东并没有因工作繁忙而忽略对舅父舅母的关心和问候。

“二位大人谅都人好！合宅谅都安吉！”的一席问候，不仅道出了毛泽东对舅父舅母及外家亲人的无尽牵挂，同时也流露出在外游子的浓烈思乡之情。

毛泽东从小跟八舅父读书启蒙，八舅父对他的读书学习情况历来十分关心，因此毛泽东常在信中向八舅父汇报自己的学习情况。毛泽东在此信中谦逊地写道：“惟学问无进，甚是抱愧。”其实，这时毛泽东主要从事革命活动，已成为湘区党的领导人。这里一方面表现了毛泽东对自己的严格要求和谦虚精神，另一方面，因革命工作的需要，也包含有不便和不能“为戚友道也”的难言之隐。这封信虽篇幅不长，但写得情真意切，平实自然，读来令人回味无穷。

致文运昌[1]

（一九三七年十一月二十七日）

运昌吾兄：

莫立本[2]到，接获手书，本日又接十一月十六日详示，快慰莫名[3]。八舅父母仙逝，至深痛惜。诸表兄嫂幸都健在，又是快事。家境艰难，此非一家一人情况，全国大多数人皆然[4]，惟有合群奋斗，驱除日本帝国主义，才有生路。吾兄想来工作甚好，惟我们这里仅有衣穿饭吃，上自总司令下至火夫[5]，待遇相同，因为我们的党专为国家民族劳苦民众做事，牺牲个人私利，故人人平等，并无薪水。如兄家累甚重，宜在外面谋一大小差事俾资接济，故不宜来此。道路甚远，我亦不能寄旅费。在湘开办军校，计划甚善，亦暂难实行，私心虽想助兄，事实难于做到。前由公家寄了二十元旅费给周润芳[6]，因她系泽覃[7]死难烈士（泽覃前年被杀于江西）之妻，故公家出此，亦非我私人的原故，敬祈谅之。我为全社会出一些力，是把我十分敬爱的外家及我家乡一切穷苦人包括在内的，我十分眷念我外家诸兄弟子侄，及一切穷苦同乡，但我只能用这种方法帮助你们，大概你们也是已经了解了的。

虽然如此，但我想和兄及诸表兄弟子侄们常通书信，我得你们片纸只字都是欢喜的。

不知你知道韶山情形否？有便请通知我乡下亲友，如他们愿意和我通信，我是很欢喜的。但请转知他们不要来此谋事，因为此处并无薪水。

刘霖生[8]先生还健在吗？请搭信慰问他老先生。

日本帝国主义正在大举进攻，我们的工作是很紧张的，但我们都很快乐健康，我的身体比前两年更好了些，请告慰唐家圫诸位兄嫂侄子儿女们。并告他们八路军的胜利就是他们大家的胜利，用以安慰大家的困苦与艰难。

谨祝兄及表嫂的健康！

毛　泽　东

十一月二十七日

——见于《毛泽东致韶山亲友书信集》第11—12页（中央文献出版社1996年8月第1版）。

【注释】

〔1〕文运昌：毛泽东的表兄。详见P1注释〔1〕。

〔2〕莫立本：即方克，1918年生，湖南桃江人，文运昌在长郡中学任教时的学生。1937年由湖南长沙去延安。

〔3〕快慰莫名：愉快而心里感到安慰之情难以用语言来表达。名：说出来。

〔4〕皆然：都这样。然：这样。

〔5〕火夫：同“伙夫”。旧时指在厨房中挑水、烧火、煮饭的人。

〔6〕周润芳：又名周文楠（1910—1992），江西临川人。毛泽覃的第二任妻子。当时在湖南长沙，1927年加入中国共产党。毛泽东曾托人捎信并带去组织上给她的20元路费，希望她赴延安工作。但因当时她在湖南省工委的工作脱不开身，未能即赴延安，直到1940年才经重庆随周恩来等人一同到达延安。

〔7〕泽覃：即毛泽覃，毛泽东的二弟。详见P14注释〔3〕。

〔8〕 刘霖生（1865—1949）：名新澍（shù），字浚源，湖南韶山市大坪乡竹赞村人，毛泽东的姨表兄。清末长沙府生员。早年崇拜孙中山的学说。大革命时期，对中国共产党寄予很大的同情。曾经积极支持和鼓励子侄等参加农民运动。曾任湘乡县女子职业学校校长、湘乡县临时参议会议长等职。

【解读】

1937年8月22日，中国工农红军改编为国民革命军第八路军，共产党取得了合法地位。解除封锁的延安可以与外界通信了。

毛泽东自1927年离开家乡，上井冈山，1934年，二万五千里长征，转战南北，关山阻隔，居无定所，和家乡失去联系，到1937年秋，已有10年。正在陕北领导抗日救亡运动的毛泽东，十分惦念远在千里之外的家乡父老及亲朋。正在这时，收到了长沙学生莫立本带到延安的一封由表兄文运昌写来的家信。一个月后又收到一封文运昌的来信。毛泽东接信后，兴奋不已，“快慰莫名”。毛泽东在延安窑洞里紧张的工作之余，先后多次写信给曾经帮助过他的表兄文运昌和表弟文南松等人。这些书信淋漓尽致地表达了他的喜怒哀乐，同时也寄托了自己的绵绵乡愁。毛泽东连续接到文运昌的两封信后，当即写了这封长达5页纸的回信。

文运昌在信中，倾诉了兄弟别离之情，并向毛泽东叙述了家中的情况。当毛泽东得知八舅父母均已过世时，心中非常难过。不久，毛泽东又接到表兄文运昌的另一封来信。文运昌在信中谈到自己在家乡教书、收入微薄、家境艰难、想来延安谋生并希望得到毛泽东资助等情况。毛泽东收信后的当日，即给表兄回了这封极富情理的长信。

这是毛泽东与家乡亲友中断十年联系后写给外家的第一封信，也是毛泽东写给家乡亲友最长的信之一。在信中，毛泽东以极其朴素亲切的语言，生动感人地向亲人们讲述了共产党、八路军的宗旨，向表兄展现了一支崭新的无产阶级革命队伍形象。“惟我们这里仅有衣穿饭吃，上自总司令下至火夫，待遇相同，因为我们的党专为国家民族劳苦民众做事，牺牲个人私利，故人人平等，并无薪水”，以此劝告表兄和亲友不要为谋薪水而来投奔他做事。对于表兄开办军校的计划，毛泽东也明确表示不能资助。毛泽东还向表兄解释了寄给周润芳（周文楠）的20元旅费是公家给予死难烈士家属的资助，而不是他个人的资助。毛泽东还动情地写道：“我为全社会出一些力，是把我十分敬爱的外家及我家乡一切穷苦人包括在内的”，“但我只能用这种方法帮助你们，大概你们也是已经了解了的”。毛泽东还满怀激情和信心地告诉表兄：“惟有合群奋斗，驱除日本帝国主义，才有生路。”并请表兄转告亲友们“八路军的胜利就是他们大家的胜利，用以安慰大家的困苦与艰难”。

毛泽东是一位受恩必报的人。信中说到的刘霖生，是毛泽东大姨妈钟文氏的继子，毛泽东的姨表兄。其擅长诗文、联语，为人正直不阿，在乡民中颇有声望。1920年1月，毛泽东父亲毛顺生去世时，毛泽东的大弟毛泽民到十几里外的大坪乡请来表兄刘霖生，主持丧事。刘霖生把丧事办得井井有条，十分得体，深得毛氏家族的称道。1937年4月，文运昌的母亲毛泽东的八舅母文赵氏去世，因毛泽东和毛泽民兄弟均在外从事革命活动，毛泽民的妻子王淑兰便委托刘霖生代写了挽联。远在陕北的毛泽东对年长自己28岁、当时已是72岁高龄的表兄十分惦念，故有此一问，并搭信问候。

这封信写满了5页纸，近500字，在毛泽东家书中可谓长者。就其内容来讲，均系家国大事，革命至理，内涵丰富，意义深刻；就其情感来讲，激越澎湃，诚挚深厚，博大恢弘，喷薄而出，又可谓情理交融，动人心魄。信中“快慰莫名”“十分敬爱”“十分眷念”“片纸只字都是欢喜”等语，不厌其烦，反复表达，流露出毛泽东对故乡和亲人的无限挚爱和眷念之情，真是感人至深。全篇既有回肠荡气的感情奔流，又有为拯救天下劳苦大众奋斗不息的精神体现。既充满“天下兴亡，匹夫有责”的历史使命感，又饱含浓烈的亲情。既有敢于面对暂时困难的勇气，又有对未来胜利的预见和信心。无论从写作艺术，还是从其表现出的精神实质看，都堪称中外古今名人书信的典范。

运昌吾兄：

莫立本到，接获手书，日前又接十一月十六日详示，快慰莫名。八舅父母仙逝，至深痛惜。诸表兄嫂幸都健在，又觉快事。家境艰难，此非一家一人情况，全国大多数人皆然，惟有合群奋斗，驱除日本帝国主义，才有出路。吾兄想来工作甚好，惟我们这里仅有饭吃，上自总司令下至火夫，待遇

致文运昌（一九三七年十一月二十七日）（共五页）（第一页）

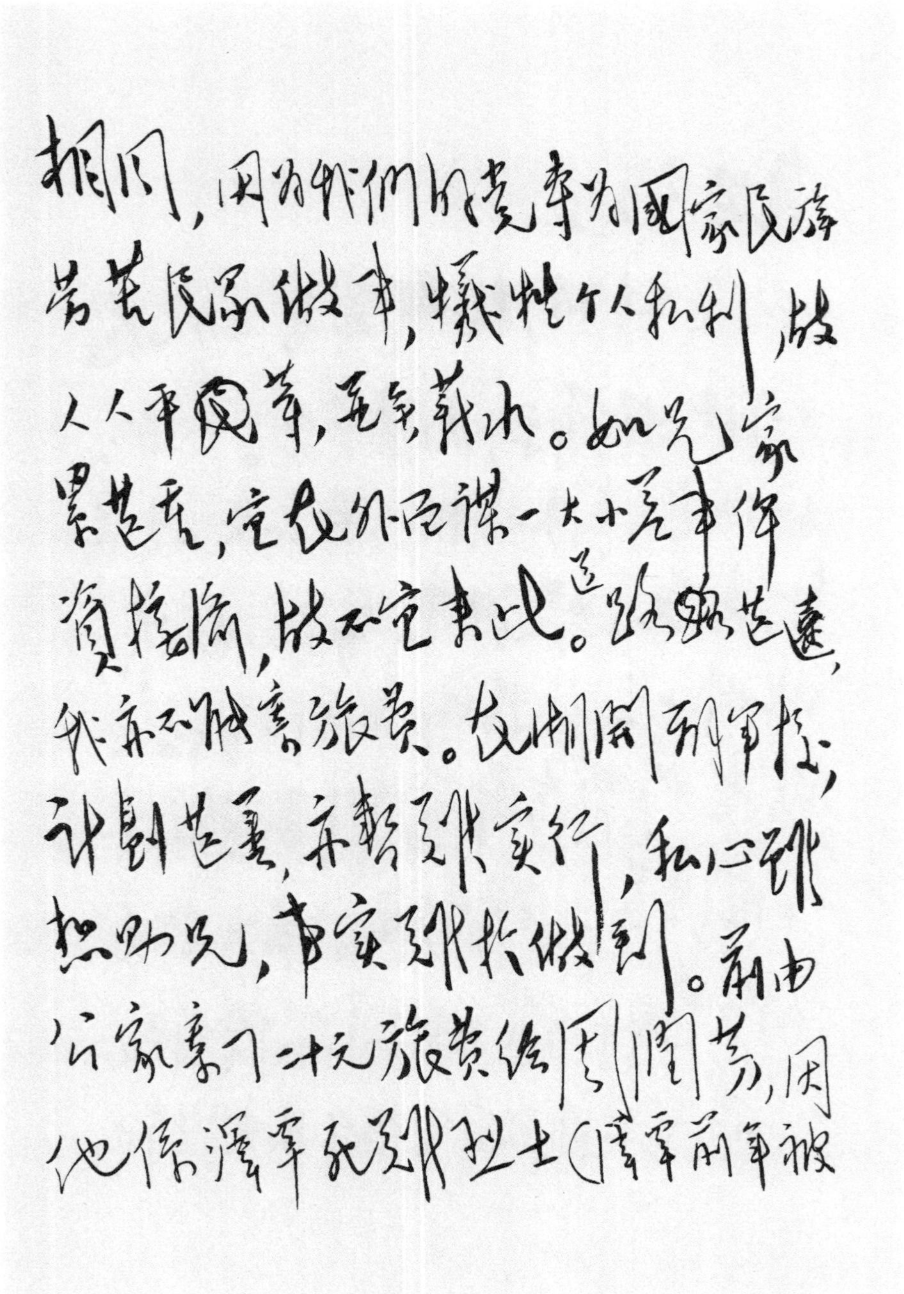
相同，因为我们的党是为国家民族劳苦民众做事，牺牲个人私利，故人人平等，并无特别。如兄家累甚重，宜在外面谋一大小差事，俾资接济，故不宜来此。道路甚远，我亦不能寄旅费。在此间则到军校，计划甚多，亦难以实行，私心虽想助兄，事实上难做到。前由公家寄了二十元旅费给周润芳，因她系泽覃死难烈士（泽覃前年被

致文运昌（一九三七年十一月二十七日）（共五页）（第二页）

殺於江西）之事，故公家出此，亦非我私人所可改，敬祈諒之。我為全社會出一些力，是把我十分敬愛的外家及我家鄉一切窮苦人民包括在內的，我十分眷念我外家諸兄弟子侄，及一切窮苦同鄉，但我只能用這種方法幫助你們，大概你們也已經了解了。

雖然如此，但我想知兄及諸表兄弟子侄們常通書信，我

致文运昌（一九三七年十一月二十七日）（共五页）（第三页）

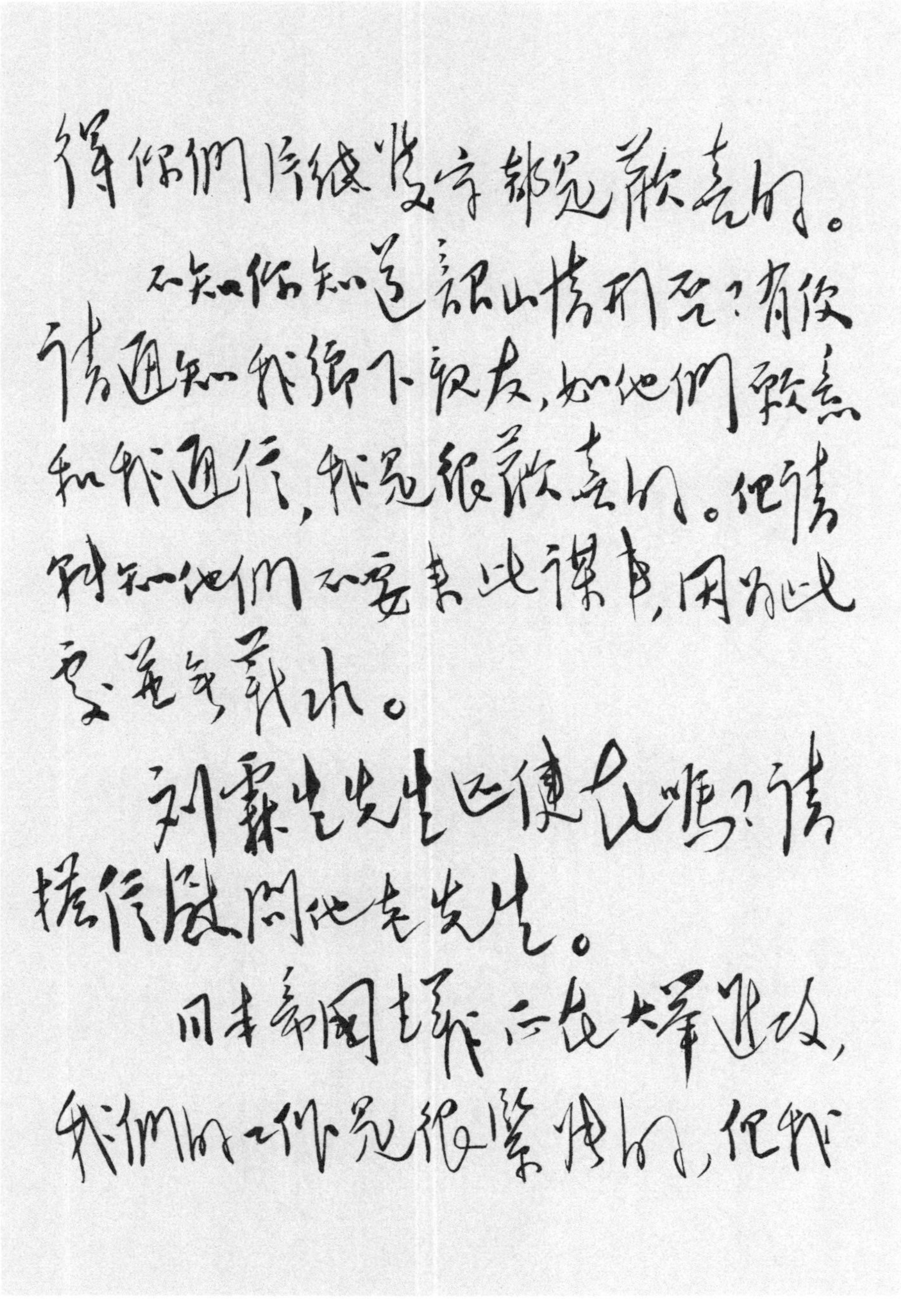
得你们陆续来字都觉欢喜的。

不知你知道韶山情形否？有便请通知我乡下亲友，如他们愿意和我通信，我是很欢喜的。但请转知他们不要来此谋事，因为此处甚艰苦。

刘霖生先生还健在吗？请搭信问他老先生。

日本帝国主义正在大举进攻，我们的工作是很紧张的，但我

致文运昌（一九三七年十一月二十七日）（共五页）（第四页）

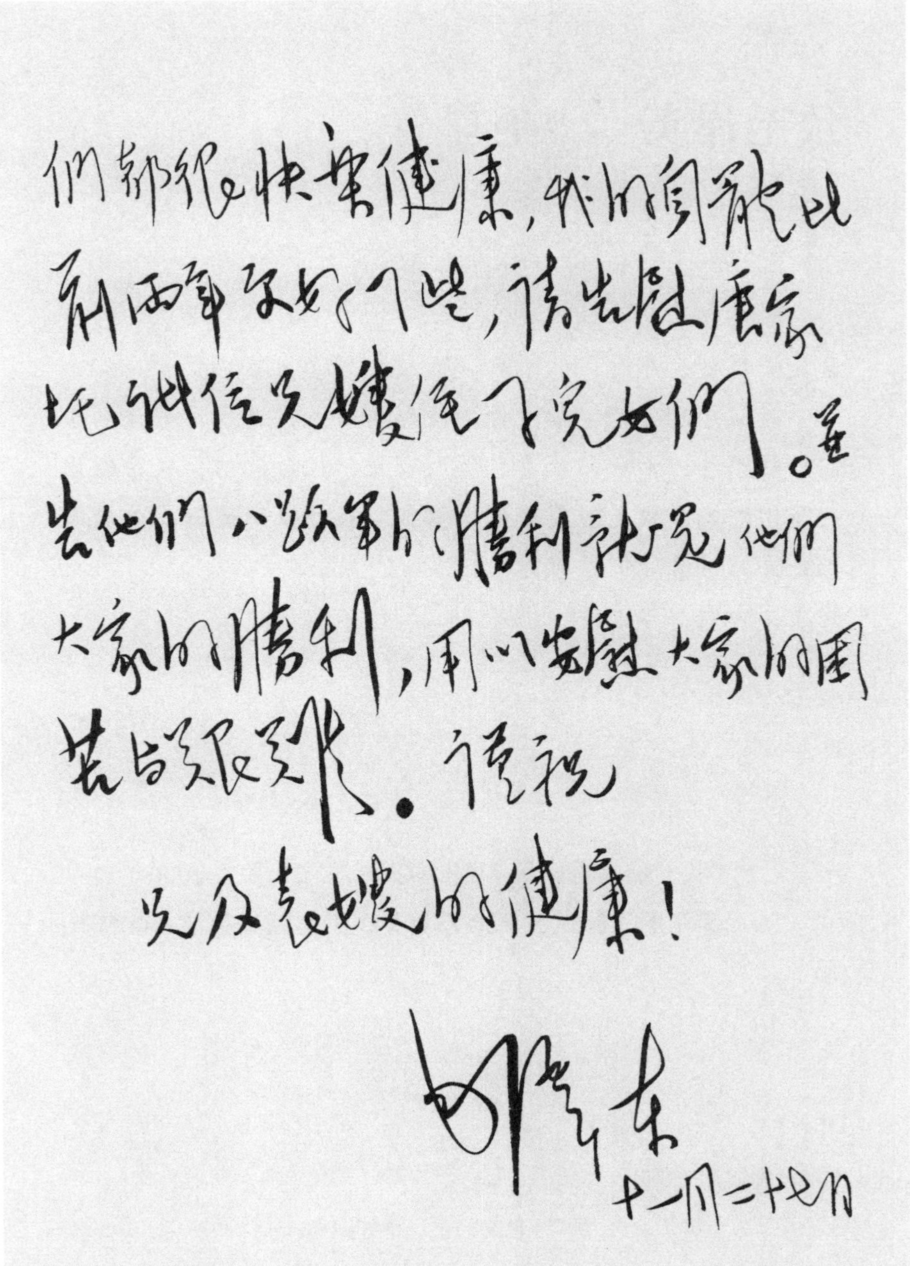
们都很快乐健康，我们自然也比前两年好了些，请告慰唐家圫诸位兄嫂侄子侄女们。并告他们，八路军的胜利就是他们大家的胜利，用以安慰大家的困苦与艰难。谨祝

兄及表嫂的健康！

毛泽东

十一月二十七日

致文运昌（一九三七年十一月二十七日）（共五页）（第五页）

致毛岸英[1]、毛岸青[2]

（一九三八年三月四日）

亲爱的岸英、岸青：

时常想念你们，知道你们情形尚好，有进步，并接到了你们的照片，十分的欢喜。现因有便，托致此信，也希望你们写信给我，我是盼望你们来信啊！我的情形还好。以后有机会再写信给你们。祝你们
健康，愉快，与进步！

毛 泽 东

三月四日

——见于《我的伯父毛岸英》第199页（长城出版社2000年11月第1版），《毛泽东的人际世界》第95页（中央文献出版社2000年10月第1版）。

【注释】

〔1〕毛岸英（1922—1950）：谱名远仁，字岸英，又名永福，湖南湘潭人，生于湖南长沙，是毛泽东与杨开慧的长子。1947年加入中国共产党。1950年11月在抗美援朝战争中牺牲，安葬于朝鲜平安南道桧仓郡中国人民志愿军烈士陵园。

〔2〕毛岸青（1923—2007）：谱名远义，又名永寿，湖南湘潭人，生于湖南长沙，是毛泽东和杨开慧的次子。1947年加入中国共产党。1960年与邵华结婚，1970年诞下一子毛新宇。

【解读】

这是毛泽东与儿子岸英、岸青离别十年之后的第一次通信，也是目前所见到毛泽东写给儿子的第一封家书。

作为革命家毛泽东和杨开慧的儿子，毛岸英和毛岸青从小就注定了颠沛流离的人生。1924年夏，不到2岁的岸英就随父母四处奔波。先后到上海，回韶山，去广州，又赴长沙、武汉等地。1927年大革命失败后，毛泽东开完“八七”紧急会议，才秘密将妻子、保姆陈玉英和岸英以及后来出生的岸青、岸龙送回长沙县东乡板仓开慧的娘家安顿下来。毛泽东曾感慨地说：“为了革命事业，这些孩子从小就吃百家饭、走万里路啊！”那时，三子毛岸龙才出生四个多月。安顿了杨开慧母子，毛泽东即告别妻儿，赶赴省城和湘赣边组织和领导秋收起义。随后，毛泽东上了井冈山。从此，父子天各一方，长期音讯不通。

1930年10月，8岁的岸英和母亲杨开慧、保姆陈玉英一起被捕入狱。1930年11月14日，杨开慧被反动派杀害。岸英、岸青、岸龙兄弟从此失去了生身爱母。经党组织多方营救，毛岸英和保姆获释出狱，但国民党特务仍对板仓杨宅进行监视，岸英兄弟处境危险。

1931年春，长沙党组织接到毛泽民从上海写来的手书，经过缜密安排，岸英兄弟的外婆向振熙和舅妈李崇德以走亲访友为名，经武汉把毛家兄弟三人送到了上海。当时，岸英化名杨永福，岸青化名杨永寿，岸龙化名杨永泰，并由在上海搞地下工作的岸英兄弟的叔叔毛泽民和婶婶钱希钧将三兄弟送到地下党领导的中国互济会主办的大同幼稚园抚养。

1931年4月，由于顾顺章叛变，上海地下党组织遭到破坏，整个形势发生了变化，大同幼稚园受到巡捕房的注意，本来就生病发烧的岸龙，被查夜的凶神恶煞的法国巡捕和稽查员惊吓，送到上海广慈医院（今瑞金医院）后不久便死了。党组织分析，大同幼稚园已经暴露，因而不得不解散。岸英兄弟暂时寄养在地下党员、牧师董健吾家，后又寄养到董健吾的前妻家。本来由组织上给钱作岸英兄弟生活费，后来董失去了固定的收入。董前妻孩子多，生活艰苦，还要挨打受骂。岸英兄弟流落街头，在点心铺当小伙计，受尽富人的白眼和流氓的欺凌。一次岸青听到报童叫卖毛泽覃在苏区牺牲的消息，用捡到的白粉笔，在电线杆上写"打倒帝国主义"的标语，被巡捕和特务打得昏死了过去。在黄包车工人的帮助下，岸英送岸青回到了暂住的破庙里。一流浪的小伙伴用红药水帮助他涂抹伤口。（毛新宇《我的伯父毛岸英》第134至177页）岸英和岸青这种流浪的生活一直过了5年。中华人民共和国成立后，有一次看电影《三毛流浪记》，毛岸英激动地说："那时我和岸青在上海的流浪生活，和三毛相比，除了偷、给资本家当干儿子外，其他几乎都经历过。"

1936年，上海地下党找到了靠卖报、捡破烂、帮助推人力车来维持生活的岸英和岸青，决定安排他们兄弟俩去苏联学习。党组织乘东北义勇军司令、共产党员李杜将军去西欧考察的机会，带岸英和岸青先经法国，后来到了苏联。

1937年初，岸英、岸青来到莫斯科。开始，他们住在共产国际中共代表团宿舍，学习俄语。以后又进入莫斯科近郊的莫尼诺共产国际第二儿童院学习。兄弟俩还各取了一个苏联名字，岸英叫谢廖沙，岸青叫戈勒。这时，毛泽东率领红军长征到达陕北，建立了以延安为中心的抗日根据地。在繁忙的工作之余，毛泽东时常眺望着西北方，心中思念着远在莫斯科的岸英和岸青。

1938年初，有人从苏联带来了岸英、岸青的照片，毛泽东喜出望外，一遍又一遍地看着，禁不住热泪盈眶。不久，有人要去苏联，毛泽东赶紧写下这封信，托付他带给离散了十余年的岸英和岸青。信中，毛泽东用朴实的口语，婉曲地诉说着骨肉离别之苦和思子之痛。看着眼前岸英、岸青的照片，仿佛见到了他们兄弟本人。“时常想念你们，知道你们情形尚好，有进步，并接到了你们的照片，十分的欢喜”，朴素无华的言词，深藏着一颗思念远方爱子的慈父情怀。“我是盼望你们来信啊！”言语平淡而隽永，长久郁积心中的感情情不自禁地迸发，字里行间流露着对远在苏联的岸英和岸青的无限思念。舐犊真情，令人感慨。

这封信之后，令岸英、岸青兄弟二人更加高兴的是，一个月后，毛泽东委托去苏联治疗眼病的刘伯承捎信给他们，还随信附了一张照片。岸英、岸青二人看到了父亲慈祥的模样，心中说不出的高兴，随即，又给父亲回了信。自此以后，鱼雁不断。这一封封千金家书，寄托了一个伟大的领袖和父亲对子女的温情和关爱，也一步步地见证了子女的不断进步和成长。

致毛宇居[1]

（一九三八年五月二十六日）

宇居兄左右[2]：

五月十日信收读，谭季余[3]以不来为上。楚雄[4]等已寄微款，尔后可略接济一点，请督其刻苦节省。周先生[5]留居韶山甚好，应看成一家人，不分彼此。

此复。即颂

时绥！

弟　毛泽东

五月二十六日

远耀[6]等在此甚好。

——见于《毛泽东致韶山亲友书信集》第14页（中央文献出版社1996年8月第1版）。

【注释】

〔1〕毛宇居（1881—1964）：谱名泽启，号宇居，亦作蕊珠、禹珠、禹居。湖南韶山市韶山乡韶源村人。毛泽东的堂兄、少年时代的塾师。1915年参加过护国战争，大革命时期参加韶山农民运动。抗日战争期间曾协助韶山党组织照顾毛泽东的侄儿毛楚雄。中华人民共和国成立后，曾任湖南省文物

管理委员会委员、省文史研究馆馆员。

〔2〕左右：书信礼仪用语，不直接说对方，而以“左右”代之，表示对受信人的尊重和自谦。

〔3〕谭季余（1899—1961）：韶山市韶山乡竹鸡村人，毛宇居、毛泽东的亲戚。当时在乡务农，1938年曾写信给毛泽东，要求去延安工作。中华人民共和国成立后，曾任韶山招待所所长。

〔4〕楚雄：即毛楚雄（1927—1946），毛泽覃与周文楠之子，毛泽东的侄子。因毛泽覃和周文楠为了革命长期奔波在外，毛楚雄一直由外婆周陈轩抚养，一度将他改姓周。当时随外祖母在韶山上屋场毛泽东故居居住。1945年7月去延安。次年8月，与张文津、吴祖贻奉命赴西安与国民党部队谈判，被胡宗南部杀害。

〔5〕周先生：指周颂年（1874—1942），号字余、自娱，江西临川人，是周文楠同父异母的哥哥，毛楚雄的舅父。思想进步，对毛泽东领导的中国革命和抗日救亡运动的胜利充满了信心。

〔6〕远耀：即毛远耀，1912年生，毛宇居的侄子，当时在延安中央军委秘书处工作。中华人民共和国成立后，曾任湖南省衡阳市市长、中共衡阳市委书记、湖南省工业厅厅长、化工部办公厅主任等职。

【解读】

1937年，第二次国共合作，解除封锁的延安与外界通邮了。工作之余，每当乡情萌动时，毛泽东便抽出时间给远在韶山冲的堂兄兼儿时的私塾老师毛宇居以及毛泽青、毛远翔、毛月秋等族亲写信，询问家乡情况，以解乡愁。

这是中华人民共和国成立以前毛泽东给韶山毛家亲戚的现在仅存的一封信。

几十年里，毛泽东和亲戚交往最多的，在唐家圫（tuō）方面，是表兄文运昌，而在韶山方面，则要数堂兄兼私塾老师毛宇居了。

毛宇居，谱名毛泽启，字先甲，号宇居，又作蕊珠、禹珠、禹居，1881年阴历六月三十日生。毛泽东和毛宇居共一个太高祖父毛际耀，毛宇居比毛泽东大13岁，是毛泽东的五代堂兄。虽说隔五代，但两家的关系一直很亲密。毛泽东父亲毛顺生和毛宇居父亲毛福生过去都住在东茅塘，直到毛泽东祖父毛四瑞在南岸买了上屋场的房子，两家才分开。虽隔数里，但往来不断。毛宇居的祖父毛恩黼做过县丞，父亲毛福生是清末国子监监生。毛泽东母亲文七妹过门时，毛福生曾帮助操办婚事。文七妹去世后，毛泽东把毛顺生接到长沙散心，也把伯父毛福生接去小住。现在所见唯一的一张毛泽东、毛泽覃和父亲在长沙拍摄的合影中上面的另一个人就是伯父毛福生。

毛宇居由于家学渊源，从小读了不少书，国学基础深厚，爱好写作和书法，经常吟诗作赋，被称为“韶山一支笔”。毛泽东从桥头湾私塾结业后，在离上屋场约5里路的井湾里私塾毛宇居门下，读了近一年书。特别是读了《左传》，为毛泽东后来爱好历史打下了基础。毛宇居管教学生很严格，至今流传毛泽东在私塾偷偷看《三国演义》被毛宇居罚背《增广贤文》而毛泽东一口气背完的故事。还流传一次毛宇居外出，毛泽东爬上井湾里的后山摘毛栗子，被毛宇居发现后罚作《井赞》诗。特别是在1910年，毛宇居和另一位塾师毛麓钟、“激进派”老师李漱清、表兄王季范等，劝说毛顺生送儿子继续入学深造。从此毛泽东走出韶山冲，成为后来的一代伟人。

还值得一提的是，1919年10月5日，毛泽东母亲文素勤病逝，10月8日，毛泽东在灵前写了两副挽联和《祭母文》。毛宇居把挽联和《祭母文》抄录下来，冒着危险保存达30年之久，中华人民共和国成立后上交人民政府。1927年，毛泽东回韶山考察农民运动，临离开韶山前，将一大网篮曾读过的书、写的各种读书札记和信件托给族人保管。在白色恐怖下，族人为避免落入敌人之手，付之一炬。毛宇居连忙赶到，从火里抢出了一本47页的毛泽东在湖南一师的课堂记录《讲堂录》和写了15000

余字批语的《伦理学原理》。这两样东西都成了研究毛泽东生平和思想的极为珍贵的文物。

1925年春，毛泽东回韶山开展农民运动，后又与毛福轩等人成立雪耻会，建立中共韶山第一个党支部，毛宇居对这些活动都积极支持，并于1926年加入了中国共产党。1927年1月，毛泽东回韶山考察农民运动，毛宇居主持欢迎会，热情洋溢地称赞"毛君泽东，年少英雄。到处奔走，为国为民"。1927年5月，马日事变后毛宇居脱党。在白色恐怖、腥风血雨的日子里，靠教书为生。他仍同情革命事业，关注中国革命的进程，十分惦记毛泽东的安危。

1937年，抗日战争爆发后，国共两党实现第二次合作，延安革命根据地由此打破了封锁。毛宇居得知文运昌接到毛泽东从延安发来的信后，兴奋不已。1938年5月10日，毛宇居写信给在延安的毛泽东，讲述家乡的情况，讲述毛泽覃的儿子毛楚雄、毛楚雄的外婆周陈轩和舅父周祖余等在韶山生活困难以及亲戚谭季余想去延安等情况，并询问侄子毛远耀的近况。5月26日毛泽东写下此信回复毛宇居。

1937年，日寇轰炸长沙，居民伤亡惨重。毛泽覃的妻子周文楠带着儿子毛楚雄、哥哥周祖余及老母周陈轩躲避战乱来到韶山。因上屋场（毛泽东故居）仍被国民党反动派没收，周家祖孙三代无立锥之地。毛宇居把他们接到自己家里，房子窄小，只能凑合着过日子。毛泽东在这封信中称赞毛宇居他们将周陈轩祖孙三代接到韶山做得对，"周先生留居韶山甚好"。并嘱咐要把周家看作一家人，不分彼此。此间，毛宇居从韶山地下党组织秘密借阅《论持久战》《改造我们的学习》等书。稍后，又把侄儿毛远翔等人送去延安，走上了毛泽东指引的革命道路。

毛泽东虽然未曾看到过自己这位亲侄子毛楚雄，但信中"寄微款""请督其刻苦节省"寥寥数语，表达了毛泽东对少年毛楚雄生活和成长的深切关爱之情。对于毛楚雄的舅父周祖余留居韶山一事，毛泽东讲："周先生留居韶山甚好，应看成一家人，不分彼此。"关切之情，溢于言表。在外敌入侵、民不聊生的艰难岁月，这句话，对于一个无依无靠的64岁的老人来说，的确是莫大的安慰了。

毛宇居收到这封寄自延安的信，视如至宝，藏之于墙缝中，到中华人民共和国成立后才上交给国家，成为极其珍贵的革命文物。此信虽很简短，但针对毛宇居的来信一一作了答复，具体明白，言简意赅，体现了毛泽东家书短小精悍、平实晓畅的写作风格。

致毛岸英、毛岸青〔1〕

（一九三九年八月二十六日）

岸英岸青二儿：

你们上次信收到了，十分欢喜！

你们近来好否？有进步否？

我还好，也看了一点书，但不多，心里觉得很不满足，不如你们是专门学习的时候。

为你们及所有小同志，托林伯渠〔2〕老同志买了一批书，寄给你们，不知收到否？来信告我。下次再写。

祝你们发展，向上，愉快！

毛　泽　东

一九三九年八月二十六日

——见于《老一代革命家家书选》第29页（中央文献出版社、生活·读书·新知三联书店1990年2月第1版），《毛泽东书信选集》第140页（中央文献出版社2003年11月第1版）。

【注释】

〔1〕毛岸英、毛岸青：毛泽东的长子和次子。详见P30注释〔1〕，P31注释〔2〕。

〔2〕林伯渠（1886—1960）：名祖涵，字邃园，湖南临澧人。早年加入同盟会，参加孙中山领导的反清革命活动。1921年加入中国共产党，1927年参加“八一”南昌起义。1934年参加长征，任总供给部部长。1937年任陕甘

宁边区政府主席。当时是中国共产党驻西安的代表。

【解读】

毛泽东时刻牵挂着儿子毛岸英和毛岸青，长征一结束，他就安排人寻找三个儿子。1936年，中共上海地下党组织经过一番周折，终于找到了面目黧黑、瘦骨嶙峋、衣衫褴褛的毛岸英和毛岸青，并把他俩送到苏联学习。到达莫斯科后，他们开始了新的生活，父子间不断有书信往来。

1938年春天，贺子珍赴苏治病到达莫斯科，被当时担任共产国际东方部部长的王稼祥安排在东方大学八部居住。贺子珍了解到岸英、岸青的情况后，当时虽然有孕在身，还是主动到国际儿童院去看望岸英、岸青，对他们的生活给予亲切的关心和帮助。经过一段时间接触，岸英和岸青慢慢地从感情上接受了贺子珍这个“妈妈”，感受到了失去多年的母爱和家庭温暖，只要有空，两兄弟总要跑到东方大学八部去看望贺妈妈。

1939年，毛岸英进入苏联十年制学校的六年级插班学习，在写给毛泽东的信中，常向父亲汇报自己在苏联的学习和生活情况。岸英、岸青的每一封来信，都给思念爱子的毛泽东心中带来无限的欢乐和慰藉。这封信是毛泽东接到岸英、岸青兄弟的又一封来信后于百忙之中的回信。

毛泽东极重感情，深爱自己的子女，不仅惦念他们的生活，而且更关心他们的学习和进步。在信中，毛泽东不是用教训的口吻，而是用平等态度，通过自身“也看了一点书，但不多，心里觉得很不满足”的亲身感受，循循善诱，不无羡慕地说“不如你们是专门学习的时候”，提醒岸英、岸青应抓紧时间读书学习。信中还提到“为你们及所有小同志，托林伯渠老同志买了一批书，寄给你们”，反映出毛泽东不仅关注着自己儿子的学习和成长，同时还关注着其他在苏联学习的中国孩子们的学习和成长。无形之中，也引导着孩子关心他人和集体的美好习惯的养成。

此信虽短，但言真意切，亲切感人，充满了慈祥的父爱和对爱子成长的关怀。

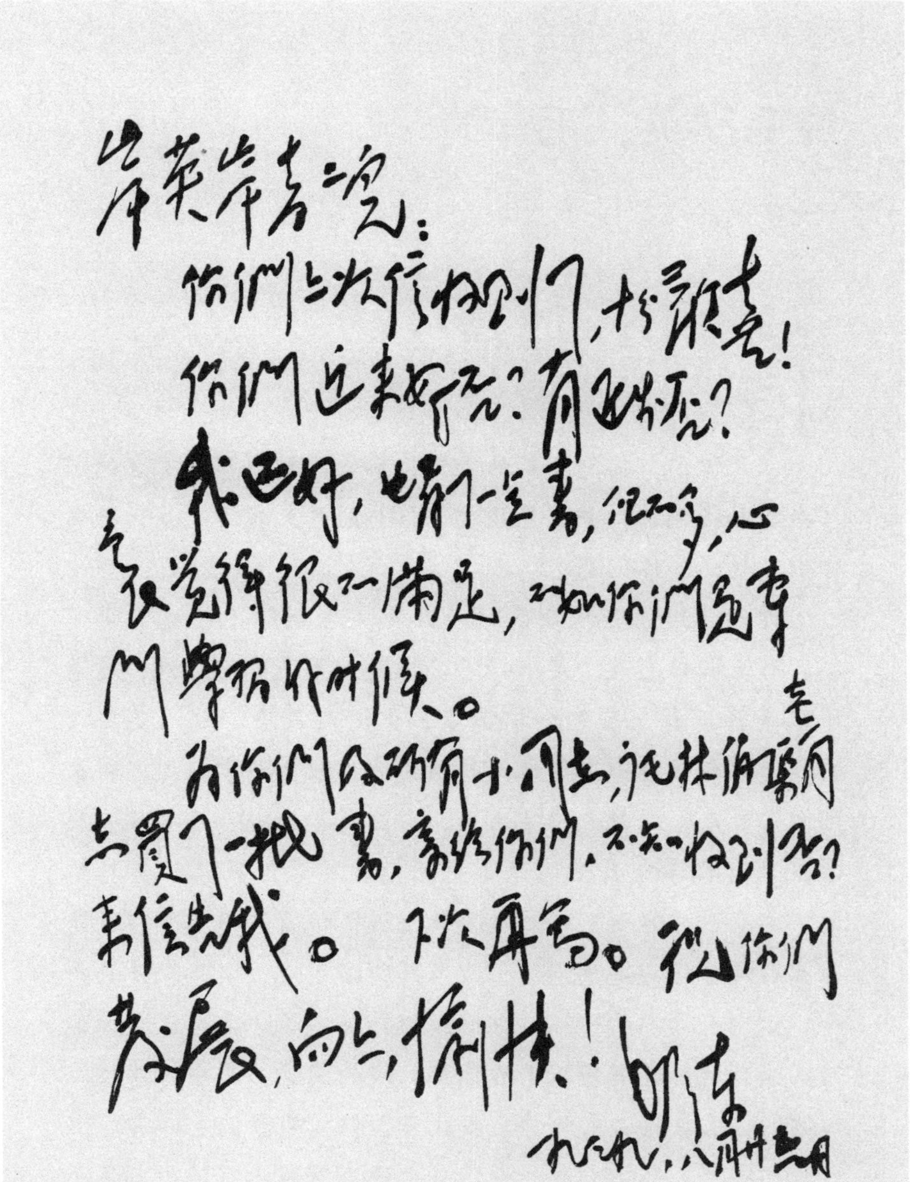

岸英岸青二儿：

你们上次信收到了，十分欢喜！

你们近来好否？有进步否？

我还好，也看了一点书，但不多，心里觉得很不满足，不如你们是专门学习的时候。

为你们及所有小同志，托林老伯同志买了一批书，寄给你们，不知收到否？来信告我。下次再写。祝你们

发展，向上，愉快！泽东

九三九，八月廿六日

致毛岸英、毛岸青（一九三九年八月二十六日）

致毛岸英、毛岸青[1]

（一九四一年一月三十一日）

岸英
岸青二儿：

很早以前，接到岸英的长信，岸青的信，岸英寄来的照片本，单张相片，并且是几次的信与照片，我都未复，很对你们不起，知你们悬念。

你们长进了，很欢喜的。岸英文理通顺，字也写得不坏，有进取的志气，是很好的。惟有一事向你们建议，趁着年纪尚轻，多向自然科学学习，少谈些政治。政治是要谈的，但目前以潜心多习自然科学为宜，社会科学辅之。将来可倒置过来，以社会科学为主，自然科学为辅。总之注意科学，只有科学是真学问，将来用处无穷。人家恭维你抬举你，这有一样好处，就是鼓励你上进；但有一样坏处，就是易长自满之气，得意忘形，有不知脚踏实地、实事求是的危险。你们有你们的前程，或好或坏，决定于你们自己及你们的直接环境，我不想来干涉你们，我的意见，只当作建议，由你们自己考虑决定。总之我欢喜你们，望你们更好。

岸英要我写诗，我一点诗兴也没有，因此写不出。关于寄书，前年我托西安林伯渠[2]老同志寄了一大堆给你们少年集团[3]，听说没有收到，真是可惜。现再酌检一点寄上[4]，大批的待后。

我的身体今年差些，自己不满意自己；读书也少，因为颇忙。你们情形如何？甚以为念。

毛　泽　东

一九四一年一月三十一日

——见于《老一代革命家家书选》第30—31页（中央文献出版社、生活·读书·新知三联书店1990年2月第1版），《毛泽东书信选集》第152页（中央文献出版社2003年11月第1版）。

【注释】

〔1〕毛岸英、毛岸青：毛泽东的长子和次子。详见P30注释〔1〕，P31注释〔2〕。

〔2〕林伯渠：1939年时，任中国共产党驻西安的代表。详见P39注释〔2〕。

〔3〕少年集团：指由中共党组织送到苏联学习的中国少年儿童。他们当中大多是革命烈士的子女，如蔡和森之子蔡博、郭亮之子郭志成等。

〔4〕酌检一点寄上：毛泽东随信附有一张书单："精忠岳传2、官场现形记4、子不语正续3、三国志4、高中外国史3、高中本国史2、中国经济地理1、大众哲学1、中国历史教程1、兰花梦传奇1、峨嵋剑侠传4、小五义6、续小五义6、聊斋志异4、水浒4、薛刚反唐1、儒林外史2、何典1、清史演义2、洪秀全2、侠义江湖6。"毛泽东还特地注明："这些书赠岸英、岸青，并与各小同志共之，由林彪同志转交你们。"

【解读】

1938年初，有人从苏联带回岸英、岸青兄弟的照片。毛泽东喜出望外，一遍又一遍地看着，禁不住热泪盈眶。不久，毛泽东给儿子写了一封信，托去苏联的同志带给他们。鼓励他们好好学习，祝他们身心健康，不断进步。

1940年秋，苏联莫尼诺第二国际儿童院与伊万诺沃第一国际儿童院合并。毛岸英、毛岸青同大家一起迁往距莫斯科300多公里的伊万诺沃市。在苏联学习的3年多时间里，毛岸英和毛岸青进步很快。他们不仅学习成绩优异，而且还积极参加儿童院组织的文体活动。毛岸英更是显示出很高的组织才能。他善于演讲，对于时事政治和军事方面的知识表现出浓厚的兴趣。他喜欢读书，尤其喜欢读人物传记、中外历史、战争战役回忆录等。在儿童院中，毛岸英、蔡博（蔡和森之子）、郭志成（郭亮之子）、刘允斌（刘少奇之子）年龄比较大，也比较爱读书，还组织了一个业余读书学习小组。由于表现出色，加入共青团不久的毛岸英在儿童院进行共青团支部改选时，被推选为新一届团支部书记，以后又当选为儿童院所在区的共青团区委委员。

说起毛岸英在苏联认真、刻苦读书的故事，还有一件趣事。在国际儿童院，毛岸英早晨总是第一个进图书馆，晚上最后一个离开图书馆，中午随便吃一点东西，也不回宿舍休息。有一个星期六，一大早毛岸英就等在图书馆的门口。图书馆管理员招呼他："谢廖沙，今天星期六，你该休息了。"毛岸英回答说："好，今天只看半天书。"走进书库后，他边看书，边记笔记，很快忘记了时间。管理员中午吃完饭回来时，往毛岸英经常坐的座位上望了望，没有看到他，以为毛岸英真的只看了半天书，下班时，就把图书馆大门锁上了。毛岸英沉浸在读书的快乐之中，直到肚子咕咕地叫了起来，才发现天已晚了，自己还没有吃午饭，要出去时，大门已被锁上了。毛岸英索性就在图书馆书库里看了一晚上书。直到第二天早晨，毛岸青和图书管理员急急忙忙找来，他才回到了宿舍。

作为一个博学多才的政治家，毛泽东深知学习科学的重要性。为了让包括岸英、岸青在内的革命后代学到更多的知识，毛泽东几次托人购买书籍寄往苏联。可惜的是，毛泽东托当时中共驻西安的代表林伯渠购买并邮寄的那一批书在邮路上遗失了。但毛泽东并不灰心，这一次他又挑选了21种60本书，既有哲、经、史书，又有古典文学和武侠小说。毛泽东送的这些书，充分考虑到了少年的读书口味，既有知识性，又有趣味性，当然也包含了毛泽东的个人喜好及对子女的希望。在这些书中，中国古典文学和历史小说占了很大比重。而《高中外国史》《高中本国史》《中国经济地理》和《中国历史教程》等书籍，是当时国内出版的史地教科书。《大众哲学》是唯一的一本政治类书籍，毛泽东认为这本书写得通俗易懂，有利于马克思主义哲学的普及。通过这份书单，我们可以看到，毛泽东希望毛岸英等人身在苏联，应当更多地了解中国的历史与文化，把马克思主义的原理、现代科技知识与中国国情相结合，将来在中国革命和建设事业中贡献力量。书单还特地注明："这些书赠岸英、岸青，并与各小同志共之。"他在信中，语重心长地告诫处在学习阶段的儿子："趁着年纪尚轻，多向自然科学学习，少谈些政治。政治是要谈的，但目前以潜心多习自然科学为宜，社会科学辅之。将来可倒置过来。"毛泽东不仅为儿子指出了当前的主要任务就是专心致志地读书学习，而且明确地告诉儿子要以学习自然科学为主，一再叮嘱他们："只有科学是真学问，将来用处无穷。"真乃金玉之言。

毛泽东关于自然科学的这一段话很值得我们重视。这在毛泽东的文稿中是很罕见的，给我们以极大的教育和启迪。毛泽东对自然科学和社会科学一样十分重视，这至少说明了三点：第一，老一辈革命家在战争年代就预见到革命胜利后的主要任务，就是要搞好新中国的建设事业。这使我们联想到瞿秋白赠送鲁迅之子周海婴一盒积铁成像的玩具时说过的一段话："将来革命成功后，必有一番大规模的建设需要人才，因此对下一代必须及早给与科学技术教育，以备深造。"革命胜利之后，需要大量的自然科学工作者，即使是从事社会科学，也要懂得一些自然科学知识。第二，人生的任务是有阶段性的。青年时代是最好的学习时期，精力旺盛，记忆力强。自然科学的学习特别需要循序渐进、系统地学习，还需要他人的帮助和指导。第三，这封信也是毛泽东为儿子“支招”。毛岸英所在的国际儿童院的女院长，有着严重的大国沙文主义思想，把本来就课时不多的各国民族教育都挤占掉，引起了中国学生的不满。她报复心很重，还将支持中国学生意见的教导主任调离国际儿童院。毛岸英等提出反对意见，与之发生了矛盾。毛岸英能力强，表现突出，年轻气盛，自以为关心的是“大事”，流露出一些自信、自负、自满的情绪。处在这样复杂的环境下，年轻人很难处理好各方面的关系。所以毛泽东一面告诫儿子要克服自满情绪，一面为儿子“支招”，最好的办法是把精力集中到学习上，趁此机会多学一点自然科学知识，掌握好将来建设祖国的本领。

在信中，毛泽东从正反两方面分析了人家恭维你抬举你的好处与坏处，提醒儿子要辩证地对待别人的表扬。他既严格要求爱子，又非常讲民主，把自己的教导称作“建议”，不干涉儿子独立的思考和选择，显示出一代伟人在教育子女问题上的博大襟怀。

毛泽东在子女身上体现的细心和柔情，并不亚于一位慈祥的母亲。虽然工作十分繁忙，但他并未因此而疏忽当父亲的责任。对孩子的学习、健康和为人处世，他一一过问，倾注了大量心血。他把战争年代因骨肉分离而对所有子女的亏欠，全部加倍补偿到毛岸英、毛岸青和李敏、李讷四个孩子身上。这是现在所保存的毛泽东给在苏联的儿子写的第三封信，对他们的学习和发展方向提出了具体的要求。

真实与真情，是家书的基本特色，也是家书的感染力所在，此信堪称家书的典范。

致毛岸青[1]

（一九四六年一月七日）

岸青，我的亲爱的儿：

岸英回国，收到你的信，知道你的情形，很是欢喜，看见你哥哥，好像看见你一样，希望你在那里继续学习，将来学成回国，好为人民服务。你妹妹（李讷[2]）问候你，她现已五岁半。她的剪纸，寄你两张。

祝你进步，愉快，成长！

毛　泽　东

一九四六年一月七日

——见于《老一代革命家家书选》第32页（中央文献出版社、生活·读书·新知三联书店1990年2月第1版）。

【注释】

〔1〕毛岸青：毛泽东的次子。详见P31注释〔2〕。

〔2〕李讷：毛泽东和江青的女儿。详见P160注释〔1〕。

【解读】

毛岸青4岁时就与父亲分离，后来跟着哥哥岸英从上海到了苏联。

由于在上海流浪时遭国民党特务毒打，头部受伤，落下了病根，1946年毛岸英回国与父亲团聚，毛岸青却不得不留在苏联继续治疗和学习。

1946年1月7日，离别祖国近十个年头的毛岸英与苏共派来为毛泽东治病的阿洛夫和米尔尼柯大夫同机飞抵延安。毛泽东冒着严寒，抱病到机场迎接。毛岸英的回国，使毛泽东得到了极大的慰藉。看着眼前的毛岸英，听着毛岸英讲述的毛岸青的一些情况后，毛泽东更加惦念远在苏联的岸青，情不自已，当即挥毫，给毛岸青写了这封信。

"岸青，我的亲爱的儿"，这种直接表达爱意的称呼和"看见你哥哥，好像看见你一样"的激动心情，体现了毛泽东对儿子岸青的思念爱怜之切。岸青从小离开父亲，流落在外全由哥哥岸英照顾。此时岸英回国，毛泽东从他的口中了解到岸青的近况，也了解到岸青当年流浪时被特务打伤而落下病根，因而，毛泽东特别疼爱岸青。毛泽东曾感慨地说："为了革命事业，这些孩子从小就吃过百家饭，走万里路啊！"从岸英的口中，又知道岸青已考取莫斯科东方大学，这使毛泽东格外地挂念。信中，毛泽东既对岸青的成长和进步怀有喜悦之情，同时对他独自留在苏联学习和生活也有一些担心。他勉励岸青儿，"在那里继续学习，将来学成回国，好为人民服务"。

"为人民服务"这句话常挂在毛泽东嘴边，更在他心中。他以此教育全党，也用于家庭教育。这是我们理解毛泽东人生价值观的钥匙。

信中毛泽东还特意提到李讷对岸青哥哥的"问候"，借以维系他们兄妹的感情，并把李讷的剪纸寄给岸青两张，反映了毛泽东在处理家庭和子女问题上的细心周到，极富人情味。这封信写得情理兼胜，平实晓畅的文字中充满了父爱和舐犊之情。

致毛岸英[1]

（一九四六年十二月二十六日）

岸英儿：

来信两封均收到。第二封信写得很好，这表示较之你初回国时不但文字有进步，思想品质也有进步。你的那些工作是好的。坚持读文章的计划，很有必要，再读一年也是好的。我身体比你走时更好些了[2]。江青[3]、李讷都如常。祝你进步！

毛　泽　东

一九四六年十二月二十六日

——见于《毛泽东的人际世界》第102页（中央文献出版社2000年10月第1版）。

【注释】

〔1〕毛岸英：毛泽东的长子。详见P30注释〔1〕。

〔2〕我身体比你走时更好些了：1945年11月中旬，由于长期的紧张工作，毛泽东得了植物神经失调症。经过一段时间精心治疗和休息，1946年春天，毛泽东的病情逐步好转，也逐渐恢复了工作。

〔3〕江青（1914—1991）：山东诸城人，原名李云鹤，曾用名蓝萍。1933年加

入中国共产党。抗日战争爆发后赴延安。1938年秋与毛泽东结婚。1940年8月生下女儿李讷。

【解读】

写这封回信时，正值毛泽东53岁生日。

毛泽东对子女的成长是非常关切的，但是其教育方式并不是一般的儿女情长，而是有远见的，以将其子女造就成为对社会有益的人才。1946年初，毛岸英回国，毛泽东和他只在一起吃了两天饭，便让岸英到机关食堂去吃大灶。一天，毛岸英被父亲喊去，父子俩坐在延安王家坪院子里的槐树下交谈。毛泽东说："你在苏联长大，对国内生活不熟悉。你在苏联大学毕业了，再上一上中国的劳动大学吧！"

毛泽东把岸英介绍给当时著名的劳动模范吴满有，让他到吴满有家去学种地，上"劳动大学"。就这样，几天后，毛岸英脱去大皮鞋，换上父亲送给他的硬帮布鞋和父亲穿过的已打了补丁的灰布棉衣，背了一斗小米，走了20多里路，前往吴家枣园。从这天起，他和乡亲们同吃，同住，同劳动，重活、脏活抢着干。休息时，和老乡们一起聊天。乡亲们都乐意接近他，非常喜欢他。这年下半年，全面内战爆发，胡宗南部进攻延安，形势越来越紧张。村干部决定送毛岸英回到父亲身边。毛泽东高兴地说："我送出去一个白胖子，换回来一个黑铁塔。"从"劳动大学"回来后，毛岸英被安排在中宣部工作。业余时间，他抓紧时间读书学习，并拟订了庞大的读书计划，准备系统地学习哲学、马列著作和中国历史尤其是近现代史、中共党史。他下定决心，并告诫自己要有恒心。他每天坚持读书做笔记，经常虚心向别人求教。11月，毛岸英随中宣部撤到瓦窑堡一带，他把自己的工作情况和学习心得写信告诉父亲。毛泽东很高兴，给毛岸英写了这封回信。

从毛岸英的来信中，毛泽东知道了儿子的工作和学习情况，在回信中充分肯定毛岸英回国近一年来在"文字"和"思想品质"上的进步。

对于儿子的工作，毛泽东是肯定的，对于儿子坚持读书学习的计划，毛泽东更加赞成，认为“很有必要，再读一年也是好的”。这里有几个关键词：“文字”“思想品质”“读书学习”是毛泽东一生非常重视的，也是毛泽东教育子女的几个主要方面。这对于我们今天，仍然有很大的启发和重要的教育意义。

此信文笔直白朴素，语气平和而中肯，如父子间的促膝谈心，言简意深。

致毛岸英[1]

（一九四七年九月十二日）

岸英儿：

别后，晋西北一信[2]，平山一信[3]，均已收到。看你的信，你在进步中，甚为喜慰。永寿[4]这孩子有很大进步，他的信写得很好。复他一信，请你译成外国语，连同原文，托便带去。我们在此很好，我的身体比在延安要好得多，主要是脑子休息了。你要看历史小说，明清两朝人写的笔记小说[5]（明以前笔记不必多看），可托周扬[6]同志设法，或能找到一些。我们这里打了胜仗[7]，打得敌人很怕我们。

问你好！

毛　泽　东

一九四七年九月十二日

——见于《老一代革命家家书选》第33页（中央文献出版社、生活·读书·新知三联书店1990年2月第1版），《毛泽东书信选集》第264页（中央文献出版社2003年11月第1版）。

【注释】

〔1〕毛岸英：毛泽东的长子。详见P30注释〔1〕。

〔2〕晋西北一信：指毛岸英在山西临县郝家坡参加土改时写来的信。

〔3〕平山一信：指毛岸英在河北平山县西柏坡参加全国土地工作会议时写来的信。

〔4〕永寿：即毛岸青，毛泽东的次子。

〔5〕笔记小说：泛指用文言文写的志怪、传奇、杂录、琐闻、传记、随笔之类的野史稗乘之作，兼有史学和文学价值。明清两代的笔记小说取得高于前代的突出成就，其中杰出的有纪昀的《阅微草堂笔记》、袁枚的《子不语》等。毛泽东非常重视阅读明清两代的笔记小说，批注过沈廷松的《明人百家小说》、冯梦龙的《智囊》等。范文澜20世纪40年代送给他的一部《笔记小说大观》，他一直保存，后来带到了北京。

〔6〕周扬（1908—1989）：湖南益阳人，作家，当时任晋察冀总学委主任、中共中央华北局宣传部部长。

〔7〕胜仗：指彭德怀指挥西北野战军于1947年8月20日歼灭国民党军三十六师主力6000余人的著名的沙家店战役。

【解读】

1947年4月，毛泽东安排毛岸英进中央土改工作团，赴山西临县郝家坡参加土改工作。两个月后，毛岸英把自己的体会写了一封长信向父亲汇报，说："我在郝家坡两个多月的土改工作中，学到了如下东西：（一）最重要一点，认清了自己所站的无产阶级立场。（二）群众路线斗争就是阶级路线斗争加上民主作风。（三）不把农村中的阶级斗争掀起到高潮，是不能发动广大农民群众的。（四）没有群众的监督，没有民主，干部便必然变坏，必然会在人民头上为所欲为。哪怕这个干部在未当干部时成分是很好的，人也是很好的。（五）只有用群众的力量，才能彻底改造我们的党政军。"

同年8月，毛岸英离开土改工作团，去河北平山县西柏坡参加全国土地工作会议。期间，他又写给父亲一封信。与此同时，在苏联莫斯科东方语言学院学习的毛岸青也用俄文给父亲写了一封信。毛泽东请人译出后，非常高兴。看到两个儿子都在进步之中，毛泽东的内心感到由衷的欣慰。

这年8月，陕北战场到了决战的时刻。8月20日，毛泽东在佳县梁家岔亲自用电话指挥了沙家店战役，解放军全歼国民党军三十六师主力6000余人。该战役是西北战场的转折点，从此解放军由防御转入战略进攻，打得敌人闻风丧胆。毛泽东在信中也向儿子告知了这一好消息。

随后，毛泽东同周恩来、任弼时率中共中央机关转战至陕北佳县朱官寨。在这里，毛泽东分别给岸英、岸青写了回信。给岸青的信也一同寄给岸英，让岸英译成俄文，和原文一起托人带给岸青。

从岸英、岸青的来信中，看到两个儿子的进步，而转战陕北以来最艰难的阶段已经结束，"甚为喜慰"最能反映毛泽东此时此刻的心情。在战略转移的间歇期，毛泽东不仅同时给两个儿子写了回信，而且在给岸英的这封信中，再次同岸英谈到读书学习的问题，嘱告岸英"要看历史小说，明清两朝人写的笔记小说"，并注明"明以前笔记不必多看"，用自己多年来摸索的读书经验指导岸英读书学习。信末又用喜悦而轻松的口语告诉儿子，"我们这里打了胜仗，打得敌人很怕我们"。

这封信语言简洁明快，内涵丰富，情感诚挚，充满乐观向上的自信精神，对于两个儿子的学习和进步极具鼓励和指导意义。

致毛岸英[1]

（一九四七年十月八日）

岸英：

告诉你，永寿[2]回来了，到了哈尔滨。要进中学学中文，我已同意。这个孩子很久不见，很想看见他。你现在怎么样？工作，还是学习？一个人无论学什么或作什么，只要有热情，有恒心，不要那种无着落的与人民利益不相符合的个人主义的虚荣心，总是会有进步的。你给李讷[3]写信没有？她和我们的距离已很近，时常有信有她画的画寄的，身体好。我和江青都好。我比上次写信时更好些。这里气候已颇凉，要穿棉衣了。再谈。

问你好！

毛　泽　东

一九四七年十月八日

——见于《老一代革命家家书选》第35页（中央文献出版社、生活·读书·新知三联书店1990年2月第1版），《毛泽东书信选集》第265页（中央文献出版社2003年11月第1版）。

【注释】

〔1〕毛岸英：毛泽东的长子。详见P30注释〔1〕。

〔2〕永寿：即毛岸青，毛泽东的次子。详见P31注释〔2〕。

〔3〕李讷：毛泽东和江青的女儿。详见P160注释〔1〕。

【解读】

1947年10月上旬，毛泽东工作极为繁忙、紧张，他在佳县神泉堡起草了《中国人民解放军宣言》，提出了“打到南京去，解放全中国”的口号。与此同时，毛泽东接到毛岸青的来信，得知儿子已从苏联回国到达哈尔滨的消息，非常兴奋，挥笔给在河北平山县西柏坡参加全国土地工作会议的长子毛岸英写了这封充满亲情和温馨的家书。

这封信是毛泽东家书的代表作。一方面，他为岸青到了哈尔滨喜不自禁。对这种喜悦，并不需要过多的言辞，“告诉你，永寿回来了”，“这个孩子很久不见，很想看见他”，暖暖的温情流淌在父子之间。与当初对岸英刚回国的安排不同的是，他同意岸青先学中文，这是因为岸青到苏联时，年龄很小，俄文差不多成了他唯一能讲的语言，现在当然要过母语这一关。

毛泽东又问起岸英的情形，接下来有了一段经典的教子言语：“一个人无论学什么或作什么，只要有热情，有恒心，不要那种无着落的与人民利益不相符合的个人主义的虚荣心，总是会有进步的。”看到这段话，很容易让人联想到毛泽东在《为人民服务》讲话中的语气和语意。在毛泽东的价值观中，“为人民服务”总是其核心。毛泽东给儿子指出了进步与成功的根本路径，那就是热情、恒心，不能虚荣无着落，不能有个人主义虚荣心，一切都要站在人民利益的高度。

这是对毛岸英的谆谆教诲，也是对当代共产党人的谆谆教诲。意味深长，至今不减，光彩依旧。

毛岸英非常珍惜父亲的教诲，他把这段话抄录在笔记本上，作为座右铭，时时激励自己。

1984年，毛岸英妻子刘松林在一篇回忆文章中写道："从此，毛岸英无论在工作中，还是学习中，一直遵循着父亲对他的这一宝贵教导。岸英非常珍惜它，在他牺牲后，我在他的日记和几本笔记本的扉页上都看见过他对这一段话的摘录。这一教导已经成了他的座右铭。"

致毛岸英[1]

（一九四八年四月二十九日）

岸英儿：

我到了石家庄[2]。岸青有信给你，是俄文，原文临行掉了，兹将译文附上。

祝你工作顺利。

你的父亲

一九四八年四月二十九日

——见于《我的伯父毛岸英》第338页（长城出版社2000年11月第1版）。

【注释】

〔1〕毛岸英：毛泽东的长子。详见P30注释〔1〕。

〔2〕石家庄：毛泽东此时实际是在河北阜平县城南庄。石家庄是泛指，意即告诉毛岸英自己已离开陕北。

【解读】

毛泽东的书信，往往可以读出毛泽东的行止，了解毛泽东的家事，作为研究毛泽东生平、思想的佐证以及编写年谱、传记的依据。

1948年4月29日，毛泽东在河北阜平县城南庄主持召开中共中央书记处扩大会议（即城南庄会议）的前一天，是毛泽东最为忙碌的时候，忙于筹备召开这次在党的历史上有着重要意义的会议。4月30日至5月7日的城南庄会议，讨论并通过了中共中央庆祝“五一”节的口号，提出各民主党派、各人民团体、各社会贤达迅速召开政治协商会议，讨论并决定召集人民代表大会，成立民主联合政府，并于会议第一天公布了“五一”口号。在这样日理万机的时刻，毛泽东仍不忘对子女的关爱，抽出时间给在山东渤海地区阳信县参加土改复查工作的毛岸英写了这封信。信文虽短，却反映了毛泽东很重视与子女之间的消息沟通和感情交流，表达了对聚少离多的长子毛岸英的关怀、惦念和祝愿之情。

毛泽东的家书，通常很简短，言简意赅，情深意长。这封信就是一例。在大决战的前夜，毛泽东没有时间多写，只有短短的几句话，主要是告知行止，把岸青的信转交给岸英，一切尽在不言之中。

致李敏[1]

（一九四九年）

娇娇[2]：

看到了你的来信很高兴。

你是我亲生女儿，我是你的亲生父亲。你去苏联十多年一直未见过面，你一定长大了长高了吧？爸爸想念你，也很喜欢你，希望快快回到爸爸身边来。爸爸已请贺怡[3]同志专程去东北接你了，爸爸欢迎你来。

毛　泽　东

——见于《毛泽东的人际世界》第145页（中央文献出版社2000年10月第1版）。

【注释】

〔1〕李敏：毛泽东和贺子珍的女儿，1936年冬生于陕北志丹县。

〔2〕娇娇：李敏的乳名。

〔3〕贺怡（1911—1949）：江西永新县人，贺子珍的胞妹，毛泽覃的第三任妻子。与哥哥贺敏学、姐姐贺子珍被称为革命的“永新三贺”。

【解读】

1940年，毛泽东的长女、3岁的娇娇（李敏）来到莫斯科与1938年春到苏联治病的母亲贺子珍相聚，同时遇到了两位哥哥毛岸英、毛岸青。

1947年秋天，娇娇同母亲和岸青哥哥一同回到了哈尔滨。回国以后，娇娇无时无刻不感到爸爸的存在。一年半后的一天，贺子珍对娇娇说："你回国一年多了，还没有给你爸爸写过信，你应该给爸爸写封信才是。"妈妈的一句话，提醒了娇娇。她想：对呀，既然他是我爸爸，我为什么不写信呢！但是怎么写呢？怎么称呼他呢？称爸爸又觉得很不习惯，再加上中文又不好，于是她怀着既陌生又迫切的心情，用俄文给爸爸写了一封信：

毛主席：

大家都说您是我的亲生爸爸，我是您的亲生女儿。但是，我在苏联没有见过您，也不清楚这回事。到底您是不是我的亲爸爸，我是不是您的亲女儿？请赶快来信告诉我。这样，我才好回到您的身边。（据毛新宇《我的伯父毛岸英》第325页）

贺子珍也写了一封信，第一次像革命队伍中的战友、同志一样称呼毛泽东：

主席：

我已回到中国来了。身体不大好，还在休养，并参加一些工作。我离开中国九年，对国内现有的情况不大了解，我要通过工作来了解情况。

我在苏德战争期间，生活艰苦，什么都要干，比长征还要苦。不过这已经过去了，现在我要好好工作。我正在学会做工会工作。

我很感激您对我的妹妹和母亲的照顾，代我尽了姐姐和女儿的责任，我将终生铭记在心。（据毛新宇《我的伯父毛岸英》第325—326页；孔东梅《毛泽东与贺子珍》第80页）

贺子珍信中所说的情况大致是：1927年10月，毛泽东上井冈山后，与贺子珍相识。贺子珍很早就参加了革命，她和哥哥贺敏学、妹妹贺怡，同为中共永新县委委员、永新县党团的负责人，人称“永新三贺”。贺子珍年轻、漂亮、能干。当时，毛泽东给杨开慧写信，后又失去了联系。派人去打听，又传来杨开慧被敌人杀害的消息。（毛新宇《我的伯父毛岸英》第354页，孔东梅《毛泽东与贺子珍》第11页）毛泽东和贺子珍在革命斗争中相互产生了好感。原在井冈山当地的农民武装领导人袁文才是贺子珍的义兄。袁文才和另一位当地农民武装的领导人王佐为要留住毛泽东，千方百计促成了他们的婚事。（毛新宇《我的伯父毛岸英》第204—208页）毛泽东后来知道杨开慧1930年才牺牲，内心十分愧疚和痛苦。

1928年5月，毛泽东与贺子珍结婚。婚后，在井冈山和江西苏区患难与共，贺子珍悉心照料毛泽东的生活，对毛泽东的工作帮助很大。在长征路上，贺子珍为保护战友受伤，身上留下了十多处弹片。到达延安后，由于多种原因，毛泽东和贺子珍之间的感情产生了裂痕。贺子珍一气之下，执意到苏联治病。毛泽东多次写信，或托人带信，劝其返回延安，贺子珍表示了决绝态度。到达莫斯科后，生活极为艰苦，又因护理生命垂危的女儿娇娇，贺子珍与苏联国际儿童院负责人发生了争吵，被当作精神病，关进“疯人院”。后来在中共驻共产国际代表团团长王稼祥和罗荣桓的帮助下，贺子珍与娇娇、岸青一起回国。由组织安排到东北财政部任机关党总支书记。后调到哈尔滨总工会干部处工作。

1948年，贺子珍带着娇娇、岸青，随着东北三省的解放，由哈尔滨迁到沈阳。在沈阳，贺子珍遇到了阔别十几年的妹妹贺怡。贺怡告诉她，父亲贺焕文1938年在赣州病逝后，组织上把母亲温吐秀接到延安，毛泽东亲自照料老人家的生活。母亲去世后毛泽东为之安葬、立碑。胡宗南占领延安后，坟被挖了。延安收复后，毛泽东又自己出钱，请老乡将贺子珍母亲重新安葬。贺子珍妹妹贺怡战争年代很勇敢。1940年，被“假抗日，真反共”的国民党特务逮捕。在狱中，她坚贞不屈，吞金戒指自杀。在不医不治的情况下，她竟奇迹般地活了下来，但留下了胃下垂的病。毛泽东知道后，大加赞扬，并指示用俘获的国民党将领交换她出狱。后在延安做手术，将金戒指取出，胃被切除三分之二。当时身边没有亲人，还是毛泽东为她签的字。毛泽东对医生说：“为了贺怡同志能多工作几年，这个手术我来签字。”贺子珍知道这些情况后，感动得失声痛哭。虽然和毛泽东不是夫妻了，但贺子珍心里总是念叨毛泽东对她的种种好处，感念毛泽东对她一家人所给予的恩德。毛泽东接信后，百感交集，感慨万分。

毛泽东一看娇娇的信是一行行歪歪扭扭的俄文，一个也认不出来，他赶快请人来翻译，弄清信的内容，又看到贺子珍夹在信中带来的女儿的照片，毛泽东欣喜异常，完全被女儿天真、俏皮的话语感动了，马上写了这封回信。信写好后，毛泽东吩咐工作人员赶快寄出，随即又改变了主意，吩咐将此信用加急电报发出，并委托贺子珍的妹妹、毛泽覃的遗孀贺怡前往沈阳接娇娇来北平。

自1940年初娇娇3岁时离开自己的身边，毛泽东再也没有见过女儿的面。如今已过去9年，但在毛泽东心中，却仿佛过去了很久。如今的女儿一定长大了长高了吧！信中，毛泽东模仿娇娇充满童趣的语言，郑重其事地告诉李敏：“你是我亲生女儿，我是你的亲生父亲。”并通过“爸爸想念你”“也很喜欢你，希望快快回到爸爸身边来”“爸爸欢迎你来”等深情朴素的语言，用完全适宜娇娇年龄阅读的口语形式，把一位慈父渴望见到女儿的迫切心情表现得惟妙惟肖。

娇娇、岸青和贺怡从沈阳乘火车到大连，乘轮船到天津，再乘火车到了毛泽东当时的驻地北京香山双清别墅。毛泽东随即给贺子珍回了一封信：

自珍：

向你问好。娇娇在我身边很好。我很喜欢她。望你要保重身体，革命第一，身体第一，他人第一，顾全大局。

毛泽东

（据毛新宇《我的伯父毛岸英》第328页；孔东梅《毛泽东与贺子珍》第81页）

这封信虽短，但包含着千言万语。感情极深，含义丰富。两位饱经风霜、世事变故的革命战友，在此情此境下重新取得了联系，只有以革命为重，大局为重。令人唏嘘，令人慨叹！

致杨开智[1]

（一九四九年八月十日）

杨开智先生：

来函已悉。老夫人[2]健在，甚慰，敬致祝贺。岸英、岸青[3]均在北平。岸青尚在学习。岸英或可回湘工作，他很想看外祖母。展儿[4]于八年前在华北抗日战争中光荣地为国牺牲，她是数百万牺牲者之一，你们不必悲痛。我身体甚好，告老夫人勿念。兄从事农场生产事业甚好，家中衣食能过得去否，有便望告。此复。

敬颂大安。

毛　泽　东

八月十日

——见于《老一代革命家家书选》第37页（中央文献出版社、生活·读书·新知三联书店1990年2月第1版），《毛泽东书信选集》第304页（中央文献出版社2003年11月第1版）。

【注释】

〔1〕杨开智（1898—1982）：字子珍，湖南长沙人，毛泽东夫人杨开慧的胞兄。

〔2〕老夫人：指杨开智和杨开慧的母亲向振熙。

〔3〕岸英：即毛岸英，毛泽东的长子。岸青：即毛岸青，毛泽东的次子。

〔4〕展儿：即杨展（1920—1941），杨开智和前妻李一纯的女儿。

【解读】

杨开智是毛泽东的老师杨昌济的独子，杨开慧的胞兄。杨开慧牺牲后，杨开智是杨家与毛泽东关系最密切、书信来往最多的人。

杨开智，又名杨子珍，1898年8月25日出生于长沙县东乡板仓。父亲杨昌济是著名的学者和教育家。1913年，杨昌济从英国留学回国后，到湖南一师任教。其时，毛泽东也到湖南一师读书。杨昌济学问渊博，思想进步，深受青年学生的敬爱。毛泽东、蔡和森等学生，常到杨先生家中请教，切磋学问，探求救国救民的真理。杨昌济常向家人说，毛泽东、蔡和森他们“必为中国之栋梁”。杨开智对毛泽东等来家热情相待，也常参与座谈，与他们结下了深挚的友谊，同时也受到了毛泽东他们进步思想的影响。

1921年，杨开智考取北京农专（今北京农业大学前身）。1925年毕业，任北京女子师范大学庶务。1927年初回到湖南从事农业工作。曾任常德砀山森林局局长等。1930年去南京任中央大学农学院助教。1932年后，又回到湖南，从事农业、林业和茶叶生产技术工作，任场长、技师等职。

杨开智积极支持毛泽东、杨开慧的革命斗争，掩护他们进行革命活动。杨开慧被捕后，杨开智和妻子李崇德与老母向振熙奔走南京，吁请父亲的生前好友和社会进步人士营救杨开慧。杨开慧英勇牺牲后，他冒着生命危险，为烈士敛尸安葬。后又不顾个人安危，由妻子李崇德和老母向振熙扮成走亲戚的模样，把三个外甥（毛岸英、毛岸青、毛岸龙）送到上海毛泽民和妻子钱希钧的身边。

1937年国共第二次合作后，杨开智通过八路军通讯处将女儿杨展送到延安参加革命。1941年，杨展在晋察冀边区英勇牺牲。杨家有三位亲人（另一位是杨昌济的弟弟杨昌恺之子杨开明，1930年牺牲）为革命先后献出了生命。

杨开智作为毛泽东和杨开慧的亲属，大半生颠沛流离，受尽国民党反动派的迫害，备尝艰辛和磨难，对共产主义、共产党的信念毫不动摇，对革命必将取得胜利抱有坚定的信心。

1949年8月5日长沙和平解放，杨开智立即向毛泽东写信，叙说家中情况，并打听女儿杨展的下落。毛泽东阅信后，遂复信，并用电报发出。信中既有对老夫人健在的祝贺，又有对妻兄杨开智工作及家庭生活的关心和问询，还有对岸英、岸青工作、学习和想念外婆以及杨展牺牲等情况的陈述。对于杨展的牺牲，毛泽东这样写道："展儿于八年前在华北抗日战争中光荣地为国牺牲，她是数百万牺牲者之一，你们不必悲痛。"以此郑重告知并安慰杨开智一家。

这是毛泽东在全国即将取得胜利时给杨家亲人的第一封家书。既充满喜悦，又百感交集。字字句句，都是家人最关心的消息，牵动着家人的心，令人激动，令人感慨。在质朴的语言中，包含了毛泽东对岳家亲人的深情厚谊，也体现了毛泽东革命家的博大情怀。

因为杨开智信中问起了毛岸英的情况，毛泽东嘱咐岸英给舅舅写封回信。毛岸英和外婆、舅舅、舅母分别已十七八年了，得知他们的消息，怀着激动的、难以抑制的心情给他们写了一封信：

舅父并转外婆：

看到舅舅的来函，悲喜交加，热泪不禁脱眶而出。人终然是个有高度感情的动物，离别已经二十年了，对于人生来讲，这不是一个短小的时间。你们都好吗？二十年的苦头终于熬过来了，长沙也解放了，全国的解放就在眼前。数千年一直被压迫、被欺凌、被侮辱、被残害的中国人民胜利地站起来了。我首先向你们祝贺这一件大事吧！

一九三一年与外婆分别后，在上海过了五年的流浪生活。一九三六年我到了苏联（可惜没有学一门技术），一九四六年初回到延安，学了一个时候中文，参加了土地改革运动，现在北平中央机关里工作。岸青也于一九四七年回国，现尚未正式参加工作。他的耳朵有些毛病，但不很要紧，我的身体很好，勿念。

我们都很想来看你们，只要有可能，我想我是一定要回长沙来的。回国后，我曾给你们寄过好几封信，大概都没有收到（这封信我想你们一定能收到了）。

来函中说外婆“康健如常”对我是一个莫大的安慰，我谨祝我那亲爱的外婆健康愉快，并祝舅父、舅母及其他亲人安好！

你们的情况望多告诉我，来信就寄北平邮政信箱四十五号即可。

专此　　致

革命敬礼！

岸英　叩

一九四九年八月十七日

父亲身体很好，他给你们的电报，谅已收到……

毛岸英在信中详述别后的情形，对亲人的想念，以及一声“我那亲爱的外婆”，令读者为之动容。毛泽东嘱爱子给外婆、舅父母写信，更见毛泽东平时的家风、家教，于细微处见精神。

致向振熙[1]

（一九四九年九月十一日）

杨老太太[2]：

你们好吧。

现在托朱小姐[3]之便，前来看望你们。一件皮大衣是我送给您的，两件衣料是送给开智夫妇[4]的。

毛 泽 东

一九四九年九月十一日

——见于《毛泽东家书钩沉》第284页（中共中央党校出版社1997年9月第1版）。

【注释】

〔1〕向振熙（1870—1962）：杨昌济夫人，杨开智、杨开慧的母亲，毛泽东岳母。

〔2〕杨老太太：即向振熙。

〔3〕朱小姐：指王稼祥的夫人朱仲丽。

〔4〕开智夫妇：即毛泽东的妻兄杨开智和夫人李崇德。

【解读】

向振熙是毛泽东夫人杨开慧的母亲，毛泽东在湖南第一师范读书时最敬重的、最亲近的、一生受益和影响最大的老师杨昌济的夫人。后来又成了毛泽东的岳母。毛泽东一生为革命奔波，为人民大众无私奉献，杨昌济一家对毛泽东可谓恩重如山。

向振熙是湖南平江石洞塅（duàn）人，出身于书香世家。1888年与杨昌济结婚，生有一男二女，即杨开智、杨开慧及大女儿杨琼。杨琼幼年早夭。1903年，杨昌济出国先后在日本和英国留学，10年后学成归国，任教于湖南一师，向振熙遂成了毛泽东的师母。1920年，杨昌济在北京大学任教时不幸病逝，举家扶柩回到长沙。

杨昌济生前非常器重和喜爱毛泽东。他在日记中称赞毛泽东“资质俊秀，殊为难得”。杨昌济逝世后，向振熙对杨开慧、毛泽东的婚恋倍加关爱，并同情和支持毛泽东所从事的革命事业。毛泽东在长沙创办文化书社时，在杨开慧的请求下，向振熙毅然拿出同学们募捐的、资助杨家孤儿寡母生活的一笔奠仪，解决了文化书社的燃眉之急。杨开慧和毛泽东结婚后，向振熙又随女儿女婿住在长沙清水塘，掩护他们做党的地下工作。杨开慧牺牲后，她和儿媳李崇德扮作走亲戚的模样，护送岸英、岸青、岸龙三个小外孙去上海投奔党的地下组织。

此后，向振熙在女儿英勇牺牲、女婿毛泽东上井冈山而不知音讯、三个小外孙中断联系的情况下，承受着痛苦与悲伤的煎熬。在艰苦的革命斗争和残酷的战争环境中，毛泽东时刻惦记着亲人的安危。在上一辈亲人中，向振熙是毛泽东最关心和牵挂的一位。

1949年8月，长沙和平解放后，杨开智将向振熙老人健在的消息和一家人的情况告诉毛泽东，毛泽东欣慰不已，立即回电杨开智，向老人致贺。9月，王稼祥的夫人朱仲丽准备回乡省亲，毛泽东获知后，随即托朱仲丽给向振熙岳母捎去一件皮袄，以抵御风寒，并附上了这封纸短情长的信。

这封信体现了毛泽东对既是岳母又是师母的杨老夫人的敬重。一方面表达了毛泽东知恩图报、尊重老人的赤子之心，另一方面表达了对杨开慧的热爱和无限怀念之情。杨开慧牺牲后，毛泽东把对杨开慧的热爱、敬重和思念寄托在了对杨老夫人和杨开智夫妇的关切上面。在毛泽东的家书中，亲情、爱情和革命之情已经完全融为一体。

致杨开智[1]

（一九四九年十月九日）

长沙上营盘街三十号杨开智先生：

希望你在湘听候中共湖南省委分配合乎你能力的工作，不要有任何奢望，不要来京。湖南省委派你什么工作就做什么工作，一切按正常规矩办理，不要使政府为难。

毛　泽　东

十月九日

——见于《建国以来毛泽东文稿》第一册第32—33页（中央文献出版社1987年1月第1版），《毛泽东书信选集》第316页（中央文献出版社2003年11月第1版），《老一代革命家家书选》第38页（中央文献出版社、生活·读书·新知三联书店1990年2月第1版）。

【注释】

〔1〕杨开智：毛泽东夫人杨开慧的胞兄。详见P65注释〔1〕。

【解读】

这是毛泽东一封很有教育意义和具有代表性的家书。在这封家书的背后还有一个感人至深的故事。前面《致向振熙（一九四九年九月十一日）》

信的解读中已介绍过。杨开智是毛泽东的老师杨昌济的独子、杨开慧的胞兄，一直支持和帮助毛泽东所从事的革命斗争，对革命事业做出过重要贡献。杨开慧牺牲后，他是杨家与毛泽东关系最密切、书信往来最多的人。

1949年8月长沙和平解放后，杨开智在湖南农业试验场工作，干得不错，但他不安于现状，便给毛泽东写了几封信，流露了希望到北京工作的念头。1949年10月9日，毛泽东就此事给当时的湖南省委第一副书记、湖南省军政委员会委员、长沙市军管会副主任王首道发了一封电报，明确指出："杨开智等不要来京，在湘按能力分配适当工作，任何无理要求不应允许。其老母如有困难，可给若干帮助。"同时在电报中发了这封信，请王首道派人转送。

毛泽东一向反对旧社会那种裙带关系——一人得道，鸡犬升天，从不利用自己的权力和地位，为亲友谋取私利，在他看来不依规矩，不成方圆，一切都必须按原则办事，严格遵守执行，做到"亲者严，疏者宽"。因而在这封信中，用近乎严厉的口吻，拒绝了杨开智的要求，指出：应由湖南省委分配"合乎你能力的工作，不要有任何奢望"。

杨开智接信后，打消了去北京工作的念头，打算在长沙工作，但又萌发了在长沙谋取一定职务的念头。他通过表弟、毛泽东的岳母向振熙的大弟弟向理卿的三子向三立给毛岸英写了一封信，转述了自己的这一想法。毛岸英接到这封信后，极为生气，认为舅舅杨开智的这种想法极为不妥，于是10月24日，给表舅向三立回了一封3000多字的长信：

三立同志：

来信收到。你们已参加革命工作，非常高兴。你们离开三福旅馆的前一日，我曾打电话与你们，都不在家，次日再打电话时，旅馆职员说你们已经搬走了。后接到林亭同志一信，没有提到你们的下落。本想复他并询问你们在何处，却把他的地址同信一齐丢了（误烧了），你们若知道他的详细地址望告。

来信中提到舅舅“希望在长沙有厅长方面的位置”一事，我非常替他惭愧。新的时代，这种一步登天的“做官”思想已是极端落后了，而尤以通过我父亲即能“上任”，更是要不得的想法。新中国之所以不同于旧中国，共产党之所以不同于国民党，毛泽东之所以不同于蒋介石，毛泽东的子女妻舅之所以不同于蒋介石的子女妻舅，除了其他更基本的原因以外，正在于此。皇亲贵戚仗势发财，少数人统治多数人的时代已经一去不复返了。靠自己的劳动和才能吃饭的时代已经来临了。在这一点上，中国人民已经获得根本的胜利。而对于这一层，舅舅恐怕还没有觉悟。望他慢慢觉悟，否则很难在新中国工作下去。翻身是广大群众的翻身，而不是几个特殊人物的翻身。生活问题要整个解决，而不可个别解决。大众的利益应该首先顾及，放在第一位。个人主义是不成的。我准备写信将这些情形坦白告诉舅舅他们。

反动派常骂共产党没有人性，不讲人情，如果他们所指的是这种帮助亲戚朋友，同乡同事做官发财的人情的话，那么我们共产党正是没有这种“人情”，不讲这种“人情”。共产党有的是另一种“人情”，那便是对人民的无限热爱，对劳苦大众的无限热爱，其中也包括自己的父母子女亲戚在内。当然，对于自己的近亲，对于自己的父、母、子、女、妻、舅、兄、弟、姨、叔，是有一层特别感情的，一种与血统、家族有关的人的深厚感情的。这种特别感情，共产党不仅不否认，而且加以巩固并努力于倡导它走向正确的与人民利益相符合的有利于人民的途径。但如果这种特别感情超出了私人范围并与人民利益相抵触时，共产党是坚决站在后者方面的，即使“大义灭亲”，亦在所不惜。

我爱我的外祖母，我对她有深厚的描写不出的感情，但她也许现在在骂我“不孝”，骂我不照顾杨家，不照顾向家；我得忍受这种骂，我决不能也决不愿违背原则做事，我本人是一部伟大机器的一个极普通平凡的小螺丝钉，同时也没有“权力”，没有“本钱”，更没有“志向”来做这些扶助亲戚高升的事。至于父亲，他是这种做法最坚决的反对者，因为这种做法是与共产主义思想、毛泽东思想水火不相容的，与人民大众的利益水火不相容的，是极不公平，极不合理的。

无产阶级的集体主义——群众观点与资产阶级的个人主义——个人观点之间的矛盾正是我们与舅舅他们意见分歧的本质所在。这两种思想即在我们脑子里也还在尖锐斗争着，只不过前者占了优势罢了。而在舅舅的脑子里，有许多其他类似舅舅的人的脑子里，则还是后者占着绝对优势，或者全部占据，虽然他本人的本质可能不一定是坏的。

关于抚恤烈士家属问题，据悉你的信已收到了。事情已经转组织部办理。但要有精神准备，一下子很快是办不了的。干部少事情多，湖南又才解放，恐怕会拖一下。请你记住我父亲某次对亲戚的话：“生活问题要整个解决，不可个别解决。”这里所指的生活问题，主要是指经济困难问题，而所谓整个解决是指工业革命，土地改革，统一的烈士家属抚恤办法等，意思是说应与广大的贫苦大众一样地来统一解决生活困难问题，在一定时候应与千百万贫苦大众一样地来容忍一个时期，等待一个时期，不要指望一下子把生活搞好，比别人好。当然，饿死是不至于的。

你父亲写来的要求抚恤的信也收到了。因为此事经你信已处理，故不另复。请转告你父亲一下，并代我问候他。

你现在已开始工作了罢，望从头干起，从小干起，不要一下子就想负个什么责任，先要向别人学习，不讨厌做小事，做技术性的事，我过去不懂这个道理，曾经碰过许多钉子，现在稍许懂事了——即是说不仅懂得应该为人民好好服务，而且开始稍许懂得应该怎样好好为人民服务，应该以怎样的态度为人民服务了。

为人民服务说起来很好听，很容易，做起来却实在不容易，特别对于我们这批有小资产阶级个人英雄主义的没有受过斗争考验的知识分子是这样的。

信口开河，信已写得这么长，不再写了。有不周之处望谅。

祝你健康！

岸英　上

10月24日

这封信继承了毛泽东家教、家风的优良传统。毛岸英在信中对于舅舅想在长沙谋求一定职务的事，和毛泽东的信一样，严词加以拒绝，并且把道理说得十分透彻，几乎是慷慨激昂，义正辞严，使我们从中看到共产党人的凛然正气，不由地肃然起敬，为之动容。在受到强烈的震撼之后，冷静细想一下，毛泽东父子在这件事的处理上，对亲人杨开智这么严肃、严格和严厉是很有道理，也是很可以理解的。可以设想，如果不是这样，如何能断绝亲戚“一人得道，鸡犬升天”的念头？如果不是这样，如何能遏制党内一部分人，因为胜利而骄傲、腐败的情绪？如果不是这样，毛泽东如何能做到风清气正，己正正人？于此，我们再一次看到了共产党人处理家事的原则和立场，也看到了毛泽东亲自培育下的家风，是多么严厉，多么高尚。

在毛泽东、毛岸英父子的启发和开导下，杨开智终于放弃了在长沙谋取厅长位置的念头，认真听从组织的分配，兢兢业业工作。后来毛岸英给表舅向三立的信中提到“舅舅曾有来信，思想似已有些转变”。杨开智是北京农业大学的毕业生，多年来一直从事农艺工作。湖南省委根据他的专业和特长，后来安排他在省政府从事农业方面的工作。

这封信也让我们看到了毛岸英坚持原则、刚强率直的性格，不愧毛泽东家教、家风培养出来的全心全意为人民服务的好后生。不幸的是，岸英英年早逝，令人扼腕痛惜！

致毛远翔〔1〕

（一九四九年十一月十四日）

远翔贤侄：

十月十五日来信收到，很高兴。

毛　泽　东

十一月十四日

——见于《毛泽东致韶山亲友书信集》第16页（中央文献出版社1996年8月第1版）。

【注释】

〔1〕毛远翔（1924—1996）：湖南韶山市韶山乡韶源村人，毛泽东的堂侄。当时在华中人民革命大学湖南分校学习。1942年加入中国共产党。曾任湖南湘潭银田区委书记、湘乡县凤音乡武工队政委。中华人民共和国成立后，曾任中共长沙市南区区委宣传部长等职。

【解读】

这封只有25字的信，也许是毛泽东致亲友的信中最短的一封，字里行间却洋溢着浓浓的亲情和乡情。

前面《致毛宇居（一九三八年五月二十六日）》信的解读中已经提

到过，毛宇居是毛氏家族中与毛泽东书信往来最多、关系最为密切的五代堂兄和私塾老师。毛远翔是毛宇居之弟毛泽先（毛智珠）的三子。

毛智珠的父亲毛福生，是毛泽东父亲毛顺生的堂兄，原来都住在东茅塘，两家关系密切。毛智珠一生为一家生计奔波，教过书，种过田，勤劳俭朴，悉心培养儿女。抗日战争时期，将长子远耀、次子远翥(zhù)送到延安参加革命。中华人民共和国成立之前，支持三子远翔参加地下活动，中华人民共和国成立之后，送四子远义参加革命工作。

1949年8月长沙和平解放，解放军四野部队路过韶山，寻找毛泽东的亲属。在上屋场找到了毛泽覃烈士的岳母周陈轩老人，通过她找到了东茅塘的毛泽连和当时在震东学校任校长兼教员的毛远翔。毛远翔随即来到驻扎在田间的解放军军营，代表毛泽东家乡的乡亲们向解放军表示敬意。

毛远翔从小受到革命思想的熏陶，很早就参加地下党组织的外围工作。1942年加入中国共产党。抗战胜利后，曾任中共湘潭银田区委书记、湘乡县凤音乡武工队政委等职。中华人民共和国成立前夕，在韶山毛震公祠创办震东学校，任校长兼教员，以此为掩护，从事党的地下活动。1949年10月，毛远翔由震东学校进入设在长沙岳麓山的华中人民革命大学湖南分校学习。在这期间，毛远翔给毛泽东写信，报告自己在“革大”湖南分校的情况以及自己的身世。其时，毛泽连、李轲已经到京。毛泽东知道家乡的情况和子侄们都已成长起来，并参加了革命，十分高兴，于是给毛远翔回了这封信。

这是现在所见毛泽东写给毛远翔两封书信中的第一封，信很短，内容一是告诉毛远翔“来信收到”，二是表示收信后的心情：“很高兴。”当时，毛泽连、李轲已经到京，毛泽东多次和他们交谈，向他们详细询问了家乡和亲属的情况，已详知一切。加之中华人民共和国成立初期，毛泽东政务极忙，但带给毛远翔的喜悦却是无可比拟的。

致毛泽青[1]

（一九四九年十一月十五日）

运才[2]弟：

来信收到，甚慰。

望努力工作。

毛　泽　东

十一月十五日

——见于《毛泽东致韶山亲友书信集》第17页（中央文献出版社1996年8月第1版）。

【注释】

〔1〕毛泽青（1916—1981）：号咏才，又号运才、万才，湖南韶山市韶山乡韶源村人，毛泽东的堂弟，毛泽建和毛泽连的胞弟。1937年10月到延安，先后入陕北公学、抗日军政大学第二分校学习。后在八路军、人民解放军后勤基层单位工作。中华人民共和国成立后，曾任中共辽宁省抚顺市市政工程处预制件厂支部书记、抚顺市政协委员等职。

〔2〕运才：毛泽青的号。

【解读】

毛泽青是毛泽连和毛泽建胞弟。其父是毛泽东堂叔毛蔚生，是一个佃农，由于过度劳累和生活贫困，40岁时去世。同样是因为家庭贫困的原因，毛泽青的姐姐毛泽建自幼过继给毛泽东父亲毛顺生做女儿。而这也就注定了毛泽青和毛泽东两家有着千丝万缕、割不开的亲情关系。

在三哥毛泽东的影响下，毛泽青的姐姐毛泽建、哥哥毛泽华（yè）都先后参加了革命。毛泽建1929年英勇牺牲。毛泽华大革命时期参加农民运动，1931年护送毛泽民妻子王淑兰及女儿毛远志、养子毛华初去上海寻找党组织。后来又参加二万五千里长征，在一次战斗中牺牲。到中华人民共和国成立时，毛泽东只剩下毛泽荣、毛泽连和毛泽青三位嫡亲的堂兄弟。

作为毛泽东嫡亲的小堂弟，毛泽青也没有被反动派的屠刀所吓倒，紧跟着亲人的步伐投身了革命事业。1925年，毛泽东回乡开展农民运动时，只有9岁的毛泽青就参加了儿童团，协助农民协会站岗放哨。抗日战争爆发后，他和毛泽东的堂弟毛泽全、族侄毛远翥（zhù）等奔赴延安。毛泽东听说他们来了，十分高兴，连忙抽时间接见了他们。毛泽东还把毛泽青单独找来谈话。毛泽东严肃地对毛泽青说："万才老弟，我要告诉你，到这里来，要官没有，要干革命倒有的是！"毛泽青认真地听着，领会着三哥话中的含意。毛泽东从皮箱里取出一只乌黑发亮的手枪掂了掂，递给毛泽青说："干革命还得要有武器才行啊！"毛泽青立正敬礼，郑重地从三哥手中接过手枪。毛泽青先在陕北公学学习，后被安排到延安解放印刷厂和抗大七分校工作。在边区经济极为困难时期，他曾化名"毛万才"去西安等地做生意，以解决军需供给。中华人民共和国成立后，他先后担任抚顺市市政工程处预制件厂党支部书记、抚顺市政协委员等。即使家庭负担很重，生活十分清苦，他也从不向领导要求照顾，也不向别人说自己是毛泽东的堂弟。而作为堂哥的毛泽东，自然也是十分关心和惦记这位弟弟的。中华人民共和国成立后不久，尽管政务繁忙，毛泽东也不忘给毛泽青回信。至于毛泽青之前给毛泽东信中写了什么，我们现在已无从得知。但从毛泽东的回信内容看，应该是积极向上、轻松愉悦的。虽然这封回信加上称呼、落款一共只有23个字，但兄弟心心相惜，只言片语便能将二者深深地牵绊在一起，而一句“望努力工作”更是表达了兄长对于弟弟的勉励和期望。后来，毛泽东曾多次与毛泽青见面，毛泽东知道毛泽青一家生活困难，经常惦记着他，给他一些钱接济生活，共享亲情的快乐。

致毛宇居[1]

（一九四九年十一月二十八日）

禹居[2]家兄：

惠示并诗[3]敬悉，极为感谢。此间情形，泽连[4]当可面达。顺问阖族各前辈同辈后辈人们的安好，贵宅各兄弟子侄的健康。

毛　泽　东

一九四九年十一月二十八日

——见于《毛泽东致韶山亲友书信集》第22页（中央文献出版社1996年8月第1版）。

【注释】

〔1〕毛宇居：毛泽东的堂兄和私塾老师。详见P34注释〔1〕。

〔2〕禹居：毛宇居的别字。

〔3〕惠示并诗：指毛宇居为祝贺毛泽东出任中央人民政府主席所作的五首七律《导师颂》及写给毛泽东的信。

〔4〕泽连：即毛泽连，毛泽东的堂弟。详见P177注释〔1〕。1949年10月初到北京看望毛泽东，当时正准备返乡。

【解读】

中华人民共和国成立以后，毛泽东和韶山毛家亲戚又恢复了中断十多年的联系，其中尤以与堂兄和私塾老师毛宇居的通信最多，达十余封。这是中华人民共和国成立后毛泽东给家乡亲友发出的第一封信，捎去了毛泽东对阔别已久的亲人们的第一句问候与祝福。

1949年10月，在家乡韶山以教书为业的毛宇居，从报纸上读到堂弟毛泽东任中央人民政府主席的消息后，心潮澎湃，诗思泉涌，夜不能寐，以《导师颂》为题作了五首七律志贺。不久，又写了一封信，连同诗作一起请毛泽连转给毛泽东。其中两首诗云：

其一

一领青衫运远谋，手无寸铁敌王侯。

拔山立海翻天浪，斩草除根解逆流。

饥溺为心能得众，黔黎请命矢同仇。

最难主义坚金石，百折不回气逾遒。

其二

思想行为自得师，开诚领导广推为。

成军百万皆精炼，立法三章更剑奇。

人道信心遵马列，谁知济众媲牟尼。

一腔铁血关天下，国尔忘家志不移。

毛泽东收阅后，十分高兴，在中华人民共和国成立后第一批到京的亲友毛泽连、李轲即将返湘时，写下了这封复信，郑重地托其转交。

作为毛泽东的堂兄和少年时的塾师，毛宇居对毛泽东的才智和品德十分了解并极为钦佩。

1941年，毛宇居与毛国翘等人修纂《民国辛巳修韶山毛氏四修族谱》时，对毛泽东一家记载甚详，高度评价，称赞毛泽东“闳中肆外，国尔忘家”，称赞毛泽民“琳玠齐名”（琳玠，即美玉，喻人有好的名声），称赞毛泽覃是“红军不可多得干部”。如今，毛泽东功成名就，出任中央人民政府主席，毛宇居更以诗志贺，充满了对毛泽东的敬仰之情。他还热情洋溢地给毛泽东写信，把韶山父老乡亲们的问候和祝福带给远在北京的毛泽东。

毛泽东这封回信，言简意深，感情真挚，礼节周到，饱含赤子之情。其中“顺问阖族各前辈同辈后辈人们的安好”一句，更是希望以此把自己对所有家乡亲族老幼的思念和祝福带给大家。

致文南松[1]

（一九四九年十一月二十八日）

南松兄：

来示[2]读悉，极为高兴。

祝你健康！

祝各表嫂健康！

毛　泽　东

一九四九年十一月二十八日

——见于《毛泽东致韶山亲友书信集》第21页（中央文献出版社1996年8月第1版）。

【注释】

〔1〕文南松（1890—1951）：湖南韶山市大坪乡大坪村唐家坨（当时属湘乡）人。毛泽东的表兄，毛泽东八舅父文玉钦（详见P6注释〔1〕）的第三子。为人忠厚，一辈子在家乡务农。早年与毛泽东往来密切，兄弟间情深义重。

〔2〕示：信。

【解读】

毛泽东在同日写给毛宇居的信（见P81《致毛宇居》）的同时，还写了这封信。这是中华人民共和国成立后，毛泽东写给外婆家亲戚的第一封信。据有关资料，中华人民共和国成立后，毛泽东给外婆家的人写信12封。文南松是毛泽东八舅父文玉钦的三子，是两舅父家六兄弟中年龄最小的一个，比毛泽东大3岁。按文氏大家族排行，排在第二十。中华人民共和国成立后，毛泽东谈起文南松时，称他“廿哥”，有时称“文廿阿公”。

文南松读书不多，长大后在家务农。1921年，毛泽东动员全家出去干革命，文南松把毛泽东的弟媳王淑兰和继妹毛泽建护送去长沙。1925年，毛泽东在韶山开展农民运动，期间也到唐家圫做了动员。文南松听从表弟毛泽东的话，毅然投身于农民运动。他还冒着生命危险保藏了毛泽东兄弟三人与母亲在长沙合影的照片。当人民解放军进入湖南省境时，他积极组织群众迎接解放军，并鼓励儿子文炳璋参加地下武装，配合解放军解放湖南。这一切毛泽东深为赞许，常说：“文廿阿公是个老实人，我最敬重他。”

1949年8月湖南和平解放，文南松从路过的解放军那里得知表弟当了主席，兴奋得彻夜难眠，在煤油灯下给表弟毛泽东写信。他不知道毛泽东到底住在北京什么地方，便写了个“北平城里毛泽东主席亲启”的信封，将信寄走了。由于当时邮路不畅通，这封信在路上走了一两个月之久，直到11月份才送到毛泽东手中。11月下旬的一天，毛泽东来到警卫连的营房——韶山家乡来京的第一批客人毛泽连、李轲的住处，看望他们。听说他们要回湘了，便接着说：“你们走的时候，要替我带几封信回去。”随后即写了给毛宇居、文南松的信。在给文南松的信中，还特意附了一张他的近照——1949年4月解放南京时，他在北京香山双清别墅六角凉亭坐在藤椅上阅读解放南京号外、露出胜利微笑的放大照片——派秘书送到警卫连营房，交给毛泽连带回家乡。并嘱咐道：“一定要亲手交给文廿阿公。”

文南松是中华人民共和国成立后唐家圫毛泽东外婆家诸亲戚中最早

给毛泽东写信的人，也是最早接到毛泽东信的人。

文南松接到毛泽东的亲笔信和照片后，欣喜若狂。在场的人也争相传阅，兴奋不已，激动得热泪盈眶。整个山村都沸腾了。前往唐家圫阅信和看毛主席照片以及打听北京新闻的人纷至沓来，络绎不绝。

唐家圫的亲友和当地群众受到了极大的鼓舞，乡亲们在当地政府和各村农会的组织和领导下，大搞冬耕冬种，大办冬学，掀起收柴草、积极支前的热潮，促进了减租退押和清匪反霸等工作。

致毛泽荣[1]

（一九四九年十一月二十八日）

宋五弟：

接到你的信，极为高兴。

我这里的情形，可问李祝华、毛泽连[2]二位便知。

托毛、李带上皮衣料一件，为弟御寒之用。

顺祝健康！

毛　泽　东

一九四九年十一月二十八日

——见于《毛泽东致韶山亲友书信集》第23页（中央文献出版社1996年8月第1版）。

【注释】

〔1〕毛泽荣（1897—1986）：乳名宋五，又称逊五、胜五，湖南韶山市杨林乡凤形村人，农民。毛泽东的堂弟。

〔2〕李祝华（1909—1992）：即李轲，湖南韶山市如意乡杨荣村人，毛泽东的姑表弟。解放战争时期，曾任中共湖南湘潭清溪区第十支部书记。中华人民共和国成立后，曾在湘潭县供销合作社等单位工作。毛泽连：毛泽东的堂弟。详见P177注释〔1〕。

【解读】

中华人民共和国成立以后，毛泽东与韶山毛家亲属通信最多的，除了毛宇居，第二要数毛泽荣。

这是现存的中华人民共和国成立后毛泽东写给毛泽荣的第一封信，从这时开始到1956年，毛泽东先后还写了五封信。毛泽荣和毛泽连、毛泽青都是最亲的堂兄弟。毛泽荣还先后五次受到了毛泽东的接见。可见，毛泽东对五弟毛泽荣的感情是十分深厚的。

毛泽荣与毛泽东同一个曾祖父——毛祖人，是毛泽东堂叔毛贻富（毛梅生）之子，比毛泽东小4岁。小时候两人一起放牛打柴，毛泽荣勤劳、活泼的性格，给毛泽东留下了深刻印象。1925年，毛泽东回乡开展农民运动时，正值血气方刚之年的毛泽荣在三哥毛泽东的动员下，积极投身革命运动，担任韶山特区第一乡农民协会通讯员，负责站岗放哨和传递文件。

1927年大革命失败后，国民党反动派加紧对毛氏家族革命志士的迫害和搜捕。面对白色恐怖，在党组织的安排下，毛泽荣改名为毛冬青，前往华容、沅江等地，靠打工为生。由于被反动派通缉，毛家韶山的房子被他人变卖。

1937年国共合作开始后，毛泽荣回到韶山，但已无家可归，只好投奔杨林乡凤形村外祖父家。租种了几亩田，直至湖南和平解放。

1949年10月，毛泽荣的堂弟毛泽连和表弟李轲等一行人到北京看望毛泽东，同时也向三哥毛泽东吐露了五哥毛泽荣的家庭困境。毛泽荣和妻子李顺芝眼睛都不太好，有一个养女，家里连饭都吃不饱。毛泽东知道后，十分同情和记挂这个弟弟，于是特意备了一件皮衣料，并写了这封信，托毛泽连、李轲回乡时转交给毛泽荣。收到三哥的礼物和信后，毛泽荣一家感激不尽，激动万分。

致刘少奇阅转江青[1]

（一九五〇年一月四日）

少奇同志阅转江青：

一月一日来电已悉。同意你去新区[2]看一看，但须得少奇同志同意。如果他同意的话，则应以中央政治研究室研究员的名义由中央组织部写介绍信给新区党的组织。因此还须和廖鲁言[3]同志谈好，并得到他的同意。到新区后注意只收集材料，不发表意见，并须顾到不要给当地党政以较多的麻烦。以上统向少奇同志接洽，由他作决定。

毛　泽　东

一月四日上午四时

——见于《建国以来毛泽东文稿》第一册第214页（中央文献出版社1987年1月第1版）。

【注释】

〔1〕这封信在《建国以来毛泽东文稿》中标题为《关于同意江青到新解放区看一看的电报》。刘少奇（1898—1969）：湖南宁乡人，时任中央人民政府副主席。江青：山东诸城人，毛泽东的夫人。详见P49注释〔3〕。

〔2〕新区：指南京、上海及江南一带新解放的地区。

〔3〕廖鲁言（1913—1972）：江苏南京人，时任中共中央政策研究室副主任兼秘书长。

【解读】

1949年12月，毛泽东代表党和国家访问苏联，江青曾要求同往，毛泽东未予同意。1950年元旦，江青从国内致电远在莫斯科的毛泽东，要求到新解放区去看一看。毛泽东遂复此电。毛泽东对夫人江青到新解放区去看一看的要求是极为严格的。首先“须得少奇同志同意”，并“应以中央政治研究室研究员的名义”出面；其次，“还须和廖鲁言同志谈好，并得到他的同意”；再其次，“到新区后注意只收集材料，不发表意见”；最后，“以上统向少奇同志接洽，由他作决定”。这些具体规定说明，毛泽东是要江青一切按照党的组织原则行动，而不要以其他方式，特别是不要以毛泽东夫人的名义行事。

这封信既有对江青的严格要求和关心，又有对党的组织原则和纪律的以身作则的执行；既有对同志及地方党组织工作的尊重，又有对少奇等同志的信任。信中所说入情入理，思维谨严，大公无私，充分体现了作为人民领袖毛泽东的睿智和处理敏感事务的艺术及党性原则，令人深思，令人赞佩。

致毛照秋[1]

（一九五〇年四月十日）

照秋贤侄：

去年十二月十八日来信收到。家中困难，应在土地改革后在生产中去陆续解决。你父亲旭梅[2]健在，甚慰，请你代我致问候之意。祝你

工作顺利！

毛　泽　东

一九五〇年四月十日

——见于《毛泽东致韶山亲友书信集》第26页（中央文献出版社1996年8月第1版）。

【注释】

〔1〕毛照秋（1903—1973）：湖南韶山市韶山乡韶山村人，毛泽东的族侄。大革命时期曾任韶山农民自卫军队长。后以木匠手艺为生多年。1949年夏，加入湘中纠察队。湘潭和平解放后，被编入人民解放军，因年龄大而退伍，从此在乡中务农。

〔2〕旭梅：即毛旭梅（1884—1956），湖南韶山市韶山乡韶山村人，毛照秋的父亲。毛泽东的族兄。大革命时期曾参加韶山农民运动。

【解读】

毛照秋的父亲毛学梅（毛旭梅）是毛氏家族“贻”字辈毛贻倬（zhuō）之子。毛贻倬有四个儿子：长子毛学梅、次子毛新梅、三子毛望梅、四子毛仙梅。大革命时期，四兄弟均在毛泽东的影响和号召下，参加农民运动。其中毛新梅是韶山党支部最早的五名党员之一，也是五位烈士中最早牺牲的一个。

毛照秋，1903年生，出身贫苦，只读了三年私塾。先在家务农，后来学木匠。1925年，毛泽东回韶山开展农民运动，毛照秋已22岁，是农民运动的积极分子。1925年秋，毛泽东去广州主办农民运动讲习所。这年冬，毛照秋到广州找到了毛泽东。经毛泽东介绍，毛照秋到广东国民革命第二军教导师当列兵。后回到故乡，任湘潭特别区自卫军队长。

1927年5月，马日事变后，毛照秋被迫逃生。后为生活所迫，投唐生智部队当兵，任班长、排长等职。1930年退役返乡。1949年，又参加湘中纠察队。不久，因年龄较大退伍回乡。经湘潭县委介绍到本县黄龙区（今韶山等区域）工作。后任区政府收发室通讯班长。1951年5月加入中国共产党。1952年去乡下搞土改，后回乡务农。

1949年12月，毛照秋给毛泽东写信，反映家中生活困难，请求帮助解决，同时把其父毛旭梅尚在世等情况告诉了毛泽东。当时，毛泽东正出访苏联。翌年回京后，给毛照秋写了这封回信。

在信中，毛泽东明确告知族侄毛照秋：“家中困难，应在土地改革后在生产中去陆续解决。”作为中央人民政府主席，毛泽东心中永远装的是普天下的工农劳苦大众，想的是为大多数人谋福利，而不是为少数人谋福利，更不是为自己的亲朋好友谋福利。这封信短小精悍，道是无情，却更有情。

1953年，在家务农的毛照秋，苦于没有找到正式工作，想到北京见毛主席，请他帮助介绍工作，便直接写了封信给毛主席。不久，毛泽东回信，大意说，希望不要来京，安心在南方工作，搞好农业生产，保持前辈的光荣传统。这封信对毛照秋教育很深。他想，我们是革命后代，烈士家属，应当继承前辈的革命传统，努力学习，改造思想，勤耕守法，安心农村，不应该去北京给毛主席添麻烦。此后，他一直安心在韶山种田。

毛泽东虽然拒绝了毛照秋介绍工作的请求，但对这位在大革命时代为革命出过力的、又是烈士亲属的侄儿，心里还是牵挂着的。1956年，毛新梅烈士之子、时任湘潭县长的毛特夫在京参加中央政法干部学校学习见到毛泽东时，毛泽东即主动问起毛学梅、毛照秋父子的生活情况，并致问候。

1959年6月毛泽东回韶山，设宴招待父老乡亲，毛照秋也应邀参加，并同毛主席合影留念。

致向振熙[1]

（一九五〇年四月十三日）

向老太太尊鉴：

欣逢老太太八十大寿，因令小儿岸英回湘致敬，并奉人参、鹿茸、衣料等微物以表祝贺之忱，尚祈笑纳为幸。

敬颂康吉！

毛泽东

江　青

一九五〇年四月十三日

——见于《建国以来毛泽东文稿》第一册第298页（中央文献出版社1987年1月第1版）。

【注释】

〔1〕向振熙：毛泽东夫人杨开慧的母亲。详见P69注释〔1〕。

【解读】

1950年5月下旬，毛岸英带着父亲的嘱托和贺信来到长沙，看望从小抚养他的外婆一家并为外婆祝寿。老人紧紧握住毛岸英的手，说："没有变，没有变，和小时候长相一个样，一个样。"在慈祥的外婆眼里，他永远是自己身边的孩子。毛岸英递上父亲送给外婆的两支东北大野人参，外婆没有牙的嘴半天合不拢，说了一遍又一遍：“一支是开慧的，一支是润之的。”老人的意思是说，女婿替女儿多孝敬了一份，要是女儿能活到今天，该有多好啊！当杨老太太得知送给她的两支人参是别人送给毛主席进补身体的后，非常激动地对岸英说：“这如何要得，你父亲的身体比我重要呀！”毛岸英笑着说：“我父亲说，你比他更需要进补，吃了人参，祝你老活一百岁。”听了毛岸英的祝福语，向老太太非常开心，动情地说：“别看你爸爸是个大人物，他也有赤子之心哩。过去我常给他做好吃的，现在不能做给他吃了。”

第二天，毛岸英和舅舅、舅妈到板仓给母亲扫墓。岸英这一米八〇的大汉“扑”的一声跪在母亲墓前，泣不成声：“妈妈，妈妈，儿子回来啦！”这痛彻肺腑的悲号声，令一旁的亲人和陪同的战士们无不唏嘘掩泣。

此后，1962年春，毛岸青和邵华结婚。毛泽东对邵华说：“新媳妇总该去认识家门，让亲友们看看嘛！”叫儿子、儿媳去看望外婆，给母亲祭扫陵墓。于是，儿子、儿媳回到长沙，带去父亲对杨家亲人的祝愿与问候。

1962年11月，杨老太太在长沙病逝，噩耗传来，毛泽东十分悲痛，随即发去唁电，深表哀悼。并寄上500元，作为杨老太太的丧葬费。

这是毛泽东与江青的联名贺信，也是毛泽东家书中唯一的夫妇联名信。毛泽东与江青联名写这封信，是事出有因的。1949年8月，王稼祥夫人朱仲丽回湘省亲时，毛泽东曾托她前去看望向老太太。从长沙回京后，朱仲丽将向振熙老太太关心毛泽东家室而又难以启齿的事转告了毛泽东，毛泽东因此知道老太太尚在挂念他的妻室情况，心有所感，但又不便以详情相告，所以在这次祝寿信中特意带上妻子江青的名字，算作对老人家垂念的委婉的回告。

说起毛岸英代父回乡省亲，还有许多动人的故事。

按照中国的老传统，在外许多年的长子应该回乡认祖归宗。革命胜利了，中华人民共和国成立了。毛泽东一生为革命奔走，自打1927年离开家乡韶山已经有二十多年了。他多么想念“生我养我”的故乡，多么想念曾经支持革命事业、为革命做出牺牲的故乡父老乡亲。但是，新中国刚刚建立，百废待兴，工作千头万绪，毛泽东实在抽不开身。中华人民共和国成立前，韶山亲友为革命吃了很多苦，做出了很大的牺牲。1950年初，听说毛泽东当了中央人民政府主席，亲友们心情无比激动，一封封信像雪片一样飞往北京。毛泽东忘不了他们，先后亲笔给亲朋故旧和父老乡亲复信200多封。能查到的在书信文稿中记载的赠款就有1700余万元（人民币旧币，1万元相当于后来的1元）。亲友的来信，除了问候、致意外，还有反映家乡情况的。这年春天，湘潭县遭受了严重旱灾，山冲里不少农田开裂，春耕生产受到很大影响，许多农民家里没有粮食吃。毛泽东夜不能寐，迫切地希望了解家乡的情况。这年4月末的一天，毛岸英和刘思齐一起回中南海吃晚饭。席间，毛泽东对岸英说：“你给单位请个假，回韶山老家看一看，再去看外婆老人家，到板仓给母亲扫扫墓。”毛岸英也早有回乡省亲的愿望，因而，毛泽东决定让岸英代自己回湘省亲，看望父老乡亲。

毛泽东交给岸英三项任务：第一，杨开慧牺牲整整二十年了，祭扫杨开慧墓。杨开慧之母向振熙适逢80大寿，要岸英代表他前去祝寿，尽一点孝心。第二，韶山的父老乡亲为革命事业出了力，不能忘记他们，要去面谢。第三，了解湖南农村的情况——马上就要土地改革了，农民们是怎么想的，有些什么要求。特别是湖南有些地区发生粮荒，怎样帮助他们克服困难，渡过难关。

临行前，毛泽东对儿子提出了诸多要求：先要跟他学习韶山土话。不然一口普通话，老百姓听不懂，怎么交谈？岸英学了个把月，就能用地道的湘潭方言和父亲对话了。毛泽东听了不禁笑了起来，点了点头，算是合格了。毛泽东又叮嘱他，见到乡亲们要有礼貌，辈分大的叫阿公（爷爷），长辈喊伯伯或叔叔、婶婶或阿姨，同辈的以兄弟姐妹相称，或喊同志。再一点，要入乡随俗，不要有任何特殊。毛泽东还递给岸英一个皮包，将自己多年的积蓄装在里面，让岸英看到真正困难的乡亲时，送给他们。

毛泽东的这些嘱咐，岸英都一一做到了。岸英到长沙为母亲扫了墓。接着去为外婆祝寿，拜见板仓外婆家的亲人和父老乡亲。之后，湖南省政府用吉普车将岸英送到湘潭。那时，湘潭至韶山的公路，到了七里铺便不通了，只有骑马，有70华里。毛泽东嘱咐岸英，在离韶山30里的地方就得下马，走路回去。要以这种方式来表达对故乡的爱意，对乡亲的敬重。那天下午到达银田寺时，毛岸英翻身下马，走了20多里路。快到韶山的时候，天下雨了，他们挽起裤脚，在风雨、泥泞的小道上牵着马步行到韶山。毛泽东当了国家主席，在韶山人眼中实在是个当代“天子”，叫毛岸英“太子”自然是个很贴切的称呼。于是“太子回来了！太子回来了！”便在人们的口头传开了。毛岸英出乎意料地吃了一惊，他连忙恳切地对乡亲们说：“要不得，要不得，大家千万莫咯样讲，我爸爸不是皇帝，他是人民的公仆，要是爸爸晓得了，会谩它（生气）的呢！”韶山人为岸英的坦诚所感动，从此再没人喊他“太子”了。在韶山，他一一拜访了亲人，重点看望了几家最困难的农民。他赤脚冒雨到东茅塘毛瑞和老人家，毛瑞和躺在床上，已经断粮三天。毛岸英亲口尝了他家锅里带有猪潲（shào）味和苦味的鸡藤草、饭蒿子草、红花草，并掏出手帕包了一包，塞在衣袋里，准备带回北京去。他含着泪水摸出了5元钱塞到瑞和阿公手里。那几天正下雨，他穿着雨衣，脱下皮鞋，赤着脚在田埂上、泥沼里走。第一天晚上就睡门板，铺稻草，盖被卷儿。他访贫问苦，像撒胡椒面似的，这家5元，那家10元，最多不超过20元。父亲给他的那只鼓鼓囊囊的皮包，渐渐地瘪了下去。离开韶山时，在毛震公祠对面冲里，毛岸英遇到一位亲戚。毛泽东在韶山开展革命活动时无路费回长沙，这位亲戚曾经借路费给毛泽东。如今他生活困难，可是岸英的皮包中已无钱，只得到长沙后向省政府主席王首道写报告，批了1000元钱“还债”。

在短短的6天时间里，毛岸英翻山越岭，走村串户，完成了父亲的嘱托，替父亲了却了多年的心愿，这才依依不舍地告别乡亲，离开了韶山。

毛岸英匆匆地走了，这一走却再也没有回来……

致杨开智、李崇德[1]

（一九五〇年四月十三日）

子珍
崇德 同志：

来信收到。你们在省府工作[2]，甚好，望积极努力，表现成绩。小儿岸英回湘为老太太[3]上寿，并为他母亲扫墓，同时看望你们，请你们给他以指教为荷。此问

近佳！

毛 泽 东

一九五〇年四月十三日

——见于《建国以来毛泽东文稿》第一册第299页（中央文献出版社1987年1月第1版），《毛泽东书信选集》第328页（中央文献出版社2003年11月第1版）。

【注释】

〔1〕杨开智：毛泽东夫人杨开慧之兄。详见P65注释〔1〕。李崇德：杨开智的夫人。

〔2〕在省府工作：1950年，中共湖南省委根据杨开智的专业和多年从事农艺工作的经历，安排他在省政府农业厅当技师，夫人李崇德安排在省儿童福利院工作。

〔3〕老太太：指毛泽东的岳母，杨开智、杨开慧的母亲向振熙。详见P69注释〔1〕。

【解读】

前面在毛泽东《致杨开智（一九四九年十月九日）》信的解读中说到，1949年10月，杨开智接到毛泽东“不要来京”的电文之后，虽打消了去北京工作的念头，但又萌发了在长沙谋取一定职位的想法。他给已在北京工作的表弟向三立（杨开智与杨开慧的舅父向理卿之子）写了一封信，请求向三立替他通过毛岸英向毛泽东说情，希望依靠毛泽东的权位，在长沙给谋一个“厅长方面的位置”。接到杨开智的信后，向三立给毛岸英写了一封信，把表哥杨开智的想法和意愿做了转告。

毛岸英回信严词加以拒绝，并且耐心诚恳地向舅舅讲清共产党是为人民大众而不是为个人当官的革命道理，十分感人。

不久，向三立把这些内容婉转地传达给了杨开智。杨开智接受教育，从此抛弃了个人的私心杂念，同夫人李崇德一起安心地在家乡工作。他还写信给外甥毛岸英，表达了自己已转变想法的意思。毛泽东了解到这些情况后，颇感欣慰。1950年2月的一天，毛泽东在中南海菊香书屋对毛岸英说：“岸英，你回家一趟，代我给你母亲扫墓。带些东西，代我为老太太上寿。你妈妈是个很贤惠的人，又很有气魄，对我的帮助很大。她的父亲杨老先生是个进步人士，对我资助不小，我很怀念……。”两个月后，毛岸英临行前，毛泽东给杨开智夫妇写了这封信。

毛泽东在信中对杨开智能够迅速转变态度，服从地方政府对其工作的安排，学有所用，十分高兴并给予肯定，以热情而又赞赏的口吻肯定了他们“在省府工作，甚好”，鼓励他们“积极努力，表现成绩”。对于毛岸英此行，为老太太上寿、为母亲扫墓、看望家乡亲友等事，毛泽东嘱托杨开智夫妇，对毛岸英从旁指导。信中所述都属家事，同时体现了毛泽东处理家事中拥有的阔大情怀和所遵循的原则。

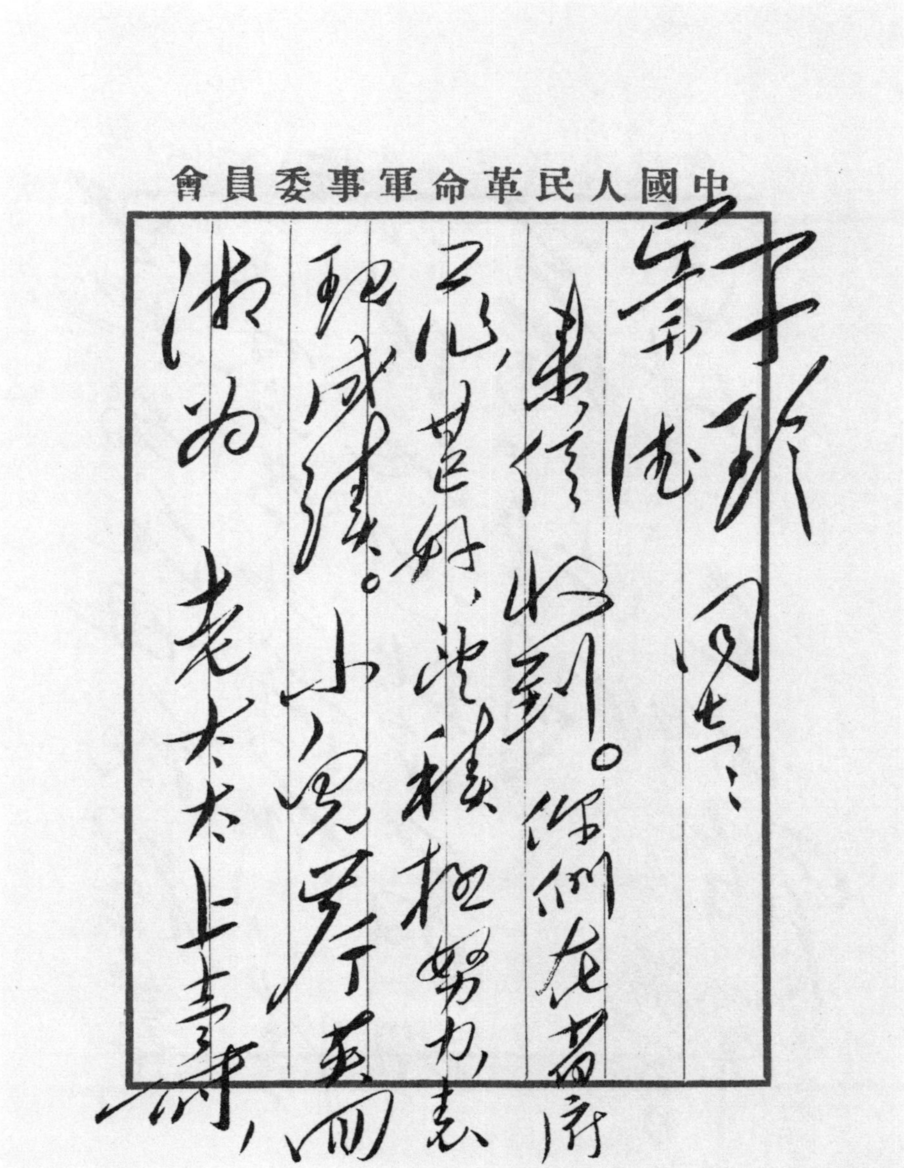
中國人民革命軍事委員會

开智同志：

崇德來信收到。你們在當府很好，望積極努力，表現成績。小兒岸英回湘為老太太上壽，并

致杨开智、李崇德（一九五〇年四月十三日）（共二页）（第一页）

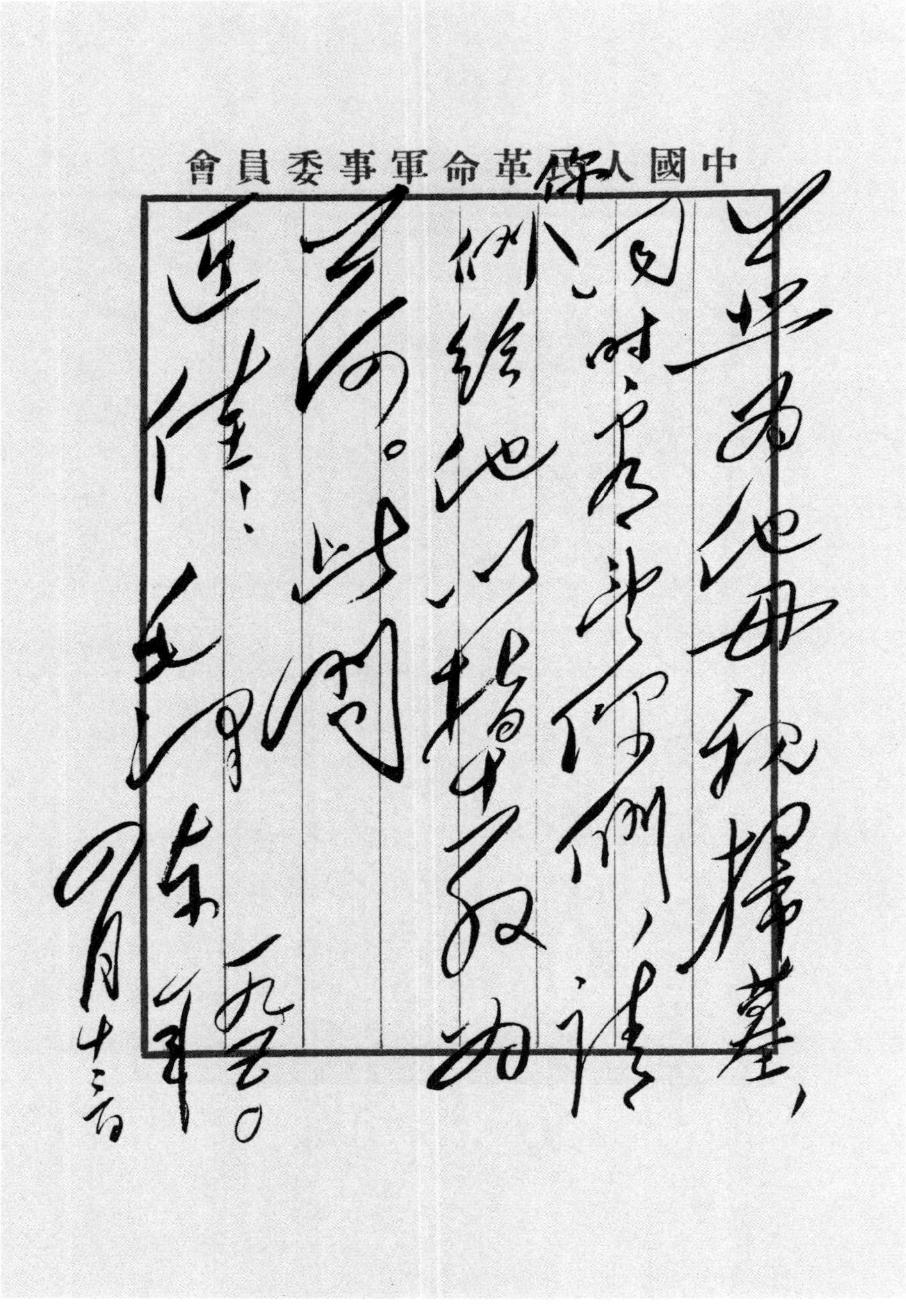
中國人民革命軍事委員會

此去為他母親掃墓，同時看望你們，請你們給他以指教為荷。此問
近佳！
毛澤東
一九五〇年四月十三日

致杨开智、李崇德（一九五〇年四月十三日）（共二页）（第二页）

致向明卿[1]

（一九五〇年四月十九日）

明卿先生惠鉴：

去年十月十二日来信早已收到，因事迟复为歉。令侄向钧[2]同志是共产党员，一九二七年曾任衡山县委书记，是个忠实能干的同志，一九二七年国民党叛变被捕，光荣殉难。以上这些，先生可以报告湖南省委。惟抚恤一事，须统一行之，不能只顾少数，如省委未能即办，先生亦宜予以体谅。此复，敬颂

大安

毛　泽　东

一九五〇年四月十九日

——见于《建国以来毛泽东文稿》第一册第308页（中央文献出版社1987年1月第1版），《毛泽东书信选集》第333页（中央文献出版社2003年11月第1版）。

【注释】

〔1〕向明卿：毛泽东夫人杨开慧的二舅父，湖南平江人。早年毕业于湖南高等实业学堂。曾任湖南省工程局技士、湖南省长公署科员、衡粹女校教员、

湖南省建设厅技士等。

〔2〕向钧（1906—1928）：杨开慧大舅父向理卿的长子。1923年，加入中国共产党。曾任中共衡山县委书记等职。1927年冬，因叛徒告密，被反动当局逮捕入狱，翌年1月英勇就义。

【解读】

向明卿是毛泽东夫人杨开慧的二舅父，早年毕业于湖南高等实业学堂，热心教育，交游极广。1921年秋至1923年春，毛泽东在长沙从事革命活动时，常到向明卿家里谈论时局。1927年9月，毛泽东组织领导秋收起义上井冈山后，与杨开慧的联系，大多数是通过党的地下交通站先寄给向明卿，然后再转给杨开慧的。1930年10月，杨开慧与儿子毛岸英、保姆孙嫂（陈玉英）被湖南反动当局逮捕关押。向明卿的妻子、杨开慧的舅妈严嘉，常去牢中给杨开慧母子及孙嫂送饭，冒着风险把杨开慧写给党组织的纸条带出。杨开慧牺牲后，向明卿的妻子又将营救出狱的毛岸英和孙嫂接到平江石洞墩老家休息了几天后，才把他们送回板仓杨家。

向钧是杨开慧的大舅父向理卿之子，毛泽东的妻表弟，出身于书香之家。祖父是一位开明学者，在山村设馆授徒。父亲向理卿从儒兼商。“五四运动”爆发，向理卿受到第一次革命的洗礼。向钧从小就受到毛泽东的影响，1923年加入中国共产党。曾任长沙市学联主席、省学联主席，后又任中共衡山县委书记和湘潭县委书记等。“八七会议”后，任新的湖南省委委员，之后兼任农运部长，积极参加毛泽东组织的秋收起义。后又任安源临时市委书记、省委组织局主任，系省委的主要负责人。他在新化、邵阳、衡山、水口山、醴陵、株洲、安源等地，布置年关起义。1927年12月，由于叛徒告密，不幸被捕。1928年1月，被敌人残酷杀害。毛泽东高度称赞他是一个“忠实能干的同志”。

1949年10月，中华人民共和国成立不久，向明卿写信给毛泽东，询问侄子向钧牺牲的情况，并希望政府尽快给予烈士家属以抚恤。当时，毛泽东因国事繁忙，后又出访苏联，回国后又停留哈尔滨等地考察，直到翌年4月，才写了这封回信。

中华人民共和国的诞生，是无数革命先烈用生命和热血换来的。仅毛泽东一家，就牺牲了毛泽民、毛泽覃、毛泽建、毛楚雄、杨开慧等多位亲人。毛泽东亲属中也有不少为革命牺牲的。韶山一地就有140多位革命烈士。对死难烈士家属的抚恤，是党和人民政府的大事，是涉及全国几百万户烈属利益的大事，但须统筹兼顾，逐步统一解决。因此，对于妻舅向明卿关于侄子向钧烈士抚恤一事的请求，毛泽东回告说“惟抚恤一事，须统一行之，不能只顾少数，如省委未能即办，先生亦宜予以体谅”，希望妻舅要依靠当地政府，同其他烈士家属一样，等待政府按照统一的标准及时间安排，接受政府给予烈士家属的抚恤。

这封回信，不仅肯定了英烈的革命业迹，表达了对向钧烈士的称赞和怀念之情，又要求烈士亲属按照党和人民政府的抚恤政策办事，不要有特殊要求。信虽短，但情理兼容、秉公无私的伟人风范跃然纸上。

致文运昌[1]

（一九五〇年四月十九日）

运昌仁兄如晤[2]：

接到了你的许多信，感谢你的好意，因忙迟复为歉。吾兄健存，儿孙众多[3]，可为庆贺。地方工作缺点甚多，应当纠正。如有所见，尚望随时见告。泽民泽覃[4]均已殉难，知注并闻。顺颂

安吉

毛　泽　东

一九五〇年四月十九日

——见于《毛泽东致韶山亲友书信集》第28页（中央文献出版社1996年8月第1版）。

【注释】

〔1〕文运昌：毛泽东的表兄。详见P1注释〔1〕。

〔2〕晤：相见，见面。

〔3〕儿孙众多：文运昌在写给毛泽东的一封信中，对其家庭曾有如下描述："因我的一角茅屋交妻杨氏支持（掌管），次子凤良，媳毛凤翔（即韶山冲印山冲毛裕初的女儿）和孙童等七人，守其破壁园林；我于卅五年（1946）正节内，带长子砥澜、媳毛韶宪（即毛大祠毛新梅烈士的女儿）及孙童等七人，远来安乡有均乐院，佃耕湖田15亩。"从中毛泽东看出，

文运昌有子二人，孙辈多达八人，可谓儿孙众多。

〔4〕泽民：即毛泽民，毛泽东的大弟。1943年9月被军阀盛世才杀害于迪化（今乌鲁木齐）。详见P7注释〔6〕。泽覃：即毛泽覃，毛泽东的二弟。1935年4月在江西瑞金红林的一次战斗中牺牲。详见P14注释〔3〕。

【解读】

中华人民共和国成立之初，在湖南以种田为生的文运昌给毛泽东写过多封信。他将家中情况及乡政现状悉数相告，并在其中一封信里，还给毛泽东的大弟毛泽民附了一封短笺（毛泽民已于1943年牺牲，文运昌尚不知情）。由于中华人民共和国成立之初工作繁忙，后又出访苏联，毛泽东直到翌年4月才给表兄写了这封回信。此信是寄往湖南南县白蚌口的，毛泽东担心表兄文运昌收不到此信，他在随后写给表兄文涧泉及文南松的信中，都曾询问此信收到与否。直到文运昌再次致信毛泽东，告知此信已收悉，至此，毛泽东才放下心来。

中华人民共和国成立后，早年与毛泽东交往甚密、曾对少年毛泽东的成长有过较大影响的八舅之子、年已66岁的表兄文运昌还流落洞庭湖滨，仍在为生计奔波。毛泽东接到表兄的多封来信后，心潮澎湃，感慨万千。他为表兄的情谊而感动，也为表兄九死一生，逃避战火和劫难，迎来新中国的诞生而欣慰。“吾兄健存，儿孙众多，可为庆贺。”这热情洋溢的话语，最能表达此刻毛泽东的心情。对于表兄来信中指出地方工作的诸多缺点，毛泽东语气诚恳地表示：“地方工作缺点甚多，应当纠正。如有所见，尚望随时见告。”最后，毛泽东还把“泽民泽覃均已殉难”的消息告诉了表兄。

纵观全篇，感情真挚，语言简约，对表兄的情谊溢于字里行间。

致贺晓秋[1]

（一九五〇年四月十九日）

晓秋贤弟如见：

去年十二月二十二日来信收到，感谢你的好意。所说各项工作缺点，应当改正，如有所见，尚望随时告我。接到晓明[2]一信，我分不清谁是兄谁是弟，请你来信说明。

此问安好

毛　泽　东

一九五〇年四月十九日

——见于《毛泽东致韶山亲友书信集》第29页（中央文献出版社1996年8月第1版）。

【注释】

〔1〕贺晓秋（1896—1960）：湖南韶山市韶山乡韶光村人。后迁居湖南华容县。农民，毛泽东远房姑父的侄儿和继子，即毛泽东的表弟。

〔2〕晓明：即贺晓明，贺晓秋的胞弟，农民。详见P174注释〔1〕。

【解读】

贺晓秋是毛泽东远房姑父的侄儿和继子，毛泽东的表弟。两人从小在一起长大，加上亲戚关系，非常亲密，情同手足。1925年和1927年毛泽东两次回韶山，贺晓秋在毛泽东的影响下，积极参加农民运动。1925年，毛泽东以秘密农协为中心建立湘潭西二区上七都雪耻会，贺晓秋帮助毛泽东送文书，组织会议，还自愿为毛泽东“保驾”。当时，他家境较好，有30多亩田地。为了参加农会活动，自家耕种的田地都荒芜了。

给毛泽东留下深刻印象的是贺晓秋曾数次救过他的命。有一次是1925年8月，毛泽东正在韶山开展农民运动，湖南省省长赵恒惕密令湘潭县团防总局“速派兵捉拿毛泽东，就地正法”。这一密电被县议会议员郭麓宾在县长办公桌上看到，他随即派人送信到韶山冲。这时毛泽东正在谭家冲开会，于是，又立即派人去谭家冲告知毛泽东。毛泽东吃了一点泡饭，就化装成郎中，乘着轿子，在贺晓秋等乡亲们的护送下，取道宁乡，脱离了危险，回到了长沙。还有一次，反动派到处追捕毛泽东，局势十分紧张，贺晓秋便与文涧泉二人装成轿夫，冒着生命危险把毛泽东送出了韶山。

1927年蒋介石发动“四一二”反革命政变，为了躲避敌人的追捕，贺晓秋带着妻子儿女流落他乡，在洞庭湖区的苇地、岳阳的广兴洲、华容一带种田谋生。

1949年10月，贺晓秋得知中华人民共和国成立，毛泽东当选为中央人民政府主席的消息后，兴奋不已，彻夜难眠。12月22日，他给毛泽东写信，告知乡下和家中的情况，也反映了地方上工作的缺点。同时，毛泽东也接到了贺晓秋的弟弟贺晓明的来信。毛泽东接到了他们兄弟的来信，非常高兴。由于出访苏联，直到第二年4月19日才回了这封信。

回信首先告知来信已经收到，表示感谢，并向他们问好。其次回答了他在信中所反映的地方政府工作中的缺点问题，明确地表示“各项工作缺点，应当改正”。毛泽东作为党和政府的领导人，对人民群众所反映的情况和批评意见，表示了欢迎的态度。毛泽东一贯重视调查研究，希望通过各种渠道，了解民情，关心群众的生产和生活情况，特别是通过自己的亲戚、熟人、身边的工作人员以及他所信赖的人，要求他们讲真话，得到真实的情况，以便党和政府做出正确的决策，做好各方面的工作。在这封信中，毛泽东也向贺晓秋提出了这样的要求，“如有所见，尚望随时告我”。

这封寥寥百十字的短信，写得非常亲切，既叙家常，又谈政事，把家国之事完全融合在一起，于此可见毛泽东时时刻刻关怀着亲属和广大人民群众的领袖风范。文字通俗，活泼，一点没有官样文章的架势。特别是信的最后，提到贺晓明也曾来信时，说到“我分不清谁是兄谁是弟”，不禁令人噗嗤一笑。问得多么亲切，又多么风趣。使人想见，毛泽东当年读到兄弟二人的信时，霎时童年时代的回忆在脑海中翻滚，他多么想念儿时的玩伴、青年时的战友！贺晓秋兄弟接到信时也一定会奔走相告，“主席三哥”还记挂着我们。这封家书真是如闻其声，如见其人，越读越能感受到毛泽东伟大的人格魅力，感受到其书信中浓郁的亲情和人情味，以及所特有的幽默和风趣。

后来，贺晓秋依照毛泽东信中的嘱托，果真把乡下和家中的情况“随时”写信告诉毛泽东。当毛泽东听说贺晓秋之子贺凤生患有严重的骨髓炎时，立即托中共中央办公厅秘书室汇去了300元人民币，作为治病费用。之后又寄过100元钱给贺晓秋贴补家用。

这里说一个使人深受教益、令人感动的故事。毛泽东与贺晓秋的亲情、友情、乡情，不因岁月的流逝而冲淡，更不因贺晓秋的离世而中断。相反地，毛泽东对贺晓秋救命之恩终生不忘，对贺晓秋一家的深厚情意，由贺家成长起来的晚辈而接续，并且由私谊发展为关心国家大事和民生疾苦的深情大义。

由于1958年以来大跃进运动的影响，各地浮夸风、共产风严重，造成国民经济的滑坡。20世纪60年代初，全国处于暂时困难时期。担任生产队长的贺晓秋次子贺凤生，写信给毛泽东，要求进京当面向毛泽东反映农村的实际情况。毛泽东十分重视，1960年1月，便派人把他接到北京。当时，毛泽东刚从杭州返京，在中南海家中接见了他。毛泽东首先询问了他家中的情况。当听说贺晓秋已于上年10月在岳阳的长子贺林生家中去世时，毛泽东不胜悲悼，责怪贺凤生为什么不及时告诉他：“应该给我拍个电报嘛，起码我可以发个唁电或送个花圈。”又喃喃地说：“你父亲是我的救命恩人呢，没有他们这些人舍身相救，我毛泽东恐怕早就不在人世了。”回首往事，毛泽东感慨万千。他还语重心长地说：“革命成功靠的是千千万万个像贺晓秋这样的好人，巩固革命成果则要靠你贺凤生这一代和下一代的共同努力啊！”贺凤生听后，受到极大的教育和鼓舞。

在谈话中，贺凤生把公共食堂吃不饱饭、农村灾荒饿死人、农民砸锅卖铁、干部虚报浮夸的恶劣作风等情况，向毛泽东做了如实的反映。毛泽东听了这些情况后说：“感谢你为中央提供了最有价值的情况，那是少奇、恩来和我捞不到的真实情况。”又说：“你是一个生产队长，也要管几百人穿衣吃饭、生老死葬，担子不轻啊！不管是部长、县长，还是生产队长，都要首先想到为人民服务。共产党员要真正想到吃苦在前，享受在后。不管什么长，首先要像家庭那样带好一个班。”还告诉贺凤生，中央近期正准备召开三级干部会，大约7000人。华容县领导也要来，要他们好好讲讲这个问题。这次谈话结束时，毛泽东说：“我给你两个权力，有困难可以随时找我，有什么情况也要随时告诉我。真的，社会上像你贺凤生这样敢讲真话的人太少了！”

1966年，贺凤生当上了大队支部书记。这年10月7日，他再次去北京，毛泽东又接见了他。他向毛泽东反映了“文化大革命”的动乱情况。农村到处都在背语录，建宝书台，买石膏像，大批干部被打倒，大量文物被破坏，动不动就给人戴高帽子。毛泽东认真、耐心地倾听贺凤生的诉说，对于贺凤生敢于讲真话表示支持，认为贺凤生提供的情况十分重要，并感慨地说：“下面尽讲好听的，带你看好看的……”他要求贺凤生反映情况要“越具体越好，要真实情况，不要掺水，是一说一，是二说二，骂娘也告诉我”。贺凤生离京回乡，毛泽东送他手表、钢笔、笔记本等礼物，还多次寄钱给贺凤生治病。

致文涧泉[1]

（一九五〇年五月七日）

涧泉表兄大鉴：

一月十六日来信收到，甚以为慰。唐家坨现在尚有多少人，有饭吃否，十哥、十七哥[2]还在否，便时请你告我。文凯[3]先生宜在湖南就近解决工作问题，不宜远游，弟亦未便直接为他作介，尚乞谅之。运昌[4]兄连来数信，已复一信寄白蚌口，不知他接到否？南松[5]兄第二次来信已收到，感谢他的好意。此复，顺祝

健康！

毛　泽　东

一九五〇年五月七日

——见于《毛泽东致韶山亲友书信集》第33页（中央文献出版社1996年8月第1版）。

【注释】

〔1〕文涧泉（1881—1967）：湖南韶山市大坪乡大坪村唐家坨（当时属湘乡。坨，tuō）人。毛泽东七舅父文玉瑞的次子，毛泽东的表兄和干兄。文涧泉在唐家坨文家排行十一，毛泽东称他“十一哥”。

〔2〕十哥：指文泮香（1880—1950），毛泽东八舅父文玉钦的长子，比毛泽东

大13岁，在唐家坨文家排行第十，毛泽东称他“十哥”。十七哥：指文梅清，毛泽东的表兄。文涧泉的胞弟，在唐家坨文家排行十七，毛泽东称他“十七哥”。详见P168注释〔1〕。

〔3〕文凯（1883—1955）：湖南湘乡市白田镇白石村人，文涧泉的族兄。

〔4〕运昌：即文运昌，毛泽东的表兄。详见P1注释〔1〕。

〔5〕南松：即文南松，毛泽东的表兄。详见P84注释〔1〕。

【解读】

文涧泉是毛泽东的七舅父、干父文玉瑞的次子，毛泽东的表兄和干兄，长毛泽东12岁。为人豁达、开朗，一生务农。1927年毛泽东到湘乡考察农民运动，他陪同考察，并积极参加农民运动。抗日战争时期，他积极支持共产党、毛泽东的抗日救国主张，对毛泽东救国救民的宏伟抱负十分钦佩。

中华人民共和国成立后，文涧泉欣悉毛泽东担任中央人民政府主席，无比兴奋。1950年1月，他代表唐家坨的众亲友写信给毛泽东表示问候和祝贺，同时，要求毛泽东为其族兄文凯先生介绍工作。同年5月7日，毛泽东写了这封回信。

在信中，毛泽东关切地询问了外婆家的情况：“唐家坨现在尚有多少人，有饭吃否，十哥、十七哥还在否”，要求表兄文涧泉，“便时请你告我”。至于给远房表兄文凯先生介绍工作一事，毛泽东主张，考虑到文凯先生已67岁高龄，“宜在湖南就近解决工作问题，不宜远游”，但同时毛泽东婉转地表示：“弟亦未便直接为他作介，尚乞谅之。”随后，毛泽东还关切地谈到给表兄文运昌的回信“不知他接到否？”及表兄文南松的第二次来信已收到等情形。

毛泽东虽然婉拒了表兄文涧泉为文凯先生介绍工作的请求，但信中仍然表达了诸多的亲情和关切，读后，让人能够深切感受到毛泽东对文家表兄们长存于心的真挚感情。

致毛贻华[1]

（一九五〇年五月七日）

贻华先生：

三月九日来信收到。工作事尚望就近设法解决，我现在难于为助，尚祈鉴谅。此复，顺祝

健康

毛 泽 东

五月七日

——见于《毛泽东致韶山亲友书信集》第31页（中央文献出版社1996年8月第1版）。

【注释】

〔1〕毛贻华（1904—1984）：湖南韶山市韶山乡人，后迁居湘潭城郊，木工。毛泽东的远房叔父。

【解读】

20世纪50年代，毛泽东频频与家乡的亲属通信。1950年5月7日，除了给毛贻华写的这封信外，还有另外三封，分别是致陈国生、赵浦珠和文涧泉。这些书信不乏寒暄问好，更重要的是体现了身为中央人民政府

主席的毛泽东对待亲友的一个重要态度，那就是希望亲属们在当地安心地工作和生活，不要随便来北京，更不要指望毛泽东能够帮他们解决工作或升学等问题。

而事实上，中国自古以来官场上就盛行“一人得道，鸡犬升天”的思想。受这些传统封建思想的影响，中华人民共和国成立后，毛泽东的亲属中也有这样一些人。他们想通过毛泽东的帮助来过上好的生活，或者希望通过毛泽东解决工作或升学问题。

毛贻华是毛泽东的远房叔父，由于家境比较困难，他在1950年3月9日给毛泽东写了一封信，信中表达自己想去北京工作、希望毛泽东给予帮助的愿望。作为国家领导人，毛泽东有着严格的准则，他必须关注最广大人民群众的根本利益，不能只顾一家之私，于是婉言拒绝了毛贻华的这一请求，劝他“就近设法解决”。后来，毛贻华通过自己的努力担任了湘潭县城区第一个泥木生产合作社的副主任。

致赵浦珠[1]

（一九五〇年五月七日）

浦珠先生姻兄左右：

惠书及大作[2]收到敬悉，甚为感谢。乡间减租土改等事，弟因不悉具体情形，未便直接干与，请与当地人民政府诸同志妥为接洽，期得持平解决。风便尚祈时示周行。唐家圫诸亲友并致问候之意。此复，顺颂

健吉

毛 泽 东

一九五〇年五月七日

——见于《毛泽东致韶山亲友书信集》第32页(中央文献出版社1996年8月第1版)。

【注释】

〔1〕赵浦珠（1886—1975）：湖南韶山市大坪乡新联村人。毛泽覃原配赵先桂的堂兄。辛亥革命爆发后，曾与毛泽东一同在长沙投湖南新军当兵。1917年，在湖南公立高等师范学校毕业后，在湘乡县立东皋中学、东山中学、第一女子职业学校、女子师范学校、湘乡中学等学校担任文史教员和校长等。抗战前，曾担任过湘乡县第四区区长。中华人民共和国成立后在家乡务农。

〔2〕大作：指赵浦珠1950年春作的七绝八首。诗中记述了他对中国人民解放军、地方人民政府和当时社会情况等的新鲜感受。

【解读】

赵浦珠长毛泽东7岁，湘乡县凤音乡（今韶山市大坪乡新联村）人。他与毛泽东有多重关系，是毛泽东的表兄、姻兄和战友。

赵浦珠的亲姑母是毛泽东的七舅母文赵氏。毛泽东从小在外婆家长大，认七舅父母为干父母。七舅母非常喜欢毛泽东，无微不至地关怀、爱护毛泽东。毛泽东七舅母的外甥女、赵浦珠的堂妹赵先桂从小与毛泽覃指腹为婚（赵先桂在毛泽东的带领下参加革命，1932年被敌人杀害），因而毛泽东称赵浦珠“姻兄”。1911年辛亥革命后，毛泽东和赵浦珠一同参加了湖南新军，又一同编入新军二十五混成旅五十标第一营，在一起有半年多，亲戚加“战友”，两人关系更加密切。

中华人民共和国成立后，赵浦珠兴高采烈地欢呼革命胜利，同时也倍增对分别多年的毛泽东的思念。1950年，因乡政府在减租和土改工作中涉及他个人利益，赵不同意把他划为地主成分，遂写信给毛泽东，请求帮助出面解决，同时附上了他所写的七绝八首《感事》诗。毛泽东接信后，于1950年5月7日写了这封回信。

信中毛泽东以革命领袖宽阔的胸怀，不忘亲情、旧情，为接到曾经的“战友”和诗词“同好”的来信而高兴。赵浦珠的七绝八首，满心喜悦地歌颂革命，歌颂新社会，表达了对毛泽东的怀念与敬仰之情。思想内容积极健康，毛泽东给予肯定和积极欢迎。

对赵浦珠的成分问题，毛泽东表明了自己的原则立场和态度。说明自己素来不愿干预地方事务，免得地方政府不好办事。因此婉言拒绝赵浦珠的要求。但是也表示了对他成分问题的关心，并帮助他提出了对这件事的处理办法，劝赵浦珠“与当地人民政府诸同志妥为接洽，期得持平解决”。在毛泽东的耐心说服下，赵浦珠听从了地方政府的处理。被划为地主成分后，他一直在家参加生产劳动。毛泽东也没有嫌弃这个成分不好的亲戚和曾经的“战友”。

1962年，赵浦珠又写信给毛泽东，告知家庭困难，毛泽东接信后，在自己的稿费中寄去了300元钱，让赵浦珠渡过了困难。赵浦珠晚年在自传中回顾了自己的一生，颇有感慨地写道:“唯有积极劳动改造思想，庶得以生活在以工人阶级为领导，以工农联盟为基础的人民民主国家之中。”又说：“宇宙之变化无穷，而社会之进步亦无穷，后推前行，何能再容许汝（指赵浦珠自己）继此而陈陈相因！”

致陈国生[1]

（一九五〇年五月七日）

国生贤甥青览：

来信收到，甚慰。望你在湖南设法求得工作，不要来北京。乡间情形可来信告我。此问

近好！

毛　泽　东

一九五〇年五月七日

——见于《毛泽东家书》第206页（中原农民出版社1993年10月第1版）。

【注释】

〔1〕陈国生（1922—）：革命烈士梁泽南的女儿。梁泽南牺牲后，毛泽东继妹毛泽建收为养女。

【解读】

陈国生是革命烈士的女儿。生父梁泽南、养父陈芬、养母毛泽建（毛泽东的继妹）先后为革命牺牲，她个人经受了许多苦难和坎坷不平的命运，因而毛泽东对她格外关怀和爱护，同时也对她提出了严格的要求。

陈国生出生在湖南耒阳一个穷苦农民家庭，她的生父梁泽南和毛泽建的丈夫陈芬是湖南三师的同学，生母陈淑元是陈芬的姐姐。梁泽南和陈芬都曾在湖南开展农民运动。

毛泽建的父亲毛蔚生是毛泽东的嫡堂叔，家境贫困，又由于毛泽东的母亲文七妹没有生女儿，毛泽建七岁时过继给毛泽东父母做女儿，毛泽东给她取名为毛泽建。毛泽东的父母死后，毛泽建无人抚养，回到原来的家中，被送给人家做童养媳。毛泽东得知后帮助她解除了婚约，带她去长沙上学，参加革命。

1928年初，梁泽南在带领游击队赴井冈山途中，遭敌人伏击，被捕。3月，被敌人杀害，年仅33岁。梁泽南牺牲后，陈国生被作为毛泽建的女儿，寄养在外祖母家。不久，陈芬和陈国生的生母陈淑元都不幸被捕，陈芬于同年5月被敌人杀害。灭绝人性的反动派，为了发泄对革命者的仇恨，把陈芬的头割下来，装在木笼子里，挂在耒阳城里“示众”。毛泽建也在1928年被捕，1929年8月英勇就义，年仅24岁。国民党反动派张贴布告，限令三天不准收尸。就在当天晚上，几位码头工人冒着生命危险，把烈士遗体抢出来悄悄地安葬了。

陈国生在巨大的悲痛和苦难中长大。18岁那年，外婆琢磨为她找人家。宋毅刚苦出身，被国民党抓壮丁，后当了国民党军队的排长。因同情放走了两个壮丁，被军队开除，愿做陈家的“招郎”。他先到外地煤矿挑煤谋生，后又当上警察，任过警察局督导员。1949年参加起义，被编入湘中纠察队。湖南和平解放后又被编入四野46军138师独立大队，不久被遣返回到农村乡下。

中华人民共和国成立后，陈国生想到为革命牺牲的亲人和自己坎坷的经历，便写了一封信给毛泽东，希望毛泽东舅舅能出面为她找一份工作，能进京看看舅舅。毛泽东接信后，感慨万千，于是写了这封回信，用挂号直接寄到陈国生当时居住的湘乡县鹤后乡宋家湾。

毛泽东在信中坚持了他处理家事的一贯原则，叫她不要来京，在湖南设法求得工作，同时要求她将乡间情形来信告诉自己。

中华人民共和国成立后，毛泽东给家乡亲戚的信有许多相同的内容，表示了相同的嘱托：不要来京，以减轻国家的负担，待以后逐步安排，分批分期地与亲人相见；不为亲戚介绍工作，希望他们通过自己的努力，就地找到一份合适的工作，以免增加政府麻烦和首都的压力；同时，希望亲戚常来信，告知乡间情形，以便了解人民生产、生活情况，改进政府工作。

陈国生接到毛泽东的信后，激动得热泪盈眶，亲人的牺牲，自己多年来受到的苦难，得到了极大安慰和抚平。听舅舅毛泽东的话，她在长沙找到了一份工作，先后在一家肉食店和茶厂当出纳和会计。

1951年5月，舅舅毛泽东邀请她到北京相见。1955年6月，陈国生和她的女儿陈锋又到北京去了一趟。其中有一件小事，使陈国生终身难忘。毛泽东在中南海游泳池会见陈国生和几位家乡的客人，这时陈国生9岁的女儿小陈锋在游泳池边玩耍，跑到毛泽东身边拉拉他的衣裳，嚷嚷道：“外公，外公，我要你给我买一辆单车好吗？”毛泽东慈祥地笑着说：“要你妈妈买。”小陈锋说：“妈妈没有钱。”毛泽东又逗着小陈锋说：“我给妈妈钱，你妈妈不就能买了嘛！”没过几天，毛泽东真的派秘书到陈国生住的招待所送来了280元钱，并嘱咐说：“这是主席给小孩买单车的。”陈国生接到这叠钱时，激动得半天没说出话来。

致毛春轩[1]

（一九五〇年五月八日）

春轩叔祖大鉴：

去年十二月来信业已收到，甚为感谢。浪秋、迪秋[2]诸位均宜在家工作，不要来北京，以免浪费时间。此复，顺祝

春安

毛　泽　东

五月八日

——见于《毛泽东致韶山亲友书信集》第35页（中央文献出版社1996年8月第1版）。

【注释】

〔1〕毛春轩（1901—1951）：湖南韶山市韶山乡韶源村人，农民。毛泽东的远房叔祖父。

〔2〕浪秋：即毛浪秋（1924—1986），农民。毛春轩的儿子。迪秋：即毛迪秋，毛春轩的侄儿。曾任中共韶山大队支部书记、中共韶山区委常委等职。

【解读】

毛春轩虽然比毛泽东小8岁，但按辈分，比毛泽东大了两辈，是毛

泽东的远房叔祖父。

毛春轩的胞兄毛福轩是中共韶山党支部第一任书记，韶山最早的五个共产党员之一，革命烈士。毛福轩是毛泽东亲自培养起来的好党员，这里有必要介绍一下毛福轩的情况。

毛福轩生于1897年4月29日。在韶山乡土文化的影响下，毛福轩的家庭是一个拥有尚武传统的家庭。其父亲毛俊明曾外出当过湘军炮兵。在一次战斗中，耳朵被震聋，硝烟熏瞎了眼睛，因而致残。毛福轩从小就不得不当家理事。1910年韶山出现饥荒，他和父亲曾乞讨到南京、江阴等地。1922年秋，通过毛泽东的介绍，他到中共湘区区委主办的湖南自修大学附设的补习学校当勤杂工，半工半读，并结识了何叔衡、夏明翰等人，深受这些革命志士的影响。是年冬，受毛泽东的指派，他和毛泽民等一起到安源从事工人运动，并加入了中国共产党，是当时除了毛泽东、毛泽民以外，韶山最早的共产党员。

1925年，毛泽东回韶山开展农民运动，毛福轩成为毛泽东的得力助手。这年6月，毛福轩担任中共韶山支部第一任书记，并领导和组织了韶山轰轰烈烈的农民运动。1933年初，在上海做党的地下工作时，因叛徒出卖被捕，于5月18日在南京雨花台英勇就义，年仅36岁。

毛福轩牺牲后，妻子贺菊英担起家庭重担，替人做工养家。其子毛迪秋曾跟随她一起逃荒、讨饭，受尽人间煎熬。

毛泽东在延安得悉毛福轩为党捐躯的消息后，十分悲痛。1938年，毛泽东从延安寄来500元大洋，接济毛福轩一家的生活。

中华人民共和国成立后不久，也就是1949年12月，毛春轩写信给毛泽东，表达了想让侄儿毛迪秋、儿子毛浪秋进京工作的愿望。而作为国家领导人的毛泽东不能只顾一家之私，对此表示了婉拒，说："浪秋、迪秋诸位均宜在家工作，不要来北京。"后来，在领导的教育和培养下，毛迪秋刻苦努力，不断进步，加入了中国共产党，先后担任了中共韶山大队支部书记、中共韶山区委常委、湘潭县人大常委会副主任、中共湖南省委委员、全国人大常委等职。而毛浪秋也谨记长辈的教诲，自食其力，在家踏踏实实务农。

1959年，毛泽东回韶山，专门看望了毛福轩的遗孀贺菊英。贺菊英见毛泽东来了，连忙抱了孙子出来迎接。“五阿婆”，毛泽东喊了一声，并同她握手。贺菊英激动得半晌说不出话来。毛泽东望着大家，深沉地说：“毛福轩是个好同志，为党为人民做了不少工作。为革命牺牲了，死得很光荣。”贺菊英热泪盈眶。毛泽东又安慰贺菊英说：“五阿婆，不要难过，革命是会有牺牲的。现在革命成功了，大家都过上了幸福的生活！”并叮嘱说：“好好培养教育后代，让迪秋好好继承他父亲的事业。”晚上，又派人把贺菊英及其孙女接去共进晚餐，并合影留念。

致宋女士[1]

（一九五〇年五月八日）

宋女士：

去年十二月来信收到。毛泽庆[2]同志的情形不甚清楚，只知其在东北工作，听人说他已病故。他是一个努力工作的同志，极为可惜。此复，顺祝

健吉

毛　泽　东

五月八日

——见于《毛泽东致韶山亲友书信集》第41页（中央文献出版社1996年8月第1版）。

【注释】

〔1〕宋女士：即毛宋氏（1918—1960），湖南湘潭姜畲（shē）镇人，农民。毛泽东的族弟毛泽庆的妻子。

〔2〕毛泽庆（1911—1947）：祖籍湖南韶山，毛泽东的族弟。1938年加入中国共产党，曾任抗日军政大学教育参谋、合江省（存在于1945—1949年，现归入黑龙江省）北满军分区参谋长等职。

【解读】

在动荡不安的年代，在民族危亡的关头，总会有一批批无惧战火和牺牲的人民英雄离开父母妻儿，前往祖国最需要、最艰苦、最危险的地方去工作，用真实而悲壮的行动伸张“国家兴亡，匹夫有责”的民族大义。1937年抗日战争全面爆发后，在韶山的一些中共党员和进步青年，在毛泽东一家人的影响和当地党组织的支持下，先后离开家乡，奔赴延安参加革命工作，演绎了一曲曲“舍生忘死，共赴国难”的英雄史诗。1937年冬，毛泽全、毛泽青、毛远耀和毛远翥（zhù）等，经过数月的辗转跋涉，第一批到达延安。此后，毛远志、毛慎仪、章淼（miǎo）洪、毛华初、毛泽普、胡觉民、毛朗明、毛雪华等，也千里迢迢陆续到达延安。而宋女士的丈夫毛泽庆就是这些奔赴延安的热血青年之一。

大革命时期，毛泽庆就参加了农民运动。后到长沙从事地下活动，以教书为生。1938年秋，27岁的毛泽庆离开妻儿及年老的父母，经韶山地下党组织介绍，奔赴延安，进入抗日军政大学学习。由于学习刻苦认真，成绩优异，毛泽庆留校担任了教育参谋，后又调赴东北，任合江省北满军分区参谋长等职，因常年勤奋工作，积劳成疾，于1947年病逝。他是人民军队的高级指挥员，毛家一颗过早陨落的将星。

毛泽庆离家后，妻子宋氏挑起了家庭重担，在家养儿顾老，含辛茹苦，同时也盼望着丈夫早日归来。但是，在战乱年代，通信不便，丈夫与家里鲜有书信往来。妻子宋氏左盼右盼，多方打听，始终未得到丈夫毛泽庆的音讯，直到中华人民共和国成立。按理说，国家解放了，革命胜利了，离家的亲人们也该回来了。但是，毛泽庆没有回来。于是，在别无他法的情况下，妻子宋女士只得求助于族兄同时也是国家领导人的毛泽东。毛泽东收到信后，立马叫人帮忙打听寻找。尽管最后得到的结果是令人哀伤的，但也能够了却毛宋氏多年的一桩心愿。1950年5月8日，毛泽东给毛宋氏写了这封回信。

信中主要表达了三个意思。一是毛泽庆已故；二是毛泽庆是一个好同志；三是表达了毛泽东对于好同志早逝的惋惜。单从信的内容看，毛泽东对于毛宋氏的安慰似乎少了一些。其实不然。面对亲人的失去，在巨大的悲伤面前，任何言语都是乏力的。毛泽东有着切身的感受，他最能够体会毛宋氏的悲伤和痛苦。因为他也曾目睹了太多的生死离别，更经历了亲人的逝去。挚爱的妻子杨开慧、弟弟毛泽民和毛泽覃、妹妹毛泽建、侄儿毛楚雄等都惨死在敌人的屠刀下。关于杨开慧的死，毛泽东曾沉重地说过“百身莫赎”。这满含悲愤、痛惜、哀婉、怀念之意的四个字力重千钧，说明了毛泽东当时内心是多么的伤痛。直到多年以后，毛泽东依然不能释怀。

事实上，像毛泽庆这样因革命离家未归或者牺牲的青年，新中国还有很多很多。历史是不会忘记他们的，他们的精神是永驻长存的。而对生者来说，对烈士亡魂的慰藉莫过于对于其家属及后代的培养和照顾。

1950年5月8日毛泽东在给毛逸民的信中说过：“烈属的照顾是全国范围内的事，全国有几百万户烈属，都要照顾。”吃水不忘掘井人，这充分体现了毛泽东对烈士的敬重以及对其家属的关怀。后来，湘潭县人民政府获悉毛宋氏的情况后，为毛宋氏落实了烈士家属待遇，发了救济粮和500元补助款。

致毛逸民[1]

（一九五〇年五月八日）

逸民同志：

一月三日来信收到，感谢你的好意，感谢你详细地将乡里情形告诉我。

乡里贫苦人民生活困难，烈士家属更加困难，暂时只好忍耐一点，待土地改革[2]后就可能好一些了，那时人民政府也可能给人民以一些帮助，例如贷款等，人民就可以逐步改善自己的生活。

烈属的照顾是全国范围内的事，全国有几百万户烈属，都要照顾，自未便单独地特殊照顾少数地方。但最困难的人民，当地人民政府在减租[3]时土改时及青黄不接的岁月，应当尽可能给以照顾。

你在乡里做工作，很好，可以常常来信，告我以乡中情形。

请你替我问候乡里的同志们，希望大家努力和进步。

此复，顺祝

健康！

毛　泽　东

一九五〇年五月八日

——见于《毛泽东致韶山亲友书信集》第36—37页（中央文献出版社1996年8月第1版）。

【注释】

〔1〕毛逸民（1909—1968）：湖南韶山市韶山乡韶光村人。毛泽东的族叔。1938年参加中国共产党。解放战争时期，曾任中共湖南湘潭清溪区委委员、第十五支部书记。中华人民共和国成立初期，曾担任中共湘潭第三区区委宣传委员。

〔2〕土地改革：亦称“土地革命”。是中国共产党领导广大农民废除封建的土地所有制、实现农民的土地所有制的革命。

〔3〕减租：中国共产党在抗日战争时期实行的减轻农民地租负担的土地政策。新解放区在土地改革以前，也曾实行减租政策。

【解读】

毛逸民是毛泽东的族叔，又是毛泽东家乡党的基层干部，他非常了解韶山人民在旧中国所受的困苦。1949年8月，韶山解放后，人民政治上翻了身，但土改还没有进行，经济上还没有得到发展。1950年遇上了春荒，生活非常困难。韶山为革命做出了很大贡献，牺牲了140多人，烈士家属的困难就显得更为突出。鉴于这种情况，毛逸民于1950年1月写信给毛泽东，请求政府对韶山人民特别是烈士家属给予照顾。毛泽东接信后，极为重视，考虑再三，于5月8日给毛逸民写了这封回信。

毛泽东生在韶山，长在韶山，最早开展农民运动也在韶山，对家乡及家乡的人民怀有极其深厚的感情。长期以来，韶山人民为了中国革命的胜利，做出了巨大的牺牲和贡献。家乡贫苦人民的生活困难，死难烈士家属的生活困难，时刻装在毛泽东的心中。但由于中华人民共和国成立不久，中央人民政府的许多政策尚待建立和实施，因此，针对毛逸民的来信，毛泽东深情地说："乡里贫苦人民生活困难，烈士家属更加困难，暂时只好忍耐一点，待土地改革后就可能好一些了。"接着，毛泽东言辞恳切地对毛逸民讲："烈属的照顾是全国范围内的事，全国有几百万户烈属，都要照顾，自未便单独地特殊照顾少数地方。"但同时指出，对那些生活最困难的人民，当地人民政府应根据实际情况，灵活执行党的政策，依靠自己的力量，"在减租时土改时及青黄不接的岁月，应当尽可能给以照顾"，帮助家乡的人民一道渡过眼前的困境和难关。最后，毛泽东希望毛逸民常常来信，把家乡的情形告诉他，并问候乡里的同志。

这封信言辞恳切，语重心长，紧紧围绕毛逸民信中要求照顾韶山贫苦人民及烈士家属一事展开，既表达了对韶山人民及烈士家属的关切和对未来生活的展望，同时又顾全大局，指明烈属的照顾是全国范围内的事，并要求当地人民政府对最困难的人民，尽可能的给以照顾。全信感情真挚，寓理于情，自始至终折射着毛泽东对家乡人民的深情厚意。

致毛远悌[1]

（一九五〇年五月十二日）

远悌贤侄：

两次来信都收到了，很高兴。你做印厂工作极好，应将此项工作做好，不要来北京。学习事将来有机会时再说。远翔[2]是否尚在革大，有一信请转交。远翔略历我忘记了，便时请告我。此祝

进步！

毛　泽　东

一九五〇年五月十二日

——见于《毛泽东致韶山亲友书信集》第47页（中央文献出版社1996年8月第1版）。

【注释】

〔1〕毛远悌（1924—2001）：毛泽东的族侄、毛泽东的六代堂弟毛泽承之子。1945年加入中国共产党，以做工身份为掩护积极从事工人运动、学生运动。中华人民共和国成立后，曾任湖南省总工会工农印刷厂经理、湖南省医药管理局办公室主任等职。

〔2〕远翔：即毛远翔，毛泽东的堂侄。详见P76注释〔1〕。

【解读】

毛麓钟是毛泽东的堂伯父和私塾老师，是韶山唯一的秀才，毛泽东在东茅塘私塾读书时，对毛泽东有重要的影响。毛远悌的父亲毛泽承（毛佛珠）是毛麓钟的长子，曾参加过毛泽东组织的农民运动。后在外流浪时失踪，留下毛远悌与母亲相依为命，辛酸度日。1940年毛远悌到耒阳《力报》社印刷厂当学徒，1945年随厂迁回长沙，并于同年加入中国共产党，以印刷工人身份为掩护，积极从事工人运动和学生运动。中华人民共和国成立后，曾任湖南省总工会工农印刷厂经理、湖南省医药管理局办公室主任等职。

中华人民共和国成立之初，毛远悌担任了湖南省总工会新组建的工农印刷厂的经理。由于深感自己文化程度低，适应不了工作的需要，他便写信给毛泽东，介绍自己的家世和工作情况，并表达了想到北京看望毛泽东和继续学习文化的愿望。在接到毛远悌的第二封来信后，毛泽东给他写了这封回信。

毛泽东对子侄辈既严格要求，又十分关怀。在信中，毛泽东虽然拒绝了毛远悌来京的要求，但对毛远悌的工作和学习均给予了真切的关注。从“你做印厂工作极好，应将此项工作做好”“学习事将来有机会时再说”等句中可以看出，毛泽东对毛远悌的成长和进步寄予了殷切的期望。信中对晚辈表现出的是一种平等的心态，语气和蔼亲切，充满了关爱和人情味。这封信使毛远悌打消了去北京学习的念头，安心在长沙从事印刷工作。

致毛远翔[1]

（一九五〇年五月十二日）

远翔贤侄：

两次来信收到，甚为高兴。你应在湖南设法求得工作，不要来北京，这里人浮于事，不好安置。你的文字已通顺，用力学习，当会有更大进益。此复，即问

近佳

毛　泽　东

一九五〇年五月十二日

你父母[2]照片收到，请你替我问候他们。

——见于《毛泽东致韶山亲友书信集》第48页（中央文献出版社1996年8月第1版）。

【注释】

〔1〕毛远翔：毛泽东的堂侄。详见P76注释〔1〕。

〔2〕你父母：毛远翔的父亲毛智珠（1888—1962），是毛宇居的胞弟，毛泽东的堂兄。

【解读】

1949年10月，毛远翔进入华中人民革命大学湖南分校学习。不久，

毛远翔被分配到湖南省交际处工作。工作的需要，使他产生了强烈求知的渴望。他再一次写信给毛泽东，表达了想去北京学习和工作的愿望。1950年5月12日，毛泽东给毛远翔写了回信，由于不知“远翔是否尚在革大”，毛泽东便将此信附在同日写给毛远悌的信中，由他转交给毛远翔。

在信中，毛泽东告诉毛远翔说：“你应在湖南设法求得工作，不要来北京，这里人浮于事，不好安置。”毛泽东对晚辈提出的要求，既不纵容迁就，也不简单地予以回绝，而是用一种温和平等的口吻耐心地加以劝说，说明其中的道理，让人容易接受。

这封信中特别引人注意的是，毛泽东事事、处处关心子侄们的进步和成长，发现他们的优点和长处都及时给予鼓励和表扬。“你的文字已通顺，用力学习，当会有更大进益。”就是针对远翔来信的文字表达而言的。从我们知道的材料来看，远翔的语文水平比较好，还会写旧体诗。毛泽东信中虽然是轻轻一句，但对远翔来说，是多么大的鼓励和鞭策，也是对所有青年人寄予的厚望。毛远翔收到这封信后，打消了去北京的念头，遵照毛主席的教诲，安心留在长沙工作。

1956年11月，毛远翔到北京参加全国公私合营工商代表大会。其间，毛泽东还专门把毛远翔接到中南海，兴致勃勃地和他谈起几十年革命斗争的艰难历程，语重心长地说：“现在，解放了，进城了，生活条件好起来了，艰苦奋斗的传统可不能丢啊！要时时记住，我们是代表人民大众利益的，是要为人民服务的啊！”毛远翔认真地听着，默默地记着。归来后，他写了一首题为《感事敬呈毛主席》的诗：

雄风九五起雷霆，万里狂飙玉宇澄。
湘水麓山齐踊跃，惊涛骇浪认航程。
葵花永远朝红日，稚子难忘面诲恩。
长夜不眠思往事，心随鸿雁到京城。

致周文楠[1]

（一九五〇年五月十二日）

文楠同志：

来信收到，甚慰。接你母亲[2]去东北和你一道生活一事，我认为是好的。我可以写信给湖南方面发给旅费。惟你母年高，一人在路上无人招扶是否安全，是否需要你自己去湖南接她同去东北方为妥当，请你考虑告我。如你自己去接，我给湖南的信即由你带去。附件[3]还你。江青她们都好。

祝你

健康

毛 泽 东

一九五〇年五月十二日

——见于《毛泽东致韶山亲友书信集》第42页（中央文献出版社1996年8月第1版）。

【注释】

〔1〕周文楠（1910—1992）：又名周润芳，江西临川人，1927年加入中国共产党。中华人民共和国成立后，曾任黑龙江省高级人民法院民事审判庭庭长等职。

〔2〕你母亲：即周陈轩（1883—1968），江西临川人。大革命时期曾协助周文楠从事革命活动。1928年周文楠在湖南长沙被捕后，负责抚养外孙毛楚雄。1937年冬，同周文楠等一起由长沙到韶山毛泽东故居居住。1950年随女儿迁居东北。曾任黑龙江省哈尔滨市政协委员。

〔3〕附件：指周陈轩写给女儿周文楠的信。信中叙述了她在韶山一人生活无人照顾的情况等。

【解读】

周文楠是毛泽东二弟毛泽覃的第二任妻子，1925年结婚。周文楠年轻时就参加革命，丈夫毛泽覃和儿子毛楚雄先后为革命牺牲。她的母亲也是一个革命的母亲。毛泽东对她们母女都非常熟悉，毛泽东跟着小孩称周陈轩为“周外婆”。从书信中可以看出，毛泽东对“周外婆”非常尊敬和照顾，对周文楠也很关心和爱护。

周文楠的经历颇有传奇色彩。周文楠出生在一个官宦家庭。父亲周模彬在清代任过知县、知州，在社会上有一定的地位和声望。母亲周陈轩早年随周模彬赴广西，1910年在桂林生下周文楠，后随丈夫迁居长沙。周陈轩虽出生和生活在封建大家庭，但由于受到“五四运动”新思潮的影响，同情和倾向革命。周文楠也很早就参加革命。1925年，她们母女俩在长沙小吴门松桂园一号的家里，就协助党组织收藏、保管党的机密文件，掩护党的地下工作。湖南早期革命活动家郭亮、夏明翰、萧三和毛氏三兄弟都来过周家，在那里开会，研究工作，从事革命活动。

1927年，毛泽覃参加南昌起义。同年9月8日，周文楠在长沙生下儿子毛楚雄。1928年春，周文楠不幸被捕，1930年彭德怀率领红军进攻长沙，打开司禁湾陆军监狱，周文楠被解救出来。不久，周文楠随红军部队退出长沙，辗转到了江西苏区。1934年10月，红军主力长征，周文楠留在江西打游击。1935年春，第二次被捕，然而奇迹般地又一次脱险。后来才知道，原来她在国民党莲花县当承审员的侄孙周邦杰接到周文楠的同父异母的哥哥周自娱由长沙来信，得知周文楠被捕的消息，继而通过关系，将周文楠放了出来。

1937年抗日战争爆发后，国共第二次合作。毛泽东自延安写信并寄去20元光洋（银元）作为路费，让周文楠前往延安。经过一段曲折后，直到1940年周文楠才到了延安。1945年日本投降后，周文楠和再嫁的丈夫、当时在边区政府任教育厅督学的王英樵奔赴新解放的东北工作。

毛泽覃和周文楠的孩子毛楚雄1927年出生在长沙小吴门松桂园1号外婆家。1928年，周文楠被捕，毛楚雄随母亲一起被关进了监狱。周文楠被折磨患了重病，小楚雄也患了病。孤苦的外婆把小楚雄抱回家治疗，相依为命。1937年日寇轰炸长沙，居民伤亡惨重。周陈轩、周文楠、同父异母的哥哥周自娱，带着小楚雄由毛泽东的族侄毛特夫、堂弟毛泽连接到韶山毛泽东故居居住。

1945年8月，毛楚雄随堂叔毛浦珠和族侄毛世美一道赶到湘阴，找到王震率领的三五九旅南下支队，成为一名光荣的八路军战士。后转到中原军区。1946年，中原部队突出国民党军重围成功，敌人又要起“和谈”的花招。8月，人民解放军攻克陕西省镇安县城，经王震报告中央确定，毛楚雄作为警卫员随干部旅旅长张文津赴西安谈判。在到达宁延县东江口镇时，被敌人扣留，蒋介石电令，就地秘密处决。毛楚雄等三名代表以及带路的农民等五人被活埋。毛楚雄深入虎穴，为中华民族的解放献出了宝贵的生命，年仅19岁。

1949年，湘潭和平解放，人民解放军四野部队路过韶山，派人慰问了周陈轩老人，老人激动得热泪盈眶。1950年初，周陈轩写信给在沈阳工作的女儿周文楠。信中谈到，四野路过韶山，许多人纷纷到毛泽东旧居参观，她趁此打听外孙毛楚雄的情况，却没有一点消息。信中还叙说了她在韶山独自生活，无人照顾等情况。周文楠接信后，欲接母亲到东北一起生活。但是，从韶山到沈阳，千里迢迢，需要时间、路费，感到为难，于是向毛泽东写了一封信，把自己的想法告诉了毛泽东。毛泽东接信后回了这封信。

毛泽东在回信中，表示赞同周文楠去韶山将周陈轩老人接到东北一起生活，并且细致地考虑到老人年事已高，路途又远，路上需要有人照应，以保证安全，因而建议周文楠自己到湖南去接，并请湖南方面发给路费。毛泽东对周陈轩外婆的敬重和关切之情溢于言表，而且考虑得非常细微、周到。

周文楠接到毛泽东信后，就按照毛泽东的意见，从沈阳到湖南去接周外婆。路过北京时，她去看望了毛泽东。毛泽东仔细地询问了周外婆的生活情况。当周文楠提到如何把毛楚雄牺牲的消息告诉老人时，毛泽东又为她出主意，暂不要告诉老人，以防老人受到刺激，过于伤心。毛泽东说："你告诉外婆，就说我说了，楚雄是个有志气的孩子，是韶山人民的好儿子，送他到国外很远的地方去学习了，也不能通信，免得她老人家受到刺激。时间长了，慢慢也就好了。楚雄年龄不大，为国捐躯，虽死犹荣。"毛泽东还叮嘱道："以后，要好好照顾外婆，经常安慰她老人家，让她安度晚年。"周外婆直到去世时，都不知道她亲手带大的楚雄已经牺牲的消息，这是多么令人伤心、叹息！为了新中国的诞生，有多少革命烈士牺牲了他们宝贵的生命，他们的亲属又忍受了多少痛苦的折磨和煎熬。

1955年，毛泽东还派人去看望了周陈轩老人，并送去300元生活费。

1968年，周陈轩老人在后来工作的地方哈尔滨去世，享年85岁。按照老人生前的遗愿，骨灰安葬回韶山。周文楠和丈夫王英樵护送老人的骨灰回韶山时，受到韶山人民群众的隆重迎接。韶山人民没有忘记老人为革命事业做出的贡献，自发地放了一夜铁铳，以表示哀悼。第二天又举行隆重的追悼会，真是"生荣死哀"。

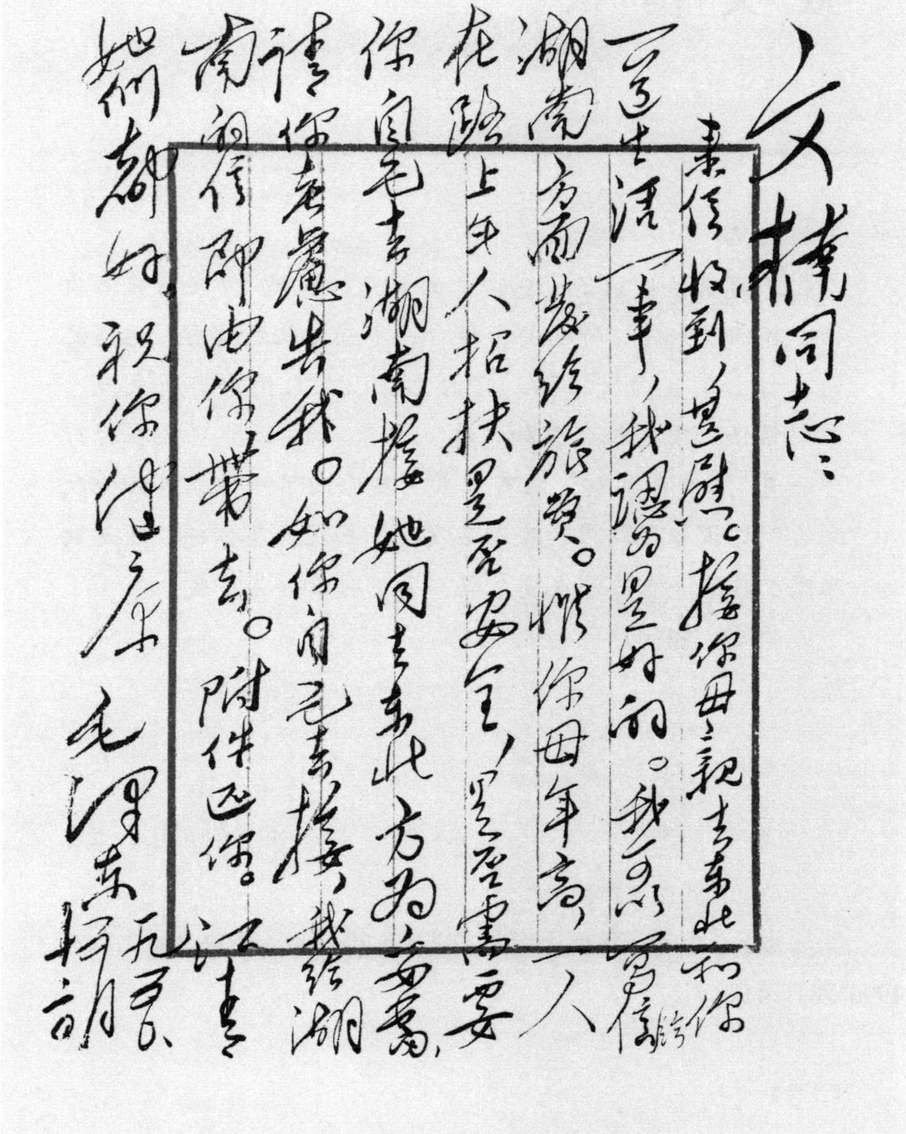
文楠同志：

来信收到，甚慰。接你母亲来北京和你一道生活一事，我认为是好的，我可以写信给湖南省发给旅费。惟你母年高，一人在路上无人招扶是否安全，是否需要你自己去湖南接她同来北京方为妥当，请你考虑告我。如你自己去接，我给湖南省写信，即由你带去。附件送还。江青她们都好。祝你健康！

毛泽东

五月十二日

致周文楠（一九五〇年五月十二日）

致文南松[1]

（一九五〇年五月十二日）

南松表兄：

正月来信收到了，感谢你的好意。运昌[2]兄给我多次信，我回了一信，寄南县白蚌口，不知他收到没有？运昌兄的工作，不宜由我推荐，宜由他自己在人民中有所表现，取得信任，便有机会参加工作。十哥、十七哥[3]还在否？十一哥[4]健在甚慰，他有信来，我已回了一信，不知他收到否？你说乡里缺粮，政府不发，不知现在怎么样？还是缺粮吗？政府一点办法也没想吗？来信时请详为告我。

此复，即问

近安

毛　泽　东

一九五〇年五月十二日

——见于《毛泽东致韶山亲友书信集》第45页（中央文献出版社1996年8月第1版）。

【注释】

〔1〕文南松：毛泽东的表兄。详见P84注释〔1〕。

〔2〕运昌：即文运昌，毛泽东的表兄。文南松的胞兄。详见P1注释〔1〕。

〔3〕十哥：指文泮香，毛泽东的表兄。文运昌、文南松的胞兄。在唐家圫（tuō）文家排行第十，毛泽东称他“十哥”。详见P112注释〔2〕。

十七哥：指文梅清，毛泽东的表兄。文南松的堂兄。在唐家圫文家排行十七，毛泽东称他“十七哥”。详见P168注释〔1〕。

〔4〕十一哥：指文涧泉，毛泽东的表兄。文梅清的胞兄。文运昌、文南松的堂兄。详见P112注释〔1〕。

【解读】

1921年春节，毛泽东回韶山动员全家出来干革命。文南松闻讯后，立即赶往上屋场与表弟毛泽东、毛泽民、毛泽覃一起围炉向火，夜话家常。1925年，毛泽东回韶山开展农民运动，文南松积极参加农民运动。大革命失败后，文南松和胞兄文运昌一起冒着生命危险珍藏了毛泽东兄弟与父母的合影照片。

一九四九年十一月二十八日《致文南松》信的解读中讲到，1949年8月，湖南解放后，文南松写信给毛泽东。毛泽东回了信，唐家圫的亲人们沉浸在无比欢乐和幸福的气氛之中。从此，亲友们和毛泽东联系上了。

亲友们在欣喜之余，纷纷写信给毛泽东，或要求上京一游，或要求上京学习和工作，或要求毛泽东帮助在湖南当地解决工作。1949年，毛泽东的表兄文运昌就曾给田家英写信，信中列了一个14人的名单，均系毛泽东外祖家的亲属，要求照顾安排工作或保送升学，这份名单不久转到毛泽东的手里，毛泽东说：“这种事，我毛泽东是不会答应的。共产党不同国民党，是因为共产党是为人民谋利益的，而不是为自己的私利奋斗。”他当即批示：“许多人介绍工作，不能办，人们会要说话的。”

1950年初，文南松写信给毛泽东，希望表弟毛泽东能为其胞兄文运昌推荐工作，同时反映乡里缺粮的情况，毛泽东写下此信回复表兄文南松。毛泽东再次强调，“运昌兄的工作，不宜由我推荐”。

毛泽东与表兄文运昌的感情是超乎寻常的。1936年，毛泽东在陕北保安同美国记者埃德加·斯诺谈话时，曾几次提到当年表兄文运昌所给予自己的帮助，并非常感谢自己的表兄。对于这样一位与自己感情甚笃并且曾经给予自己以较大帮助的表兄，毛泽东不徇私情的原则丝毫没有改变。毛泽东在信中对表兄文南松说："运昌兄的工作，……宜由他自己在人民中有所表现，取得信任，便有机会参加工作。"语气既诚恳又坚决。当然，这并不是说毛泽东忘记了表兄的情谊。相反，在信的开始，毛泽东便关切地询问："运昌兄给我多次信，我回了一信，寄南县白蚌口，不知他收到没有？"言谈之中，对表兄怀有很深的眷念之情。信中，毛泽东又一次问到"十哥（文泮香）、十七哥（文梅清）还在否？"充满了关切之情，并对"十一哥"文涧泉的健在，表现出由衷的欣慰。最后，毛泽东对表兄来信中反映的乡里缺粮的情况十分关注，反复询问，并希望表兄来信将详情告知。

这封信既表达了对文家表兄的关切之情，又有对乡里缺粮的关注之情；既表达了与兄儿时友谊长存于心的真情，又有拒绝为兄推荐工作的"无情"。信中有情与"无情"，让人深切感受到人民领袖毛泽东始终把人民利益放在首位和立党为公、执政为民、严于律己的伟人风范，读来令人敬佩不已。

这里使我们联想到，前面在《致杨开智（一九四九年十月九日）》信的解读中说到毛泽东拒绝妻兄杨开智想到北京获得较为理想的工作的要求，这说明不为亲友安排工作、来京学习，是毛泽东一贯坚持的原则，而且越是至亲，越是严格要求。

毛泽东还曾说过一段这样深刻的话："我现在当大官了，如果翻脸不认人，人家就会说共产党无情无义，何况有些人过去还帮助过我，帮助过我们党呢。如果有求必应，那就成了国民党的样子了。我们共产党如果像蒋介石他们一样搞裙带关系，一人得道，鸡犬升天，久而久之，就会脱离群众，就会垮台。"

有一次，工作人员问这些亲属、朋友纷纷要求来京或寻求帮助的信怎么处理，毛泽东直截了当地说："凡是要求来北京看我的，一律谢绝。如果不听，偏要来，路费由他自己出，我也不见，公家也不接待。凡是要求找工作的，我这里是四不主义：不介绍，不推荐，不写信，不说话。凡是反映地方工作和部门情况的，可以作为材料收集起来，当作参考。但不要往下传，不直接处理，免得下面无法工作。"

前面所说文运昌所开列的要求照顾的14人名单，毛泽东批示"人们会要说话的"，虽只有寥寥文字，却体现了一个重要思想：我们所做的一切都是为人民服务的，作为人民公仆，对人民和人民的话语权应当充满敬畏和尊重，把自己置身于人民的监督之下，模范地遵守党的纪律。

这封信，除突出地表现了共产党人不徇私情的高贵品质外，值得注意的还有一点，即对人民生活和疾苦的深切关怀。毛泽东对文南松信中反映乡里缺粮的问题十分重视，关切地连问了三句："你说乡里缺粮，政府不发，不知现在怎么样？还是缺粮吗？政府一点办法也没想吗？"这三个问句，仿佛让我们看到了人民领袖此时焦虑急迫、寝食难安的心情，这是对人民群众多么深厚、催人泪下的挚爱！

致毛泽益[1]

（一九五〇年五月十二日）

泽益贤弟大鉴：

来信收到。贻全[2]亡故，深致悼意。借款事我记不起了，大概是有的。兹寄上人民币贰佰伍拾万元[3]，以应急需，收到时请告知为盼。此祝

合家清吉

毛 泽 东

一九五〇年五月十二日

——见于《毛泽东致韶山亲友书信集》第49页（中央文献出版社1996年8月第1版）。

【注释】

〔1〕毛泽益（1929—）：湖南韶山市韶山乡韶源村人，农民。毛泽东的堂弟。

〔2〕贻全：即毛贻全（1906—1949），毛泽益的父亲，毛泽东的堂叔。乡村教师，大革命时期曾参加韶山农民运动。

〔3〕贰佰伍拾万元：当时流通的人民币，一万元等于中国人民银行1955年3月1日起发行的新人民币一元。

【解读】

毛泽益是毛泽东的堂弟，毛泽东堂叔毛贻全之子。毛贻全在湖南省立第一师范学校毕业后，回乡任教于毛氏族校一校（校址在毛氏宗祠内）。1925年，毛泽东回韶山开展农民运动时，他和毛新梅、胡汝霖等人在望冲、柘木冲一带组织农民协会，开办农民夜校。同时又和杨开慧担任毛氏宗祠内的农民夜校的教员，白天为农家子弟教书，晚上给参加夜校的农民讲课，并宣传革命道理，提高农民的思想觉悟。正是在他们的努力下，到七月间，韶山地区的农民夜校发展到20多所，扩大了中国共产党的影响，增强了农民反压迫反剥削的革命意识，更为后来国共第一次合作实施的北伐战争提供了民众基础。“五卅运动”后，毛贻全等依照毛泽东的指示，建立了公开的反帝爱国组织——雪耻会，开展了轰轰烈烈的反帝宣传，夺取乡村教育权和进行谷米平粜、阻禁（1925年夏，韶山大旱，青黄不接，在毛泽东的领导下，韶山党支部发动农民阻止土豪劣绅将谷米偷运外地出售）的斗争。是年冬，毛贻全加入中国共产党。

1926年7月，为推翻军阀统治，统一中国，在中国共产党的积极参与下，广州国民政府发动了北伐战争，取得节节胜利。同时，农民运动也蓬勃发展。1927年，为回击反动分子对工农运动的污蔑，时任中共中央农民委员会书记的毛泽东在湖南进行了深入而广泛的调查。调查的第一站就是他的家乡湘潭县。1月7日，身为韶山特别区第三乡农民协会委员长的毛贻全率领韶山农民协会会员和群众迎接毛泽东到毛鉴公祠，并主持欢迎大会。后来，毛贻全被反动派逮捕，关押在永义的欧家祠堂，后经多方营救才被保释出来。之后主要以种田为生，直到1949年病故。

中华人民共和国成立后，不少韶山亲友致信毛泽东，祝贺他荣任中央人民政府主席，同时反映乡间或个人及家庭的一些情况。毛贻全的儿子毛泽益是其中一员。他一方面告知毛泽东，父亲毛贻全已逝，另一方面也诉说自家困难，请求给予救济。

毛泽东收到信后，对毛泽益的处境深表同情，并从自己的工资和稿费中拿出250万元（旧币，折合1955年3月发行的人民币250元）寄给毛泽益以应急需。毛泽益一家接信后十分高兴，又收到了这笔在当时来说还是一笔不小数目的钱，解决了燃眉之急，更是感激万分。

这里说一说信中提到的“借款”一事，其中还有一段有趣的插曲。毛泽东信中说：“借款事我记不起了，大概是有的。”原来是这么回事：

1925年2月至8月，毛泽东回韶山开展农民运动。离开韶山时，因经费紧张，曾向毛贻全借了一些钱做盘缠。中华人民共和国成立不久，毛贻全因病逝世，全家生活很困难。不久，毛泽东派长子毛岸英回乡省亲。临行前，毛泽东给毛岸英带了一些钱，让他回乡时接济穷乡亲。毛岸英见到了毛泽益，毛泽益向毛岸英述说，父亲病故，家里生活困难，也提及了毛泽东早年向其父借钱的事。毛岸英顿觉这是一个需要解决的问题。韶山人民（包括毛泽益一家）为革命事业做出过很大贡献，现在遇到了困难，更何况父亲当年向人家借了钱做盘缠，当然应该还。可是从北京带来的有限的钱，已送给了一些穷乡亲。怎么办呢？于是他向毛泽益说：“我回去后一定向父亲禀告，并向政府反映情况，设法解决这个问题。”毛岸英回到长沙，立即给省人民政府主席王首道写信求助，说明原委。王首道随即为毛岸英解决了这一问题。后来，毛泽益给毛泽东的信中也许为了说明自己的家世，回述当年家父支持革命事业的情况，谈到“借钱”一事。

后来人们谈到毛岸英回乡省亲时说，毛岸英回韶山曾遭遇了毛泽益“讨债”。这实在是误传。从这件事，倒让我们知道了：当年革命是多么困难，人民又是多么支持毛泽东所从事的革命事业。这和毛泽东向章士钊“还钱”的故事一样，平添了一段佳话。

滴水之恩，当以涌泉相报。这是中国的古训，也是毛泽东的为人、家教和家风。

致毛宇居[1]

（一九五〇年五月十五日）

宇居兄：

迭接数函，极为感谢。乡间情形，尚望随时示知。邹普勋[2]（亨二）如十分困难，病情又重时，如兄手中宽裕时，请酌为接济若干，容后由弟归还。另纸[3]请交邹普勋为祷[4]。

即颂

健康

毛　泽　东

一九五〇年五月十五日

——见于《毛泽东致韶山亲友书信集》第51页（中央文献出版社1996年8月第1版）。

【注释】

〔1〕毛宇居：毛泽东的堂兄和私塾老师。详见P34注释〔1〕。

〔2〕邹普勋：毛泽东的邻居，早年的好友。详见P237注释〔1〕。

〔3〕另纸：指同日毛泽东写给邹普勋的信：“普勋兄：五月七日来信收到，感谢你的好意。贵体渐愈，甚慰。尚望好生保养。你家里人口多少，生活困难至何种程度，你自己还能劳动否，便时尚望告我。此祝健康 毛泽东。”

〔4〕祷：本指向神灵祈求保佑。旧时书信里用以表示希望、祈求的意思。

【解读】

这封信的主题，是毛泽东对昔日蒙师邹春培之子、少年时代的好友邹普勋十分惦念，希望他好生休养，并且请堂兄兼塾师毛宇居先代为垫钱，帮助解决生活困难。

说起来，这封信也是有由来的。

邹普勋生于1890年，比毛泽东大3岁，住韶山南岸毛泽东旧居上屋场的下屋里，是毛泽东的邻居。1901年，刚满8岁的毛泽东，从湘乡大平乡唐家圫（tuō）外祖父家回到韶山，就读于南岸邹春培门下。就读的还有邹春培之子邹普勋，毛泽东与之关系密切，交情甚笃。

1949年8月，长沙和平解放后，四野部队路过韶山，找到毛泽东的亲人后，派人护送毛泽连、李轲进京。中华人民共和国成立后毛泽东第一次见到家乡亲人，谈话中还记得邻居、好友邹普勋外号叫"皮蛋"，并问及他们一家的情况。毛泽连如实告诉毛泽东，邹普勋身体不好，家庭生活很困难。毛泽东十分关心，1949年11月28日，毛泽连、李轲还在北京期间，就写信给邹普勋：

亨二哥：

听你身体不大好，甚以为念。希望你好生保养，恢复健康。

毛泽东

一九四九年十一月二十八日

毛泽东还对毛泽连说，下一次要把邹普勋接来北京见面、住一住，并嘱李轲把邹普勋的情况向当地政府反映一下，争取替他解决些困难。

邹普勋读到毛泽东来信后，万分激动，想不到分别几十年后，毛泽东当了国家主席，还念念不忘他这个幼年时代的朋友、一个乡下的老百姓。

毛泽连回韶山后，按照毛泽东的嘱咐，将到京的情况，包括毛泽东关心邹家生活情况的细节都告诉了毛宇居。

毛宇居听后，觉得主席如此关心乡民的生活，应当把乡里的情况如实告诉主席。毛宇居还特地了解了邹普勋的困难情况，并写信反映给毛泽东。因此有了这一封信。毛泽东写这封信时，还给邹普勋写了一信：

普勋兄：

五月七日来信收到，感谢你的好意。贵体渐愈，甚慰。尚望好生保养。你家里人口多少，生活困难至何种程度，你自己还能劳动否，便时尚望告我。

此祝

健康

毛泽东

一九五〇年五月十五日

毛宇居接信后，按照毛泽东的要求，随即拿出自己不多的钱接济邹普勋。邹普勋一家接到钱，又收到毛泽东的亲笔来信，全家非常感激。

1952年9月，应毛泽东之邀，邹普勋与李漱清一起到北京，毛泽东曾几次在中南海接见、宴请他们。毛泽东还特意为邹普勋等人添置了衣被等物。安排他们游览名胜古迹，参加国庆观礼。临别，毛泽东又从自己的稿费中赠送他们一点钱，并合影留念。

1959年6月25日，毛泽东回到了阔别32年的故乡韶山。接见邹普勋的儿子时，当得知邹普勋已在两年前去世，毛泽东流露出深深的怀念之情。

在这封信中，毛泽东对早年的好友邹普勋给予了极大的关心。“邹普勋（亨二）如十分困难，病情又重时，如兄手中宽裕时，请酌为接济若干，容后由弟归还。”此语既表明了毛泽东不忘旧谊、一心助友的迫切心情和对堂兄宇居的信赖，同时也从一个侧面反映了老一辈革命家一生为公、两袖清风的高尚情操。

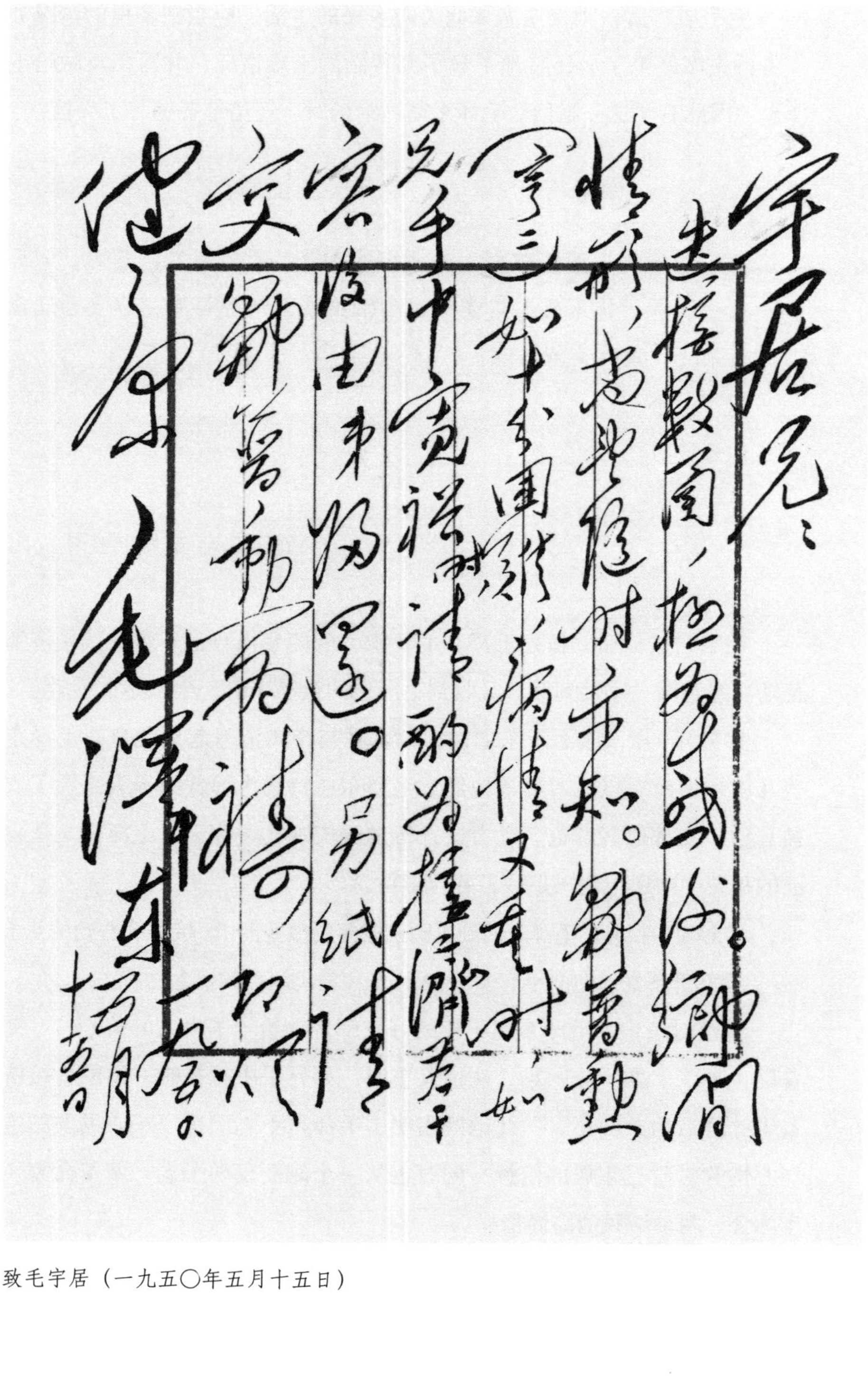

致毛宇居（一九五〇年五月十五日）

致毛桂昌[1]

（一九五〇年五月二十一日）

桂昌先生：

数次来信，均已收到，感谢你的好意。你家生活，应在土地改革中听候当地人民政府酌量分配土地，从努力生产中求得解决。此复，即祝

康吉

毛　泽　东

一九五〇年五月二十一日

——见于《毛泽东致韶山亲友书信集》第53页（中央文献出版社1996年8月第1版）。

【注释】

〔1〕毛桂昌（1894—1958）：湖南韶山市韶山乡韶源村人，后迁居湖南沅江县，农民。毛泽东的远房叔父。大革命时期，曾参加韶山农民运动。

【解读】

1950年初，毛泽东出访苏联后回国，为中华人民共和国获得了第一个社会主义大国的支持。然而毛泽东还没有来得及松一口气，在翻阅案上堆积如山的公文和信件时，看到了一个让他忧心不已的消

息——家乡韶山闹春荒。

韶山地处偏僻，人口稀少，幅员不广，人们赖以生存的经济来源不多，中华人民共和国成立前多次饱受春荒、夏旱、山洪侵蚀，还苦遭日军和国民党军烧杀抢掠。但是，在这样的情况下，当地人民英勇革命，组织农民武装反抗地主豪绅，成立中共地下党组织。1949年秋，不富裕的韶山人民筹粮386.9万公斤、稻草128.97万公斤、木柴193.45万公斤支援衡宝战役。韶山人民翻身解放的好消息传来，毛泽东也为家乡感到高兴，谁知却又一次面临着严重的生存危机。而此时，韶山境内正在开展清匪反霸、减租减息和清理积谷、公产的斗争，土改工作还没有正式开展。人们生活得怎样？能安然渡过春荒吗？这是毛泽东看了毛桂昌等人从家乡寄来的信件后萦绕在心头的大事。他很想回家乡看一看，然而共和国百废待兴，天平那一端是有关更多中国人民的幸福生活，毛泽东只能放弃回家乡看看的念头。他派长子毛岸英代表他回韶山冲看望乡亲，调查家乡的生产和生活情况。1950年5月19日，毛岸英在长沙看望了外祖母等人后，奔赴韶山，为了解荒情，他连续六天，走亲访友，访贫问苦，深入乡村做社会调查，并宣讲土地改革政策。

与此同时，在中南海里，毛泽东也日以继夜地伏在案头，批公文，回信。1950年5月21日，他提笔回复毛桂昌："数次来信，均已收到，感谢你的好意。"对于毛桂昌请求的解决个人生活问题，毛泽东告知："你家生活，应在土地改革中听候当地人民政府酌量分配土地，从努力生产中求得解决。"就在这年7月，中共长沙地委和湘潭县委组织工作组进入韶山如意乡进行土地改革试点。11月，韶山全区进行土地改革，次年春结束。多年被奴役剥削的最底层人民拥有了自己的土地，生产力得以解放，农业生产迅速发展。

这封回信还表达了毛泽东对待亲友的两个重要态度。一个是希望亲友自力更生，安心生产。像毛桂昌这样给毛泽东写信反映生活困难或要求照顾的亲友有很多。对于亲友的个人困难，毛泽东在用自己的稿费资助、接济的同时，主要是鼓励他们艰苦奋斗，不要依赖政府或他的照顾，而是要用自己的辛勤劳动改善生活。按理说，作为党和国家最高领导人，毛泽东帮助有难处的亲友说句好话，安排工作，是很简单的事情。但毛泽东却以身作则，不为亲友谋取半点私利。他曾对亲友和身边工作人员说："我们共产党的章法，决不能像蒋介石他们那样搞裙带关系，一个人当了官，沾亲带故的人都可以升官发财。如果那样下去，就会脱离群众，就会和蒋介石一样早晚要下台。"

毛泽东信中表明的另一个态度是希望亲友不搞特殊，服从政府安排。亲友们常常写信给他或进京向他反映乡情，毛泽东对此表示十分欢迎，但他也明确表示，亲友提供的这些信息只做参考用，他绝不因此出面打招呼，干预当地政府工作。亲友们个人的生活问题只能作为普通群众那样由政府出面统一解决，不能仗着他的关系，要求特殊照顾。在给毛桂昌的回信中，毛泽东就强调了"听候""酌量"。爱之深责之切，毛泽东对亲友一贯严格要求，不允许搞特殊化，也绝不允许他们依靠自己的权力谋取私利。

无独有偶，毛泽东在1950年四五月间给族侄毛照秋、姻兄赵浦珠、族叔毛逸民等韶山亲友的信中都表示乡间减租土改等事，他不方便直接干预，要他们安心等待土改，努力生产以解决生活问题。

致毛爱桂[1]

（一九五〇年五月二十六日）

爱桂先生：

来信收到。令兄爱棠[2]于一九二六年参加北伐军，在广东曾见过一面，以后即未见过。有人说已牺牲了，极为可惜。这是为国牺牲，是光荣的。此复，并候

合家清吉

毛　泽　东

一九五〇年五月二十六日

李远明[3]先生同此不另。

——见于《毛泽东家书》第191页（中原农民出版社1993年10月第1版）。

【注释】

〔1〕毛爱桂（1914—）：湖南韶山市韶山乡韶山村人，农民。毛泽东的族叔。

〔2〕爱棠：即毛爱堂（1895—1927），1925年赴广州参加革命，任广东中共党组织工作人员。1927年在湖北武昌牺牲。

〔3〕李远明（1895—1951）：湖南韶山市永义乡狮山村人，毛爱桂的姐夫。毛泽东在长沙读书和在韶山开展农民运动时，李家曾给予资助。

【解读】

毛爱桂是毛泽东的族叔，又是上屋场故居的邻居。说起毛泽东和毛爱桂家成为邻居，还有一段故事。

毛泽东故居上屋场，原来是湖南中部地区常见的讲究对称的“一担柴”式的茅草房，住有两户人家。一户是毛爱桂的祖父毛祖富，一户住着毛正光。毛泽东的曾祖父毛祖人是位勤劳的农民，住在韶山东茅塘。有茅屋4间，水田10亩，旱田1亩，山林2块。及至两个儿子（毛恩农、毛恩普）成家后，人口渐多（毛恩农有3子3女，毛恩普有2女1子）。人多地少，住房拥挤。毛祖人52岁那年，下了决心，借银数百两，从毛正光手里买下了现在毛泽东故居上屋场的房屋和土地。到1878年毛恩农、毛恩普分家时，毛祖人的家业已有房屋9间半（其中上屋场5间半），水田32亩。毛恩农留东茅塘，毛恩普迁往上屋场。毛恩农子女多，分得东茅塘房屋和田地30亩，毛恩普分得上屋场房屋和田地15亩。

这样，毛泽东的祖父毛恩普和毛爱桂的祖父毛祖富便比邻而居。俗话说：“远亲不如近邻。”毛爱桂的母亲经常帮助文七妹料理家务，还帮助照看文七妹的病。后来，因为毛顺生经营有方，家境渐渐宽裕起来，便将房屋翻新，盖成瓦屋，并增盖了一些房屋，形成现在人们看到的规模。而毛爱桂家却依然故旧，还是今天看到的茅草屋。那一年，毛爱桂的父亲毛恩苞去世。因生活困难，毛爱桂家决定将茅草房变卖，以维持生计。大哥毛爱堂与毛泽民商量，决定卖给毛顺生家并签订了契约。此时，恰逢毛泽东从长沙回到家中，在得知此事后，他极力劝说家中废除房契，同时又给了毛爱桂家一笔钱，帮助他家渡过了难关。

1925年春，毛泽东回韶山开展农民运动时，年仅11岁的毛爱桂，经常给韶山党支部活动站岗放哨。1927年大革命失败后，韶山难以安身，毛爱桂随母外出乞讨，过着漂泊流浪的生活。毛爱桂从此染上了眼疾，最后几至失明。1930年，回到韶山，靠耕田度日。

1949年10月，听说从上屋场走出去的毛泽东已经当上了中央人民政府主席，毛爱桂一家非常高兴。这年冬天，毛爱桂要外甥李敦厚代他写了一封信给毛泽东，打听其兄毛爱堂的下落，毛泽东即复此信由湘潭县委组织部转交他。

信中，毛泽东措辞平实，感情厚重，不仅告知毛爱桂其兄毛爱堂已经牺牲的消息，而且肯定了毛爱堂“是为国牺牲，是光荣的”。这句话，既是对烈士的悼念和赞美，也是对烈士家属深深的安慰。“极为可惜”一句，深切地表达了毛泽东对毛爱堂牺牲的痛惜和怀念之情。接到毛泽东的信后，毛爱桂全家既悲痛又激动，为家中出了这样一个为国捐躯的烈士而感到光荣。

李远明是毛爱桂的姐姐毛春秀的丈夫。毛泽东在长沙读书时，往返途中，时常到韶山永义亭开商店的李家歇息。1925年，毛泽东回韶山开展农民运动时，李家曾给予资助。毛泽东不忘旧谊，故搭信问候。

致罗石泉[1]

（一九五〇年八月二十三日）

石泉兄：

来信收到，甚以为慰，在地方上做些有益于人民的工作较为适宜，不必来京。此复，顺问

康吉

毛　泽　东

八月二十三日

——见于《毛泽东致韶山亲友书信集》第56页（中央文献出版社1996年8月第1版）。

【注释】

〔1〕罗石泉（1888—1951）：湖南韶山市杨林乡杨林村人，乡村教师。毛泽东的原配罗氏的堂兄。1925年参加韶山农民运动，并加入中国共产党。曾任湖南湘潭（韶山）特别区农民协会执行委员、商民协会执行委员。

【解读】

罗石泉是毛泽东的原配罗氏（罗大秀，又称罗一姑）的堂兄。毛、罗两家上两辈就有亲戚关系。罗氏祖母毛氏是毛泽东祖父毛翼臣的堂姊妹。两家生意频繁往来。罗氏到毛家时，毛泽东14岁。罗氏1889年10月

生，比毛泽东大3岁2个多月。罗氏生性温顺善良，长得丰满，是一位操持家务的好手，毛泽东父母甚为喜爱。毛泽东强烈反对旧式包办婚姻，拒不承认，并进行了激烈反抗，不与同房。不久即外出求学，罗氏也因患痢疾，于1910年2月11日去世，年仅21岁。但毛、罗两家仍当亲戚一样往来，毛泽东对罗家也一直很关心，外出回乡时都要去距家约10公里的罗家看望。1925年春节过后，毛泽东回韶山一边养病，一边酝酿开展农民运动。3月26日中午，毛泽东专程到罗家看望罗氏父亲罗鹤楼，并与罗鹤楼的侄儿罗石泉、罗鹤楼的堂弟罗立芳、罗立芳的妹夫黄可忠等一起吃饭、交谈。

罗石泉为人质朴、仗义，少时读过几年书，有些文化。他积极参加毛泽东在韶山组织的秘密农民协会，有胆有识，逐渐成为农运骨干。毛泽东经常召集罗石泉等农协骨干开会，讲述土豪劣绅如何压迫、剥削农民，农民怎样向土豪劣绅开展斗争，等等。罗石泉在毛泽东的教育下，进步很快，在他的家乡杨林楼门前一带组织建立了秘密农协，还以秘密农协为核心，参与成立了雪耻会，以雪耻会作为公开的群众性的革命组织，开展反帝爱国斗争。1925年7月10日，湘潭县西二区上七都雪耻会在韶山郭氏祠堂召开成立大会，罗石泉被选为大会代表，出席了成立大会。毛泽东在会上发表重要演说，讲述帝国主义侵略中国的历史以及“五卅惨案”等情况，号召农民群众联合起来，参加反帝爱国斗争。罗石泉等人深受鼓舞，更加积极地投入农运活动。这年冬，罗石泉加入了中国共产党。1926年3月到1927年6月，他担任湘潭（韶山）特别区农协执行委员和商民协会执行委员等职。

大革命失败后，反动军官许克祥的军队进攻韶山，疯狂逮捕、关押、屠杀共产党员和农运干部。罗石泉一家大小被迫逃往洞庭湖滨华容县齐湖口居住，他靠教书和行医谋生。

1940年，罗石泉写信给毛泽东，要求赴延安参加革命。毛泽东亲笔回信，要他留在当地秘密开展革命活动。罗石泉按照毛泽东的嘱咐，组织当地要求进步的年轻人在自己家里秘密聚会，后被当地反动势力察觉。11月初，罗石泉被逮捕关押，1941年2月，才由邻里保释出来。不久，罗石泉率全家迁往沅江草尾。罗家颠沛流离，生活困难，毛泽东辗转得知后，曾托人转送了一些光洋（银元）和200斤大米予以接济。

1943年，罗石泉一家从草尾搬回杨林，仍以教书为生。一直到中华人民共和国成立后，罗石泉都在家乡小学教书。毛泽东一直想念家乡的亲友，中华人民共和国成立后本想回乡，然而他日理万机，没有时间。1950年，长子毛岸英代他回乡看望亲友。毛泽东细心地告诉儿子家乡有哪些亲人。毛岸英回乡后，按照父亲的嘱咐，见到罗石泉，亲切地称呼他舅舅，临别时还送给罗石泉20万元人民币（旧币，合后来人民币20元）、茶叶等。毛岸英回京后，向父亲汇报了回乡情况。当得知罗家生活困难时，毛泽东十分挂念，从自己的稿费中拿出几百元给罗家寄去。

毛泽东在回信中，亲切地称呼罗石泉为兄，对收到罗石泉的来信，看到关于罗家的有关情况表示欣慰，流露出对罗家亲人的关爱之情。但毛泽东一贯坚持公私分明，绝不允许因私废公，即便对罗家关爱有加，但不愿意出面介绍工作，也不允许他们利用自己的权力谋取私利。罗石泉听从毛泽东的嘱咐，留在家乡从事农业生产劳动，两个儿子一个当兵服役，一个在家务农。

1951年罗石泉病逝，享年63岁。罗家后人写信给毛泽东，报告罗已去世。毛泽东十分悲痛，对罗家困难深为体恤，特意嘱咐毛泽民遗孀、弟媳王淑兰和堂弟毛泽连等人照顾罗家。

致李纳[1]

（一九五一年一月四日）

小李娃[2]：

你病了，我很念你。你好好养病，早日好了，大家欢喜。

下大雪了，你看见吗？

爸爸

一月四日

——见于《建国以来毛泽东文稿》第二册第12页（中央文献出版社1988年11月第1版）。

【注释】

〔1〕李讷：毛泽东和江青的女儿，1940年8月生于延安。

〔2〕小李娃：毛泽东对李讷的昵称。

【解读】

1940年，毛泽东的次女李讷出生后，毛泽东视为掌上明珠，非常疼爱，常把女儿带在身边。毛泽东休息时喜欢带着女儿散步，教女儿认字，给女儿讲故事。李讷很顽皮，当父亲在院子里独自沉思踱步时，她会学着毛泽东的样子，背着手，跟在后面走。毛泽东发现后，心里有说不出的开心。

1947年，毛泽东与党中央撤离延安时，曾把李讷送到黄河以东较安全的地区。半年后，再见到女儿时，发现她明显地黑了、瘦了。毛泽东一把抱起李讷，又亲脸蛋，又拍她的后背，拍一下念一句：“大娃娃，乖娃娃，爸爸真想你哟！”“娃娃，我的好娃娃，好娃娃。”李讷则搂着父亲的脖子高兴地嚷着：“小爸爸，乖爸爸，我天天好想小爸爸。”接着，她从父亲怀里钻出来，给爸爸表演了一段从妈妈那里学来的京剧《打渔杀家》，毛泽东看着看着，眼圈就红了，湿了。

毛泽东对女儿疼爱，但不溺爱。有一次，李讷见大家吃饭时吃黑豆吃黑了嘴，她笑着对毛泽东说：“爸爸你看，阿姨、叔叔的嘴都是黑的。”毛泽东一听，严肃地说：“不要笑。前方叔叔就是靠吃黑豆饭打胜仗。黑豆好吃，吃了黑豆也能长胖长高。你也该带上碗筷和阿姨一起去吃黑豆饭。”此后，李讷便也去食堂和大家一起吃黑豆饭。由于战争环境，李讷7岁了还未能上学。毛泽东很关心她的教育问题，便亲自委托保育员有计划地教她识字。直到1948年春天，中共中央机关进驻河北省平山县西柏坡以后，李讷才有机会进入一所简易小学读书。到北京以后，李讷到育英小学插班读书，开始了正式的读书学习生活。

李讷从小在艰苦的环境中长大，身体不太好，毛泽东对她的健康状况十分操心。1951年元旦后，李讷又病了，毛泽东在极其繁忙的工作中，抽时间给女儿写了这封短信，表达了对病中女儿的想念，以及希望李讷好好养病、早日康复的心愿。接着，毛泽东又关切地写了一句：“下大雪了，你看见吗？”触景生情的这一问，表现了毛泽东对雪景的喜爱，同时，希望把女儿的注意力从病中郁闷的心绪中转移到对大自然美好事物的憧憬中。这封信语言简明，清新爽朗，充满了温馨和柔情，完全适合不满11岁的李讷阅读和体会。

致毛宇居[1]

（一九五一年四月五日）

宇居兄：

历次各信及最近长函均收，甚谢，诸承关怀，具见盛意。惟轶事[2]有些内容不适合，似以不印为宜，原稿奉还。复颂

兴居佳胜！

毛泽东

四月五日

乡友便[3]祈致候

——见于《毛泽东致韶山亲友书信集》第63页（中央文献出版社1996年8月第1版）。

【注释】

〔1〕毛宇居：毛泽东的堂兄和私塾老师。详见P34注释〔1〕。

〔2〕轶事：指毛宇居撰写的《毛主席轶事》。文中记述了毛泽东青少年时代热爱劳动、勤奋学习、关心农民疾苦和具有远大抱负等一些情况。

〔3〕便：顺便。

【解读】

作为堂兄和私塾老师，毛宇居对毛泽东少年时代的生活和家世非

常熟悉，了解的“轶事”甚多。来韶山参观的中外人士，有关的学者、专家，都要去拜访毛宇居，询问有关情况。例如毛泽东研究专家李锐来韶山收集毛泽东青少年时代的事迹时，毛宇居就给他提供了大量资料，对他撰写《毛泽东早期革命活动》一书帮助很大。毛宇居总是以满腔热情，把自己所知道的有关毛泽东青少年时代热爱劳动、勤奋读书、从小就有着非凡抱负和远大志向的故事，仔细讲给人们听，人们深深为毛泽东青少年时代那些充满传奇色彩的故事所吸引，所感动。不久，毛宇居将毛泽东青少年时的一些“奇闻轶事”整理出来寄给毛泽东，请求发表。为此，他给毛泽东写了一封长信。毛泽东接到他寄来的文稿和信件后，给他写了这封回信。

对于中国革命的胜利，毛泽东始终保持着清醒的认识。早在党的七届二中全会上，他就告诫全党，夺取全国胜利，只是万里长征走完了第一步，务必使同志们继续保持谦虚、谨慎、不骄不躁的作风，务必使同志们继续保持艰苦奋斗的作风。在《党委会的工作方法》一文中，毛泽东明确指出：“禁止给党的领导者祝寿，禁止用党的领导者的名字作地名、街名和企业的名字，保持艰苦奋斗的作风，制止歌功颂德现象。”正是为了带个好头，防止歌功颂德现象的发生，毛泽东在信中明确表示“轶事有些内容不适合，似以不印为宜，原稿奉还”，婉言拒绝了毛宇居发表《毛主席轶事》的请求。所以，毛宇居的那篇《毛主席轶事》一直没有问世，直到他逝世后，仍然锁在湘潭档案馆的文献柜里。

致王淑兰[1]

（一九五一年五月十五日）

王淑兰同志：

五月九日来信收到，欢迎文涧泉、文运昌[2]两兄来京一叙。请持此电去湖南省委统一战线部见刘道衡[3]同志，请他为两位文先生购买两快车头等火车票，并酌给路上用费，即可来京。

毛　泽　东

五月十五日

——见于《毛泽东致韶山亲友书信集》第65页（中央文献出版社1996年8月第1版）。

【注释】

〔1〕王淑兰（1896—1964）：湖南湘乡人，毛泽民夫人。1926年加入中国共产党。曾长期做地方党组织的联络工作。中华人民共和国成立后，在韶山毛泽东故居做接待工作。

〔2〕文涧泉：毛泽东的表兄。详见P112注释〔1〕。文运昌：毛泽东的表兄。详见P1注释〔1〕。

〔3〕刘道衡（1892—1968）：湖南衡阳人，当时任中共湖南省委统战部副部长。

【解读】

这是现存的毛泽东给毛泽民结发妻子王淑兰的一封信。在现有资料中，其实并不止这一封信。

说起王淑兰，也有一段动人故事。王淑兰，1896年2月5日出生在湘乡金石乡安乐村刘家湾一个贫苦的家庭。按照封建包办婚姻，她成了毛顺生次子毛泽民的妻子。王淑兰生有三男二女，只有女儿毛远志长大成人，其余的都夭折了。

在毛泽东的教育和引导下，1921年春，曾经裹着小脚的王淑兰跟丈夫毛泽民，带着孩子离开韶山，前往长沙，走上了革命道路。

1925年2月至8月，毛泽东偕杨开慧，带着孩子回到韶山，一边养病，一边开展农民运动。王淑兰积极参加当地的雪耻会和农民协会，成为韶山妇女联合会的负责人。1926年王淑兰加入中国共产党。1927年，大革命失败后，毛泽东组织和领导秋收起义，随后上了井冈山。这时，毛泽民在上海等地从事党的地下工作。同年马日事变后，毛泽东的家乡遭反动派抄家、挖祖坟，上屋场被没收。王淑兰不得不离开韶山，转入地下活动。1929年被捕，1930年，彭德怀率领红军攻克长沙，王淑兰和难友们被解救出狱。当年的狱友、女共产党员罗醒出狱后英勇牺牲，王淑兰将其子王华初收为养子，并改名为毛华初。

王淑兰带着女儿毛远志和养子毛华初隐姓埋名，躲避反动派的迫害，后又与党组织失去了联系。他们历尽千辛万苦，尝尽了人间的种种辛酸。

1937年7月，王淑兰与党组织接上了关系，并参加了党的地下活动。1938年，通过长沙八路军驻湘通讯处，将两个孩子送往延安。毛远志入了党，参加了革命工作。中华人民共和国成立后在江西省妇联、中南军区司令部、中组部交通干部处等岗位工作。

毛华初先在抗大学习，后分配在延安做机要工作。中华人民共和国成立后曾任湘潭县委书记、湖南省教育厅副厅长等职。

中华人民共和国成立后，王淑兰由中共中央组织部安排到中共中央对外联络部招待所工作。后来，毛泽东让她回韶山毛泽东故居做接待工作，王淑兰毫不犹豫地答应了。王淑兰虽是一个“老革命”，但她从不计较个人的名利得失，始终保持一个普通劳动者的本色。她勤勤恳恳，任劳任怨，做着一些很普通的工作。1964年6月，王淑兰病逝，终年68岁。她安息在毛泽东故居对面青松环抱、绿树掩映的山坡上。22年后，有关部门为她落实政策，定为通常被人们视为高级干部的行政13级。

还有一件值得一提的趣事，足以反映毛泽东的家风。1938年，毛远志到延安以后，在延安7年半的时间里，虽说常常想念伯父毛泽东，但为避免打扰伯父，她去伯父那里的次数很少。

那时王淑兰在湖南家乡搞地下工作，一边讨饭，一边发展组织。毛远志为了帮助母亲解决生活困难，向伯父毛泽东提出给予资助的建议。可是正因为王淑兰是自己的亲属，毛泽东不能答应，而要她向组织上反映。后来按组织原则反映到陈云那里。陈云问毛远志要多少钱，毛远志说：“20元就够了。”陈云笑了，说：“20元不算多。”在知道这件事的人们中间，都觉得远志这孩子要求不高，能体谅组织上的困难。这封信虽说的都是家事，但充满了浓浓的亲情。

毛泽东给王淑兰回信，表示欢迎母舅家的两位表兄来北京，并具体安排到什么地方找什么人购买火车票，特别交代要“购买两快车头等火车票，并酌给路上用费”，可见对两位表兄到来的欢迎和厚待，也体现了毛泽东处事细心、尚实的态度。

信中提到的文涧泉，是毛泽东的七舅父、干父文玉瑞的次子，毛泽东的表兄。他是唐家坨（tuō）诸表兄弟中在中华人民共和国成立后第一批进京见到毛泽东的亲属，也是进京次数最多的一个，共有7次。其中有6次与毛泽东合影。

这里有件小事值得一提：有一次到北京时，文涧泉见毛泽东为许多乡亲添置衣服，就要求毛泽东也为自己添置一件长袍。毛泽东摇摇头，说：“平均每人只有一丈多布票，哪有这么多布来做长袍。”说完，嘱咐工作人员把自己的一件旧长袍拿出来送给文涧泉。文涧泉这次来北京住了一个多月，临走时，对毛泽东说：“我汽车、火车、轮船都坐过了，只有飞机没有坐过，我想坐飞机回去。”毛泽东劝说道：“坐飞机太贵了，还是火车好。”文涧泉不理解地说：“你一个国家主席，我不相信买不起飞机票。”毛泽东语重心长地说：“十一哥，不是我买不起飞机票，而是国家正在建设，大家都要节约，国家主席更应该带头啊！”一席话，说得文涧泉心悦诚服。毛泽东从自己的稿费中拿出300元给文涧泉，作为回家的路费，没花国家一分钱。毛泽东就是这样“亲者严，疏者宽”，耐心说服，又热情待客。

致毛宇居、文梅清、张有成[1]

（一九五一年九月四日）

禹居、梅清、有成三兄：

接到梅清、有成二兄的信，想来京一游，我认为可行。如禹居兄有兴趣，亦可同来一游。来者以三兄为限，他人不要来。到京大约可住一个月至两个月，太久则不方便。如三兄同意这几点，即可偕我这里派的同志一道来京。此祝
健吉！

毛　泽　东

一九五一年九月四日

——见于《毛泽东致韶山亲友书信集》第68页（中央文献出版社1996年8月第1版）。

【注释】

〔1〕毛宇居：毛泽东的堂兄和私塾老师。详见P34注释〔1〕。文梅清（1887—1960）：湖南韶山市大坪乡大坪村唐家坨（当时属湘乡。坨，tuō）人，农民。毛泽东大舅父、干父文玉瑞（文家排行老七，毛泽东也称他七舅父）的三子。张有成（1886—1953）：湖南韶山市大坪乡新联村人，木工。毛泽东少年时的朋友。大革命时期曾参加韶山农民运动。

【解读】

中华人民共和国成立，全国人民沉浸在翻身当家做主人的喜悦之中。而毛泽东当了中央人民政府主席，家乡韶山的亲友们更是特别兴奋。多年未见的牵念，再加一些旧思想的影响，一些亲友纷纷要求上京见毛泽东。其中一些人上京后，一住再住，不愿意离开。为此，毛泽东对于要求上京的亲友严格加以控制和管束，对上京人员、住的时间等都做了明确规定。在这封写给毛宇居、文梅清、张有成的信中，就明确地交代了这一方面的内容。

这封信中邀请赴京的毛宇居、文梅清、张有成都是与毛泽东关系密切、交情甚笃的人。毛宇居是毛泽东的堂兄和塾师，在前面的解读中已做过介绍（见本书P35）。文梅清是毛泽东的大舅父文正兴（文玉瑞）的第三子，也即表兄和干兄，长毛泽东6岁，一生务农，勤劳正直。大革命时期，受毛泽东的影响，积极参加农民运动。毛泽东对这位表兄十分关心。

张有成、张四维兄弟是毛泽东青少年时期的朋友，韶山市大坪乡人。少年时代毛泽东随父亲到唐家圫走亲戚，偶遇张氏兄弟来文家干活，与他们谈吐相投，感情融洽。张有成排行第一，张四维排行第四，毛泽东分别叫他们张一哥、张四哥。毛顺生对张有成的木工手艺非常赞赏，也很欣赏张四维的机灵、聪颖。毛家有什么紧要事情，比如制作家具、经营谷米、买卖猪牛等，均请他们帮忙，并做了他们的长期雇主。1911年辛亥革命爆发后，在长沙湘乡驻省中学读书的毛泽东，毅然参加了湖南新军，并邀请张有成和张四维及老表郭梓材等一同投军。

1925年，毛泽东回韶山开展农民运动，张有成和张四维都是农协骨干。有一次毛泽东化装成郎中，由张有成、毛福胜等人抬轿，毛福轩护送，离开韶山冲，准备去如意乡杨家庄开会。不料，途中在关公桥遇上七都团防局局长成胥生派来的团丁，前来上屋场捉拿毛泽东。他们机智、巧妙地与团丁周旋，最终脱险。

中华人民共和国成立后，由于分别已久，张氏兄弟以为毛泽东可能忘记他们了。1951年5月，张有成曾试着给毛泽东写了一封信，托文涧泉捎去。信中说："毛三哥，你还记得少年时和你一同玩耍的张一哥和张四哥吗？"

"苟富贵，勿相忘。"毛泽东是个最重感情的人，当然不会忘记。毛泽东一生始终惦记着有恩于自己或曾经帮助过自己的亲属、朋友。毛宇居、文梅清、张有成三人受到毛泽东的邀请，感到格外的荣幸。9月18日，三人从韶山出发，23日到达北京。在北京住的这段时间，毛泽东多次派人接他们到中南海住处相见，并留他们吃饭，同他们亲切地拉家常，询问家乡的土改和干部情况。毛泽东握着张有成的手说："张一哥，好不容易把你盼来了。"回忆起几十年前的往事，毛泽东不无感慨地说："那次，要不是你救了我，我都差点没命了！"毛泽东还将儿女叫来，介绍他们认识，让儿女称呼"伯父"。毛泽东又安排他们出席国庆观礼，派人带他们游览北京名胜古迹。临近回乡，毛泽东还为他们添置布料、被单、皮鞋、皮箱等物品。

毛宇居等人为毛泽东无微不至的关怀感动，更为毛泽东的言谈举止所感动。他们亲眼所见，毛泽东的饮食起居一切都很朴素，穿的是一件旧外套，吃的是家常饭菜；待人谦和，细致体贴，笑容和蔼；谈及旧友，十分惦念，感情真挚。谈及国民党挖掘祖坟，毛泽东付之一笑，轻蔑地说："咯辈（他们，指反动派），又奈我何？"毛泽东这些精神风范感染着他们，毛宇居回乡后应韶山学校邀请，还专门做了旅京见闻报告。

我国是礼仪之邦。毛泽东一向尊老爱幼，遵循我国传统的礼仪与习俗。毛宇居等一行应邀到京时，毛泽东已派车到火车站迎候。当晚，毛泽东留家乡客人在他的住处共进晚餐。毛泽东请毛宇居坐上席。毛宇居连连摆手，说："您是全国人民的主席，天地君师亲，我乃一介百姓，不合适。"毛泽东笑道："古人云：'一日为师，终身为父。'您坐上席是应该的。"几番谦让，毛泽东硬是让毛宇居坐了上席。毛泽东还念叨着《增广贤文》上的两句话："在家不会迎宾客，出门方知少主人。"

致文炳璋[1]

（一九五一年十月十日）

炳璋同志：

七月五日来信收到，谢谢你。乡里来人说，你家生活情况有了一些改善。你可安心在军队工作。此复，顺祝

进步

毛　泽　东

一九五一年十月十日

——见于《毛泽东致韶山亲友书信集》第71页（中央文献出版社1996年8月第1版）。

【注释】

〔1〕文炳璋（1920—1973）：湖南韶山市大坪乡大坪村唐家圫（当时属湘乡。圫，tuō）人。毛泽东的二舅父（文家排行第八，毛泽东也称他八舅父）文玉钦的三子文南松的次子，毛泽东的表侄。当时在中国人民解放军广东军区防空司令部通讯连工作。1954年转业后，在北京合成纤维厂工作。

【解读】

文炳璋是毛泽东八舅父文玉钦三子文南松的次子，毛泽东的表侄。

少年时代，文炳璋最崇拜的人就是表叔毛泽东。1949年6月，文炳璋参加共产党领导的地下武装——湘中纠察队，迎接和平解放。同年，他又参加了中国人民解放军。1951年7月，文炳璋在广东军区防空司令部通讯连服役时，写信给毛泽东，把家中的困难和自己的工作情况告诉表叔毛泽东。毛泽东接到信后不久，毛泽东的堂兄和私塾老师毛宇居、表兄文梅清、少年时的朋友张有成等人应邀到北京做客，毛泽东了解到文南松家中的一些情况，遂写了这封复信给其子文炳璋，嘱咐他安心在部队工作。

在信中，毛泽东劝慰表侄："乡里来人说，你家生活情况有了一些改善。你可安心在军队工作。"这普普通通的一句话，蕴藏在里面的是一种极其复杂的情感。中华人民共和国成立后，毛泽东曾饱含深情地说过，文家表兄过去因为他吃过很多苦头，现在解放了，也应该和广大人民一样过过好日子了。但作为全国人民的领袖，在广大人民群众生活仍旧十分困难的情况下，毛泽东怎么可能依仗自己的权力和地位去为亲属们谋取私利呢？他曾在给时任湘乡县县长刘亚南的一封信中写道："至于文家（我的舅家）生活困难要求救济一节，只能从减租和土改中照一般农民那样去解决，不能给以特殊救济，以免引起一般人民不满。"信中对文家亲人的严格要求是十分明显的。由于文家几位表兄的生活一度十分困难，表兄文南松家的生活更为困难，这使在部队服役的表侄文炳璋心中十分不安。因此，当毛泽东听到表兄文梅清等人介绍说，经过减租和土改，家中及乡里人民的生活有所好转并落实了军属政策时，毛泽东马上写信给表侄文炳璋，讲了上面的话，嘱咐他安心在部队工作。

信虽短，却蕴含了极其丰富的感情，充分体现了一位长辈对晚辈的慈爱和关怀。

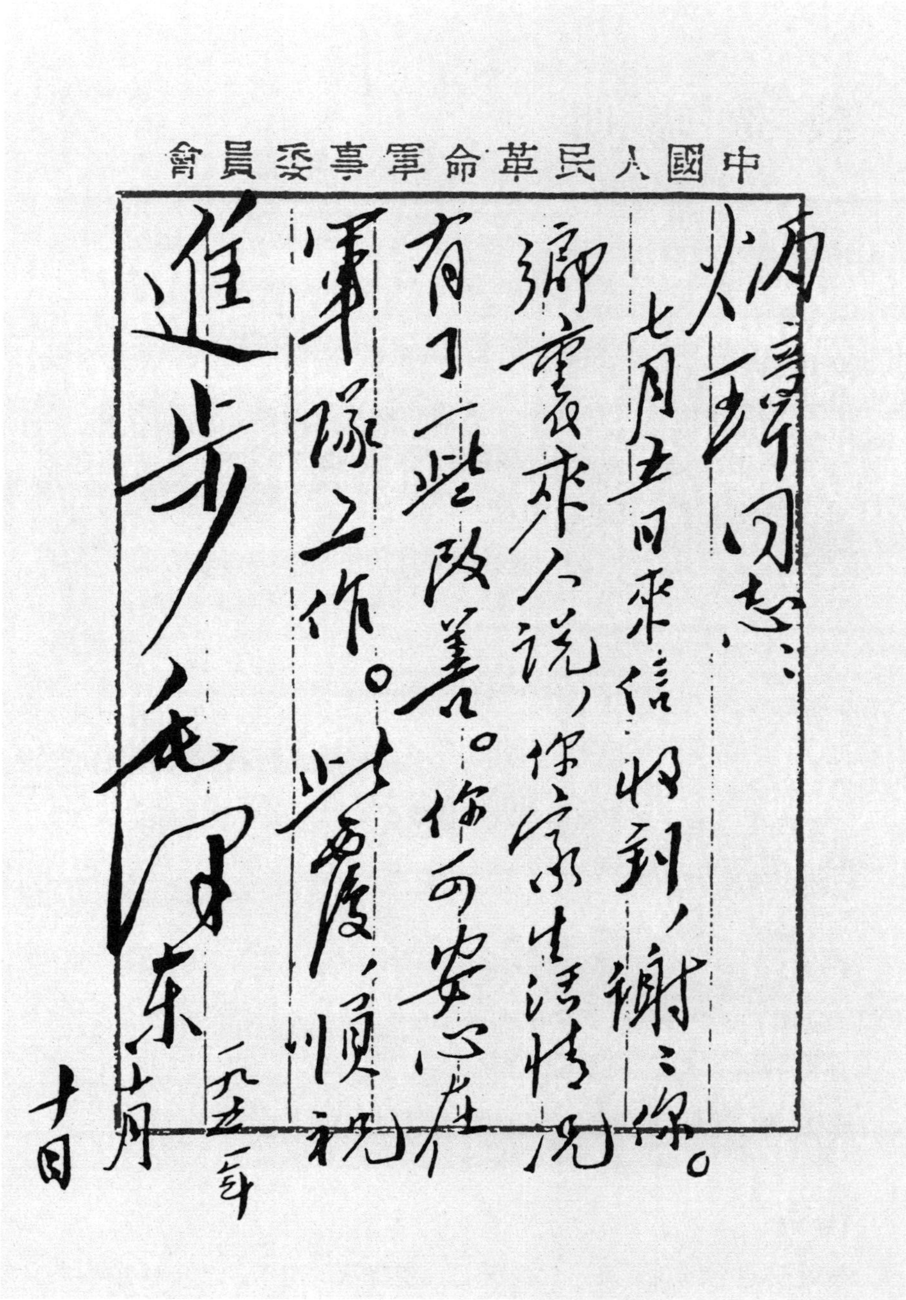

中國人民革命軍事委員會

炳璋同志：

七月廿日來信收到，謝謝你。鄉裏來人說，你家生活情況有了一些改善。你可安心在軍隊工作。此復，順祝

進步！

毛澤东

一九五一年十月十日

给文炳璋（一九五一年十月十日）

致贺晓明[1]

（一九五一年十月十日）

晓林[2]兄：

九月十四日来信收到，承你告以许多事情，甚为感谢。你家分了土地，生活有了保障，向你祝贺。你在乡耕作甚好，不要来京。此复，顺祝

努力

毛　泽　东

一九五一年十月十日

——见于《毛泽东致韶山亲友书信集》第70页（中央文献出版社1996年8月第1版）。

【注释】

〔1〕贺晓明（1900—1959）：湖南韶山市韶山乡韶光村人。毛泽东远房姑父的侄儿。农民。毛泽东的表弟。

〔2〕晓林：系“晓明”的笔误。

【解读】

贺晓明是毛泽东贺家姑父的侄儿，贺晓秋的胞弟，比毛泽东小7岁。毛、贺两家都住在韶山，又有亲戚关系，交情很好。

前面一九五〇年四月十九日《致贺晓秋》信的解读中说到，1925年、1927年毛泽东回乡开展农民运动和调查研究，贺晓明和贺晓秋都积极参加他组织的革命活动。大革命失败后，为了躲避反动军阀的追捕，贺家忍痛丢下祖产，开始了艰难的流浪生活，20世纪30年代，他们来到洞庭湖区的芦苇地，先后在岳阳的广兴洲、华容等地耕田度日。

1949年10月，贺晓秋、贺晓明兄弟得知毛泽东当了中华人民共和国的主席，万分高兴，两人先后给毛泽东写了信。但毛泽东出访苏联，直到第二年4月才于百忙之中抽空回信。此后，他们一直和毛泽东保持着联系，毛泽东也始终关心着他们兄弟俩全家的生活。毛泽东也给贺晓明写过回信。在这封信中，毛泽东对贺晓明一家在土改中分到了土地、生活有所保障表示欣慰。然而，对于贺晓明想进京一事，毛泽东持否定态度。

中华人民共和国成立之初，许多家乡亲友写信给毛泽东，表达对他的想念之情，或表达想去北京的愿望，或要求毛泽东介绍工作或安排学习。毛泽东复信表明自己的态度："不要来京"是复信中频繁出现的词语，同时希望他们在当地安心农业生产或工作。毛泽东的妻兄杨开智、罗石泉，堂弟毛泽连、毛泽荣，表兄弟文涧泉、文东仙，故旧陈玉英、李淑一，等等，和贺晓明一样，都接到过毛泽东这样殷切、诚恳的告诫和叮嘱。

毛泽东的亲友不能随便进京，也不能享有特权，更不能仗势欺人，不准借机升官敛财，但他们有一个特殊的权力，就是可以直接向毛泽东反映民情。这也是毛泽东对亲友的要求。每每对于亲友直言向他反映情况，毛泽东都表示感激，也很重视信中所说的乡间情形，不少信件都转给秘书室或相关单位去核查。贺晓秋、贺晓明兄弟俩多次写信向毛泽东反映民情，受到毛泽东的赞扬。在上文我们提到的毛泽东一九五〇年四月十九日给贺晓秋的信中，毛泽东明确表示他所反映的政府在各项工作中的缺点应当改正，"如有所见，尚望随时告我"。在这封信中，也对贺晓明告知乡间许多情形一事，表示十分感谢。

毛泽东给贺晓秋、贺晓明一家的信和对待他们的态度，可以明显看出毛泽东对待亲友的几个特点：一是希望通过他们了解社会情况，对他们如实反映情况表示十分欢迎。二是希望他们安于家乡，从事生产，反对他们依靠他谋取职业、学习机会。三是惦念旧情，对于他们生活上的困难，给予资助。

致毛泽连、毛远悌[1]

（一九五一年十二月十一日）

泽连、远悌：

来信收到。

慰生六婶[2]及泽连均不要来京，也不宜在长沙住得太久，诊病完了即回韶山为好。现在人民政府决定精简节约，强调反对浪费，故不要来京，也不要在长沙住得太久。

泽连家境困难，待将来再设法略作帮助，目前不要靠望。

远悌在印厂工作，可在工作余暇进行学习。

请你们代我问六婶好！

祝你们都好！

毛　泽　东

十二月十一日

——见于《毛泽东致韶山亲友书信集》第74页（中央文献出版社1996年8月第1版），《毛泽东书信选集》第391页（中央文献出版社2003年11月第1版）。

【注释】

〔1〕毛泽连（1913—1995）：号润发，湖南韶山市韶山乡韶源村人，农民。毛

泽东的四代堂弟。毛远悌：毛泽东的堂侄。详见P131注释〔1〕。

〔2〕慰生六婶：即蔚生六婶，毛陈氏（1887—1952），湖南湘潭烟山人。毛泽东的堂叔毛蔚生的妻子，毛泽连的母亲。当时患病在长沙治疗。

【解读】

毛泽连是毛泽东的嫡亲堂兄弟，更是毛泽东继妹毛泽建的弟弟，是毛泽东诸多亲属中关系最为亲密的一个。毛泽建牺牲后，毛泽东更为关心烈士的家人。

毛泽连是韶山毛家、唐家圫（tuō）文家、板仓杨家所有亲戚中，最先到北京与毛泽东相见的人，也是去北京次数最多的一个。从中华人民共和国成立前夕，到毛泽东去世的27年间，毛泽连共去北京11次。在毛泽东和毛泽连的交往中，更可见毛泽东的亲情和作为人民领袖处理家事的原则和立场，时至今日，仍然具有重要的教育意义。毛泽东在处理亲属事务中，有许多生动感人的故事，这里将用稍多的篇幅来说一说。

毛泽东在韶山的堂兄弟、族兄弟有几十位。在这些兄弟中，毛泽东和毛泽连的血缘关系最近。他们共一个曾祖父，即韶山毛家的祖先毛祖人（毛四端）。毛祖人生有二子：长子毛恩农（毛德臣），即毛泽连的祖父；次子毛恩普（毛翼臣），即毛泽东的祖父。毛德臣生有三子：贻盛（菊生）、贻富（梅生）和贻经（蔚生，即毛泽连的父亲。毛泽连后又过继给毛贻盛做抚子）。毛翼臣生有一子，即毛贻昌（毛顺生）。

毛泽东与毛泽连还有一层关系。毛泽连家人口多，生活困难，毛顺生家没有女儿。因此，毛泽连的胞妹毛泽建过继给毛顺生夫妇，成了毛泽东的继妹。毛泽东父母先后去世，毛泽建没有人抚养，只好回到原来的家里。因为穷，被嫁到杨林姓肖的人家做童养媳。毛泽东知道后，帮助她解除了婚约，带她到长沙读书。后来参加革命，不幸英勇牺牲。

1925年，毛泽东和杨开慧在韶山住了半年，就是毛泽连的母亲蔚生六婶为其照料生活的。

1949年8月，长沙和平解放。中国人民解放军第四野战部队路经韶山，打听毛泽东亲人的下落，找到了毛泽连、李轲，得知毛泽连非常想念毛泽东，于是派人护送其到长沙。经湖南省委安排，又护送至武汉。10月6日，驻武汉的人民解放军第四野战军首长谭政（时任四野副政委兼华中军区副政委）、陶铸（时任四野政治部副主任兼华中军区政治部副主任）接见了他们，并立即发电报至北京请示毛泽连、李轲二人赴京事宜。10月9日，毛泽东复电同意毛泽连、李祝华（李轲）二人可“许其来京看一看”，并嘱咐“对他们二人讲明是许其来京看一看，随即回到湖南乡下去”。次日，湖北省委派人护送毛泽连、李轲等人赴京。

中华人民共和国成立初期，百废待兴。毛泽东日理万机，夜以继日地工作，十分繁忙。当叶子龙秘书向毛泽东报告家乡来客时，毛泽东惊喜而急切地问：“韶山来客了？他们什么时候来的？”脸上流露出一片深情，仿佛连日来的疲倦一扫而空了。

第二天上午，毛泽东就接见了毛泽连和李轲。毛泽东一见到两位客人就说：“你们来了，多好啊！几十年没见面，我多想念你们，也想念家乡啊！”接着谈起了家常，谈到高兴处，几个人放声大笑。

在谈话时，毛泽东见毛泽连泪流不止，就问：“你这是么子回事？”毛泽连谈起了眼病的由来。20世纪30年代，毛泽连的姐姐牺牲不久，湘潭县警察局派兵闯入韶山冲，要来毛泽连家中抄斩，幸亏乡亲们暗中及时通风报信，一家人才免遭毒手。为了躲避国民党反动派的追捕，毛泽连只好白天到僻静地方帮地主种田做工，晚上躲到山洞里藏身。由于忧愤交集，生活十分艰苦，便患上了热眼病（即红眼病）。因得不到及时治疗，眼病越来越厉害，年复一年，左眼已经失明，右眼也看不清东西。

毛泽东知道了这一情况，随后嘱毛岸英带毛泽连到北京协和医院去看眼病。同时也安排李轲在另一家医院治疗痔疮。毛泽连做了两次手术，摘除了坏死的左眼球，也治了右眼。经过一个月零七天的治疗，直到右眼基本恢复才出院，回到毛泽东身边。李轲也治好了痔疮。

医生建议毛泽连左眼装上一个假眼球，毛泽连和“主席三哥”商量装假眼球的事。毛泽东说：“你自己可以拿主意。不过，依我看，视力恢复了，上假眼球就没有什么大的必要了。那只是一个模样，没有什么作用，还要花很多的钱呢。”毛泽连点头说：“听主席三哥的话，我就不装了。”

在这段时间里，毛泽东又了解了毛泽连一家的生活和身体情况。知道蔚生六婶（毛泽连的母亲）身体也不好，经常有病。毛泽连“家里孩子小，负担重，油盐钱也不足”。毛泽东极为关切，心情沉重而又语气温和地对毛泽连和李轲说：“毛泽连的困难我知道，我了解。连吃油盐的钱都没有，日子长了，谁也受不住，还会得病。不过，我是国家的主席，不是毛家的主席，我只能解决大多数人的困难，要为大多数人谋利益。如果只解决一个人的困难，只考虑自己的亲属，那么，我这个主席就当不成了。毛泽连的困难要靠当地政府解决，更要靠自己解决。”毛泽东接着说：“当然，有困难要钱用，比如冒（没有）油盐钱，我自己可以尽力资助一点，但是要打我的牌子，凭我的关系，去找公家的麻烦，那是不行的！”

这次毛泽连来京，毛泽东见他衣服单薄，就把自己正穿的一件大衣送给他，并和他们合影留念。行前把自己用过多年的皮箱，又装上蚊帐、棉衣、棉裤和衬衣，一并送给毛泽连，还让他们捎回几封信，分别给毛泽连的母亲、毛泽东的外婆家、毛泽东的堂兄毛宇居。还给他们二人随身带了些礼品。

在京期间，李轲请求毛泽东在北京或湖南替他找份工作。毛泽东严肃而又温和地说：“革命牺牲了成千上万的烈士，我们活下来的人才有今天，想事、办事都要对得起烈士才是。你们是种田人，还是回去把生产搞好，把生活搞好。”在和他们的谈话中，毛泽东还说过一段重要的话：“我当国家主席是革命的需要，是为人民服务。不能像封建社会一样，一当上皇帝，亲戚朋友都跟着沾光。我们共产党人是革命者，革命的目的，就是要解放工农大众，为绝大多数人谋福利。”毛泽东的话如黄钟大吕，言犹在耳，发人深思。

还有一件小事，也可见毛泽东对亲人的严格要求。毛泽连要回韶山时，江青叫卫士在管理科领了十斤片糖，准备给毛泽连带回去给孩子们吃和招待乡亲们。毛泽东见了这么一大包东西后，问“这是什么，这么多干什么？”江青回答说：“叫他们回去给孩子几颗糖，也高兴高兴。再则，他们在路上也吃点，回去招待乡亲们也要用点。”毛泽东听了很生气，说：“要这么多干嘛，有两斤就够他们用了，多余的还是退回管理科去。”江青只好留下两斤，把其余的都退回去了。

毛泽东接着语重心长地说：“我们国家现在还很穷，不要因为他们是我的亲属，就大手大脚。不注意节约，这是不行的。我的亲戚来了，这样随便地拿带东西，别的同志的家属来了怎么办？”

临上车时，毛泽东又喊住毛泽连，叮嘱道：“九弟，回去以后，如有困难，不要去麻烦政府，你的困难我知道，今后如能帮你接济点就接济一点。你是我的亲戚，凡事要带个好头，可不能大事小事都去找政府解决啊！”

毛泽连不停地点头。回韶山以后，他记住了“主席三哥”的话，并没有去找政府。倒是湘潭县委主动关心，将患病的毛泽连母亲送到了湘潭县医院治疗。在湘潭县医院治疗了一段时间后，病情未见好转，又转到长沙湘雅医院，仍没有明显疗效。毛泽连想到自己在北京治疗眼病很快就有所恢复的情况，想把母亲转到北京去治疗。毛泽连将这一想法与远房侄儿毛远悌商量后，写了一封信给毛泽东。不久就收到毛泽东这封回信。

毛泽东在不长的信中，两次劝止他们“不要来京，也不要在长沙住得太久”。毛泽东明确地指出：“现在人民政府决定精简节约，强调反对浪费。”对于毛泽连的家境困难问题，毛泽东告之：“待将来再设法略作帮助，目前不要靠望。”最后，毛泽东还嘱咐毛远悌：“可在工作余暇进行学习。”这封信，看似无情却有情。因为一个革命家，一个共产党人，革命的目的，决不是为了个人升官发财，也不是为少数人谋福利的，而是要解放工农劳苦大众，为绝大多数人谋福利，是替人民办事，为人民服务的。

通观全篇，这封信既有对亲属的严格要求，又有对亲属实际困难的关切。一个大公无私、情理兼济又不失亲情的伟人形象跃然纸上。信发出后不久，毛泽东从自己的稿费中给毛泽连寄去200元钱，帮助他母亲治病。经过一段时间治疗，蔚生六阿婆陈氏的病略有好转，毛泽连一家感动得热泪盈眶。

致陈玉英[1]

（一九五一年十二月二十三日）

陈玉英同志：

十二月十八日给我的信收到了，很高兴。已有人告诉我，你过去在反革命面前表示很坚决，没有屈服[2]。这是很好的。为了节省，你不要来京。你在长沙做工很好。你如果有困难，可告诉我，设法给你一些帮助。

祝你

身体健康！

毛　泽　东

一九五一年十二月二十三日

——见于《毛泽东书信选集》第394页（中央文献出版社2003年11月第1版）。

【注释】

〔1〕陈玉英：湖南宁乡人，1926年至1931年曾在毛泽东和杨开慧的家里当保姆。

〔2〕没有屈服：陈玉英随同杨开慧被捕在狱中时，被敌人威逼拷打，与杨开慧一样，坚贞不屈，无畏地说："你们要杀就杀我，留着开慧回去带小孩。"

【解读】

陈玉英出身贫苦，曾在毛泽东和杨开慧家做保姆。她尽心尽力，为革命做出过贡献。陈玉英既非毛泽东的直系亲属，也非旁系亲属，但毛泽东、杨开慧、杨老太太向振熙都把她当作亲人看待，对她十分尊重和爱护，对她的女儿无微不至地呵护和关怀。毛泽东多次致信她和她的女儿。由于她的特殊经历和关系，人们都习惯把这些信列入毛泽东家书，充分显示了伟大领袖与革命群众结成的一种超乎寻常的血肉深情。

自1926年底至1931年初，陈玉英在毛泽东和杨开慧家做保姆四年。曾跟随他们辗转于韶山毛家、板仓杨家、长沙望麓园、武汉都府堤，以至国民党监狱。在狱中，她英勇不屈，受到敌人严刑拷打时，她坚定地回答道："你们要杀就杀我，留着开慧回去带小孩。"杨开慧牺牲后，陈玉英和毛岸英仍被敌人关在监狱18天。后经多方营救，才被释放，在板仓住了四个月后回到了老家宁乡，靠讨米、做临时工谋生。

1949年5月，陈玉英去了长沙。后来，见到了受毛泽东之托来寻找"孙嫂"（即陈玉英）的毛雁英。于是，她给毛泽东写了封信，感谢毛主席对自己的关怀，表达了要去北京看看毛主席的愿望。毛泽东收到信后，立即写了回信，充分肯定陈玉英为革命做出的贡献，高度赞扬她坚强不屈的革命气节，说："有人告诉我，你过去在反革命面前表示很坚决，没有屈服。这是很好的。"但对她想来京和到北京谋事的想法，给予婉言劝阻，并耐心地说明道理："为了节省，你不要来京。"又热情相告"如果有困难，可告诉我"。

这封信虽然简短，但处处可以看出毛泽东的爱憎分明和他的为人处世。毛泽东很重视革命气节，凡对革命做出贡献的人都要对他做出回报。陈玉英虽然只是他们家的保姆，但毛泽东对她如同亲人。从毛泽东以后的信中也可看出，毛泽东不仅关心陈玉英本人，而且对她的女儿也视为革命的后代，无微不至地关心和爱护她，希望她成为对祖国有用的人。

致毛岳乔[1]

（一九五二年二月十五日）

岳乔兄：

二月八日来信收到，以前的信则未收到。你的生计困难，甚为系念，但我不便有所介绍，仍望在原地自己设法解决。此复，顺颂

清吉

毛　泽　东

二月十五日

——见于《毛泽东致韶山亲友书信集》第76页（中央文献出版社1996年8月第1版）。

【注释】

〔1〕毛岳乔（1892—1957）：湖南韶山市韶山乡韶山村人，毛泽东的族兄。曾在湘潭城内经营粮行。毛泽东在长沙读书和从事革命活动期间，同他交往较多。

【解读】

毛泽东眷念亲友，关心他们生活，但在与亲友交往中始终坚持不为

亲者徇私，不为故旧谋利。毛岳乔之父毛槐林儿时与毛泽东的父亲毛顺生常在一起玩耍，亲如手足。毛槐林后来经商，在湘潭城十八总开了个“宽裕粮行”。毛顺生在家乡务农，同时兼做一些谷米、生猪等生意。两家关系友好，一直保持着密切来往，毛顺生想让长子经商，曾经送他去“宽裕粮行”当学徒，当时毛岳乔也在跟随父亲学做生意，他和毛泽东年龄相近，一见如故，每日同起同居，建立起亲密的友谊。毛泽东想继续求学，奈何父亲不同意。而毛槐林和毛岳乔却赞成毛泽东求学，他们劝说毛顺生同意儿子上学。毛泽东在长沙读书时，寒暑假回乡看望父母，要路过湘潭，常去“宽裕粮行”落脚。

一次，毛槐林忽然接到毛泽东从长沙的来信，信中告知，他突然腹痛，经诊断患的是急性阑尾炎，要送医院动手术。毛槐林接信后，知道毛泽东急需医药费，便立即派儿子毛岳乔送钱到长沙去，并带去鸡蛋给毛泽东补充营养。

1918年，毛泽东从湖南省立第一师范学校毕业后，从事革命活动，常往来于长沙、湘潭、安源等地，他常去毛岳乔家中探望，与毛岳乔频繁往来。

大革命失败后，毛泽东率领部队上了井冈山，音讯难通，与毛岳乔一时失去了联系。直到国共第二次合作，毛泽东在延安收到了毛岳乔写来的信。原来，毛槐林病逝后，毛岳乔继承家业，由于不善经营，“宽裕粮行”倒闭，他靠给人帮工过活。毛岳乔信中反映他一家生计困难，要求让弟弟毛泽润和次子毛远道去延安学习，参加革命。毛泽东当即回信给毛岳乔，同意他们赴延安参加革命的要求。毛远道因故未能成行。毛泽润到达延安后，努力学习，积极革命，多次遭到敌人逮捕，1949年12月被敌人枪杀于成都郊外，年仅33岁。

1952年，毛岳乔的两个儿子均已成家，自己和继配及一子一女生活在一起。他无正式职业，靠做蚊烟及槟榔生意谋生，加上经营不善，收入甚微，家庭负担重，生活十分困难。他写信向毛泽东求援，请求帮助解决工作问题。毛泽东对毛岳乔的生活十分惦念，给他寄去了200元钱，接济其生活。后来毛泽东还指示中央办公厅秘书室给毛岳乔写过信，并前后四次给毛岳乔寄钱。但对于出面介绍工作一事，毛泽东在这封回信中明确表示了拒绝。此后，毛岳乔也没有去麻烦政府，一直靠摆小摊和喂猪自食其力。

毛泽东对毛岳乔的生活情况挂念于心。1954年9月，毛泽东在中南海接待族侄毛特夫，交谈中，他特意打听毛岳乔的情况。毛特夫回答说："还在，他身体比过去差了一点。家里人还好，后人都不错，都参加了革命工作。"毛泽东听了十分高兴，担忧的心情终于放下，用韶山话说道："就要咯样，咯就好！"

从毛泽东和毛岳乔的交往经历看，两人是交往甚密的少年时代朋友。毛泽东对他生活十分关心，多次慷慨解囊，以金钱相助。但毛泽东对亲友的关爱总是公私分明的，私事绝不与公事夹在一起，而是鼓励亲友自力更生，艰苦奋斗，靠自己的辛勤劳动改善生活。

1957年春，毛岳乔病逝于湘潭，享年65岁。毛岳乔去世后，其遗孀写信将哀讯告诉毛泽东。毛泽东嘱咐秘书室寄去200元钱，作为毛岳乔的安葬费。

致毛泽连[1]

（一九五二年六月二十三日）

润发贤弟：

五月八日的信收到。

你的眼病，脚病未好，甚念。仍以在家养治为宜，不要来京。因为湘雅医院诊不好，北京也不见得诊得好。

此复。

毛　泽　东

六月二十三日

——见于《毛泽东家书》第142页（中原农民出版社1993年10月第1版）。

【注释】

〔1〕毛泽连：号润发，毛泽东的堂弟。详见P177注释〔1〕。

【解读】

前面《致毛泽连、毛远悌（一九五一年十二月十一日）》信的解读中说到，毛泽连在北京治疗眼病，摘除了失明的左眼球，右眼视力有所恢复。回湖南家乡以后，在湘潭县委的关心下，毛泽连母亲，蔚生六阿婆先后到湖南湘潭医院和长沙湘雅医院治疗，病情有所好转。毛泽东知道后，感到很欣慰。可是，天有不测风云。有一次，毛泽连垦荒时，从山坡上跌了下来，将腿摔成了重伤，连动弹都很困难。他生怕成了残疾人，家中还有一双儿女尚小，这一家今后怎么办？因而愁肠百结。本来视力就不好的右眼又发红了，变得看不清东西了。在万般无奈的情况下，1952年5月8日，他又给“主席三哥”写了一封信，诉说了自己的困境，并提出进京治病的要求。于是，毛泽东写了这封回信。

对堂弟毛泽连来信说要来京诊治眼疾的请求，毛泽东在回信中，直言劝告毛泽连仍留在家乡治病，不宜来京。毛泽连读过这封来信，遵照“主席三哥”的话做了。他自己虽然困难，但也能理解“主席三哥”的良苦用心。毛泽连家是革命家庭，生活的困苦，毛泽东是知道的。但是，这种困难，他希望能让毛泽连自己克服，他自己克服不了，就帮助他克服。

毛泽东重私情但不违革命原则，一直不让毛泽连去找地方政府，他不能也不愿给他的亲戚享有特权。毛泽东是严厉的，也是温情和慈孝、善良的。后来，毛泽东几次从自己的稿费中抽出钱来，帮助毛泽连克服困难。在毛泽东的亲友中，毛泽连去北京次数最多。毛泽东很挂念这位堂弟，也十分孝敬蔚生六婶，但又从不利用手中的权力为他解决个人问题。

致毛宇居[1]

（一九五二年七月十一日）

宇居兄：

归去后来信均收到，甚慰。有复邹普勋[2]一信，请代转交。接毛泽连[3]的信，六婶[4]病故，他自己又跌断了脚，不知实际情形如何，脚尚有诊好的希望否？他未提到要钱的话，不知他的生活尚过得去否？暇请查明见告。接张有成[5]兄的信，乡里粮缺猪贱，不知现在好些否？方便望将乡情赐告。为了了解乡间情况，拟待秋收以后，邀李漱清[6]、邹普勋二位来京一游，请你征求他们二人意见告我为盼！顺致

敬意

毛　泽　东

七月十一日

——见于《毛泽东致韶山亲友书信集》第78页（中央文献出版社1996年8月第1版）。

【注释】

〔1〕毛宇居：毛泽东的堂兄和私塾老师。详见P34注释〔1〕。

〔2〕邹普勋：毛泽东的邻居和少年时的好友。详见P237注释〔1〕。

〔3〕毛泽连：毛泽东的堂弟。详见P177注释〔1〕。

〔4〕六婶：指毛陈氏（1887—1952），湖南湘潭烟山人。毛泽东的堂叔毛蔚生的妻子，毛泽连的母亲。

〔5〕张有成：毛泽东少年时的朋友。详见P168注释〔1〕。

〔6〕李漱清（1874—1957）：湖南韶山市韶山乡韶北村人。少年时代的毛泽东常到李漱清家求教，深受李漱清民主进步思想的影响。大革命时期曾去广州协助毛泽东主办《政治周报》，在湖南省农民协会清理逆产委员会工作。马日事变后返乡，继续执教。中华人民共和国成立后，任湖南省文物管理委员会委员、湖南省文史研究馆馆员。

【解读】

从1949年11月到1954年10月，毛泽东与邹普勋有多次书信往来，两次邀请其赴京聚谈，关心邹的病体，接济他的生活。1952年7月，邹普勋致信毛泽东，告诉他家中生活正一天天地改善。毛泽东得知后非常高兴，给他复信说：

普勋兄：

七月一日的信收到。你的生活提高一些，甚慰，为你庆贺。

秋收以后，如你愿意来北京一游，可以偕李漱清先生一道来京住个把月。李漱清先生去年来信想来北京一次，但不知他今年尚有此种兴趣否，他的身体能出远门否？

顺祝

安吉

毛　泽　东

七月十一日

在《致毛宇居、文梅清、张有成（一九五一年九月四日）》信的解读中曾说到，张有成是毛泽东少年时代的朋友，毛泽东称之“张一哥”。大革命时期，张有成积极参加农民运动，曾帮助毛泽东脱险。中华人民共和国成立后，张有成写信给毛泽东，表达了自己想进京看望毛泽东并游览古都的愿望。

1951年9月4日，毛泽东致信毛宇居、文梅清、张有成三人，邀他们一同赴京。回到家乡后，张有成按毛泽东的嘱托，多次写信向毛泽东反映家乡的情况，其中有一封信，说到乡里“粮缺猪贱”。张有成豪爽好饮，但当时湖南湘乡大坪一带粮食歉收，口粮紧缺，为了节约粮食，乡政府提出禁止酿酒。张有成对此颇有些不解。毛泽东接到他的来信后，很快给他回了一信：

有成兄：

前后来信都收到了，谢谢你。你于阴历五月初一给我的信很好，使我晓得乡间许多情形。粮缺猪贱，近月好些否？文家诸位给我的信均收到，便时请你告他们一声，并问他们好。乡里禁酒是因缺粮，秋收后可能开禁，你们也可以喝一点了。此复。

顺问

安好！

毛 泽 东

一九五二年七月七日

毛泽东在写给毛宇居的这封信中，再次对张有成来信中反映的“乡里粮缺猪贱”的情形表示忧虑，可见毛泽东对乡间民情的关注。

李漱清，1874年7月生，比毛泽东年长近20岁。家住韶山冲下清湖堤涧下陈家桥李家屋场（今韶山乡韶山村），距毛泽东家上屋场仅3里路。李是一位思想开朗、博学多才、充满爱国热情的知识分子。他毕业于湘潭师范和地方自治法政专门学校。他较早接受新思想，反对封建迷信，主张废庙宇、兴学堂，遭到豪绅们的反对和诽谤，污蔑他为“过激派”。毛泽东虽未正式在他门下读书，但经常到他家去借书和请教。毛泽东好学上进，深得李漱清的喜爱和器重。

1910年，毛泽东父亲毛顺生要将毛泽东送到湘潭一家米店当学徒时，李漱清和毛泽东的塾师毛麓钟、毛宇居以及毛泽东表兄王季范等说服毛顺生，让毛泽东进学堂深造。1925年，毛泽东回韶山开展农民运动，李漱清支持当小学教员的儿子李耿侯在毛泽东领导下参加打土豪、分田地运动。不久，李耿侯加入中国共产党，成为韶山第一个党支部的五名党员之一。后来李耿侯英勇牺牲。

1925年，国共合作时期，毛泽东去广州，担任国民党中央宣传部代部长，主编《政治周报》。毛泽东邀请李漱清去协助办报。1927年马日事变后，李漱清回到家乡，仍任小学教员。后来，毛泽东在接受斯诺采访时，还讲到李漱清对自己的影响很大。

1952年9月下旬，应毛泽东之邀，李漱清与邹普勋一同到京，并与张干、罗元鲲等受到毛泽东的热情接待。在一次会见中，毛泽东对李漱清说：“我小时受您许多教诲，您还是我的民主思想的启蒙老师呀！”李漱清则说：“太公八十遇文王，如今盛世升平，我这老朽也是人寿年丰精神爽啊！”在京期间，毛泽东不仅派人陪同李漱清等参加国庆观礼，游览古都名胜，还为他们添衣赠物送去零用钱。同年11月，李漱清从北京回到韶山后，经中共湖南省委统战部推介，湖南省人民政府聘请李漱清为省文物管理委员会委员，后改任省文史研究馆馆员。

为了解邹普勋、毛泽连、张有成等人来信中所讲之事的详细情形，毛泽东给毛宇居写了这封信。毛泽东颇重乡情、亲情、友情。信中，既有对六婶（毛泽连之母）病故、堂弟毛泽连跌断脚“生活尚过得去否”的关切之情，又有“乡里粮缺猪贱，不知现在好些否”的对民情的体察之情，还有“为了了解乡间情况，拟待秋收以后，邀李漱清、邹普勋二位来京一游”的念旧之情，更有与宇居兄书信往来亲密无间的信任之情。

通过这封信，我们可以看到，毛泽东对家乡及家乡的亲朋好友们怀有深厚的感情。信中所言，句句关情，读来亲切感人，让人深切感受到人民领袖毛泽东对家乡及家乡的亲人们发自内心的真挚情感。

致毛宇居[1]

（一九五二年八月二十一日）

宇居兄：

来信收到。李漱清[2]老先生及邹普勋[3]兄前曾表示，希望来京一游。我认为可以同意，借此了解乡间情况。但请你向他们二位说清楚：（一）须他们自己下决心，出远门难免有风险；（二）到京住一至两个月即返家乡。如他们同意这两点，则可于阳历九月间动身北来。到长沙湖南省委统一战线部刘道衡部长处接洽，领取来京路费，办理乘车事宜。介绍信一件，请予转致李、邹二位。其余要来京者，今年不便招待。

顺候近安。

毛　泽　东

一九五二年八月二十一日

——见于《毛泽东致韶山亲友书信集》第81页（中央文献出版社1996年8月第1版）。

【注释】

〔1〕毛宇居：毛泽东的堂兄和私塾老师。详见P34注释〔1〕。

〔2〕李漱清：乡村教师。毛泽东在乡时，常去他家看书、请教。详见P191注释〔6〕。

〔3〕邹普勋：毛泽东的邻居和少年时好友。详见P237注释〔1〕。

【解读】

毛泽东顾念与李漱清、邹普勋的乡情旧谊，理解二人“来京一游”的愿望。在给毛宇居的信中，表示“同意”他们来京，并具体明确地交代了来京的有关事项，既重乡亲感情，又想“借此了解乡间情况”，体现了毛泽东细致、周到、负责的处事风格和时时注意调查研究、了解基层人民情况的领导思想。

致毛宇居[1]

（一九五二年十月二日）

宇居兄：

李邹[2]二位来京，收到你的信，并承佳贶[3]，甚为感谢。

毛泽连[4]来信叫苦，母尚未葬，脚又未好，兹寄人民币三百万元[5]，以一百万元为六婶葬费，二百万元为泽连治病之费。请告他不要来京，可到长沙湘雅医院诊治，如湘雅诊不好，北京也就诊不好了。

另寄二百万元给泽荣（逊五）助其家用。他有信来，我尚未复，请转告他，不另写信了。

以上均请费神转致为荷！顺问

康吉

毛　泽　东

一九五二年十月二日

这些钱均是我自己的稿费，请告他们节用。

——见于《毛泽东致韶山亲友书信集》第83页（中央文献出版社1996年8月第1版）。

【注释】

〔1〕毛宇居：毛泽东的堂兄和私塾老师。详见P34注释〔1〕。

〔2〕李邹：指李漱清和邹普勋。

〔3〕贶（kuàng）：本义为赏赐，这里指赠送的礼品。

〔4〕毛泽连：毛泽东的堂弟。详见P177注释〔1〕。

〔5〕三百万元：旧币，合1955年3月1日起发行的新人民币三百元。

【解读】

1952年6月，毛泽连的母亲、毛泽东的婶母毛陈氏（蔚生六阿婆）病故，毛泽连自己也在不久前的一次垦荒中跌伤了脚。毛泽连贫病交加，母亲无法安葬，急得瘦了许多，加之多年的眼病又犯了，无奈之下，他接连给毛泽东写了两封信，诉说自己的苦衷，并希望在母亲安葬后，前往北京治疗。

与此同时，毛泽东的另一位堂弟毛泽荣也写信给毛泽东，反映家庭生活极度困难，渴望得到"主席三哥"的照顾。

1952年9月下旬，李漱清、邹普勋应毛泽东之邀赴京，他们带来了毛宇居写给毛泽东的信，毛泽东很快给毛宇居写了这封回信，并请他帮助了解实际情况，并处理家中的事务。

毛泽东是一位很重感情、人情味很浓的领袖。对于与自己血缘关系最近而现在又遇到了困难的堂弟毛泽连、毛泽荣十分关心。毛泽东对六婶一向非常敬重、热爱，得知六婶去世的消息，不胜悲悼，表达了自己的一片孝心。

在这封信中，毛泽东在给毛泽连寄去葬母和治病费用的同时，叫他不要来京，并给他讲了许多道理，"另寄二百万元给泽荣（逊五）助其家用。"对他们的困难一一解决和妥善安排。在附笔中有特别交代"这些钱均是我自己的稿费，请告他们节用"。全信语言细微周到，语重心长，既重亲情，又不失原则，读来令人敬佩。

从这封信中，也可看出，毛泽东和堂兄兼塾师的毛宇居，在漫长的岁月中，建立了一种特别亲密的关系。毛泽东不仅从毛宇居那里汲取了文史营养，也为先生的为人所折服。在诸亲友中，对他的信赖超过了其他人，事情托他去办，毛泽东放心。毛宇居是崇奉四书五经的儒士，他向往光明，向往真理，有强烈的爱国心，拥护革命事业，为革命、为家乡、为亲人做了许多好事。

致毛爱桂[1]

（一九五二年十月十日）

毛爱桂先生：

你的来信早已收到。多年不见，甚为高兴。要你儿子出来搞一点随时随意的工作，我亦十分高兴。可向所属当地机关申请。

毛 泽 东

一九五二年十月十日

——见于《毛泽东家书》第199页（中原农民出版社1993年10月第1版）。

【注释】

〔1〕毛爱桂：毛泽东的族叔。详见P154注释〔1〕。

【解读】

毛爱桂是毛泽东的族叔，上屋场故居的邻居。因视力极低，参加劳动有困难，老伴又有病，儿子毛泽林才14岁，一家人生活十分困难，不得不求助于毛泽东。他让外甥代笔，给毛泽东写了下面一封信：

敬爱的毛泽东主席：

您老人家好！

您离开韶山几十年了，为了穷人的翻身，您到处奔走，今天中国革命成功了，没有哪个不欢迎、不高兴。

主席，我是毛竹平之子毛爱桂，家里有6口人吃茶饭，就我一个人劳动。我眼睛又不好，只有一点亮，没有钱医治。其实，有钱治好的话，我还是可以参加劳动，免得增加国家的负担。

主席，我有一个儿子，已有14岁了，读过初小四年、高小两年。我想培养他出来为国家做点事情，可惜没有能力。感谢您老人家的关怀，如果有机会学习，你介绍他出去学习几年好吗？……

信寄走后，毛爱桂一家人后悔不迭。因为他们知道，毛泽东的一些至亲要求帮忙介绍工作的，全被毛泽东拒绝了，自己不过是毛主席的族戚邻居而已，主席还会考虑这件事吗？这不是给他老人家添麻烦吗？再则，过去在毛爱桂家最困难的时候，毛泽东对他家是有过恩情的。万万想不到的是，时隔不久，毛泽东不但给毛爱桂回了信，而且答应了毛爱桂所提的要求。

毛泽东的回信，在韶山引起不小的反响，毛爱桂更是喜出望外。他的儿子毛泽林被地方组织安排到株洲糖烟酒公司工作，后又调到韶山粮食局。毛爱桂的儿子成为毛泽东亲笔回信向当地政府推荐安排工作的特例。

从这件事中，让人们看到了毛泽东一生为劳苦大众，全心全意为人民服务的精神品质。他婉拒了许多至亲安排工作、帮助升学的要求，却满足了不是至亲但生活确实困难的邻居的愿望。他大公无私，越是至亲要求越严格，为我们做出了光辉的榜样。

致毛泽荣[1]

（一九五三年五月二日）

泽荣贤弟：

四月九日给我的信及惠赠食品，均已收到，谢谢你。

因你眼睛有病，路上行动恐怕不方便罢，似乎不必来京看我。你有困难，可以相告，替你设法解决。

此复。祝你身体健康！

毛　泽　东

一九五三年五月二日

——见于《毛泽东致韶山亲友书信集》第86页（中央文献出版社1996年8月第1版）。

【注释】

〔1〕毛泽荣：毛泽东的堂弟。详见P87注释〔1〕。

【解读】

中华人民共和国成立后，毛泽荣和韶山的亲友们看到毛泽东当上了中央人民政府主席，无不欢欣鼓舞。毛泽荣给毛泽东写了一封信，同毛泽东取得联系。不久，毛泽连与李轲到京看望毛泽东后返湘，他们专程到杨林送去了毛泽东带给毛泽荣的礼物和信。毛泽荣当即便写一信，要求去北京，面见三哥。

在企盼中，一年过去了。其间他又给毛泽东写了两封信，但毛泽东没有回信。毛泽荣因此有些想法，“只怕三哥真的把我们疏远了”。非亲非故的人都一批一批去了北京，怎么三哥就没有时间给小弟回一封信，怎么我毛泽荣去一次北京就这么难呢？毛泽荣与三哥有20多年未见面了，因而充满怀念之情，一个心思地要进京。他又托人给三哥写信，还托人给三哥带去茶叶、火焙鱼等家乡土特产，也带去了尽快进京的愿望。他不知道红墙内的三哥有多么忙。中华人民共和国成立初期，百废待兴，工业、农业、国防、科技、工商、物价、民主党派、群众生活，哪一样不要主席来决策、治理？

毛泽荣家的困难毛泽东是知道的，毛泽荣迫切希望早日进京与三哥会面，毛泽东也是理解的。1952年10月2日，毛泽东在给毛宇居的信中，请他向毛泽荣转达致意，并寄了200元钱给毛泽荣以“助其家用”，帮他渡过生活中的难关。1953年4月，毛泽东收到毛泽荣的来信和寄来的食品后，终于给他回了这封信。

毛泽荣几次写信要求进京看望“主席三哥”，但毛泽东一直未答应他的要求。这其中自有对亲属严格要求的原因，但也有另外一个更直接的原因，正如信中所说：“因你眼睛有病，路上行动恐怕不方便罢，似乎不必来京看我。”在对待亲属生活困难的问题上，毛泽东一方面严格要求，希望他们自己努力克服，不随便向当地政府伸手；另一方面，毛泽东尽可能以一己之力，用自己的稿费给亲属以接济，帮助亲属解决生活中的实际困难。在这封信中，毛泽东不无关切地对毛泽荣讲：“你有困难，可以相告，替你设法解决。”字里行间充满了对堂弟的一片深情厚意。

致毛宇居[1]

（一九五三年八月二十七日）

宇居兄：

别后来信久已收到，甚谢。尊恙[2]已愈，甚慰，尚祈注意珍摄[3]。

乡间生产、贸易、公粮等项情形，暇时望告一二。

顺祝

康吉

毛　泽　东

一九五三年八月二十七日

——见于《毛泽东致韶山亲友书信集》第90页（中央文献出版社1996年8月第1版）。

【注释】

〔1〕毛宇居：毛泽东的堂兄和私塾老师。详见P34注释〔1〕。

〔2〕恙：病。

〔3〕珍摄：保重身体。珍：珍重。摄：保养。

【解读】

1952年冬，原韶山村第三村校要扩建，并迁址于张家山。这所学校的前身是毛氏族校，由毛麓钟、毛简臣创建于1921年秋。地址在毛氏宗祠。后来，毛氏族校分为两校，一为毛氏宗祠的“兴华小学”，毛楚雄烈士曾在此校读书；一为毛震公祠的“震东小学”。1950年，兴华小学由人民政府接办，改为公办学校，叫韶山第三村校。1952年改名为湘潭县韶山小学。

1952年11月，毛宇居受韶山乡政府委托前往北京，请毛泽东为韶山小学题写校名。毛泽东问：“题什么名好呢？”毛宇居想了想说：“就题湘潭县韶山小学吧。”毛泽东考虑了一会儿说：“还是题韶山学校吧。”并且解释说：“为什么硬要叫小学呢？将来学校可以发展嘛，可以办中学、大学，还是叫‘韶山学校’好，这样，可以不限制发展，一次就写全了！”毛宇居听了，连声赞同：“好！好！”心想还是主席考虑得长远。说完，毛泽东展纸挥毫，写了几张“韶山学校”校名，以供选择。

此次进京，毛宇居住了两个多月，直到次年年初返乡。其间，他多次受到毛泽东的热情招待，这使年逾古稀的毛宇居内心非常的感激。

回到家乡后，毛宇居即致信毛泽东对他在京期间的热情招待表示感谢，并把家乡的情形一一告知毛泽东。毕竟已是72岁的高龄，毛宇居不堪车马劳顿，不久就大病一场。对此，毛泽东十分惦念。

1953年8月，当毛泽东听到宇居兄已经痊愈的消息后，给毛宇居写了这封信。

1953年，国内粮食的形势日趋严峻，一方面粮食在逐步地增产，但另一方面粮食的需求量也在大幅度上升，政府只能采取多收购的办法来解决粮食需求的上升。这样，农民手里留粮少了，许多人意见很大。而一些乡村党政干部任意改变上边的规定，在粮食征购工作中采取了强迫命令式的工作作风，这在农民中普遍造成了不满的情绪。韶山的一些乡亲也写信给毛泽东，反映农民生活和公粮收购等方面的问题。毛泽东对此极为关注，为了更全面地了解和掌握乡间生产及公粮收购等方面的情形，毛泽东在信中希望宇居兄在暇时能将乡间生产、贸易、公粮等情形告知一二。

前面一九五二年十月二日《致毛宇居》信的解读中提到，在家乡韶山，毛宇居是毛泽东可信赖、可依靠的大哥。他不仅以自己的人品、学识得到毛泽东的尊重，同时他更以自己的能力和一腔热情，尽心尽意地帮助毛泽东处理了许多家乡亲朋故旧的琐碎事务，实实在在地为堂弟分忧，使毛泽东少分散精力，而且不负毛泽东的重托，经常向毛泽东反映乡间的情况，关心国事和民生疾苦。对这样一位师长，毛泽东是感激不尽的。

在这封信中，“甚谢”“甚慰”“尚祈注意珍摄”等语，表达了毛泽东对宇居兄发自内心深处的真情和厚意。“乡间生产、贸易、公粮等项情形，暇时望告一二。”不仅反映了毛泽东一贯体察下情、注重调查研究的工作作风，同时也说明了毛泽东对宇居兄能言一般人之不能言、不敢言的信任感。全信言辞虽简，家事、国事齐上心头。人民领袖对百姓、亲友万事关心，读后让人感慨万千。

致文涧泉[1]

（一九五三年九月八日）

涧泉兄：

惠书[2]收到。

承告乡情，甚谢。

来京及去上海等地游览事，今年有所不便，请不要来。赵某[3]求学事，我不便介绍，应另想法。此复。

顺祝康吉，并候[4]各戚友安好！

毛　泽　东

一九五三年九月八日

——见于《毛泽东致韶山亲友书信集》第91页（中央文献出版社1996年8月第1版）。

【注释】

〔1〕文涧泉（1881—1967）：毛泽东的表兄和干兄。详见P112注释〔1〕。

〔2〕惠书：敬称对方的来信。书：书信。

〔3〕赵某：文涧泉外婆家的一个亲戚。

〔4〕候：问候。

【解读】

从中华人民共和国成立伊始到20世纪50年代中期，毛泽东北京的菊香书屋里，来自家乡的客人很多，其中有毛泽东的表兄、堂兄，有他的老师、同学。对于这些乡亲来客，毛泽东始终把握着“亲者严，疏者宽”的原则，不轻易超越规矩。在这封信中，针对文涧泉“来京及去上海等地游览事”，介绍“赵某求学事”，毛泽东都态度鲜明地给予回绝。信虽简短，但理正辞严，再次体现了毛泽东对自己亲戚严格要求的崇高风范。

文涧泉是毛泽东诸表兄中进京次数最多的一个，从1951年到1962年共有7次，其中6次与毛泽东合影。毛泽东毫无掩饰地对他的客人称赞文涧泉说：我就是喜欢文涧泉表兄这样的人，因为他是个老实人，是个讲真话的人。

1958年，全国各地掀起了“大跃进”的高潮，为了追求高速度，各种高指标、瞎指挥、浮夸风等“左”倾错误严重泛滥起来。韶山，自然也不例外。一些人不顾客观事实和效果，要求地翻三尺，水稻插秧要插四六寸，甚至四四寸。文涧泉凭着老农的经验，发表了不同看法，受到了批判，还被插了白旗。他咽不下这口气，1959年3月，到北京向“表弟毛泽东”告“御状”。毛泽东认真地听了他的诉说，不时地点头。毛泽东说：“你的意见是对的，合理密植才是科学的态度。”

文涧泉回乡不久，毛泽东就在《党内通信》上，对密植问题做了指示，要求各地农村改变硬性规定密植幅度的做法。毛泽东这一指示显然是吸收了广大农民，其中也包括文涧泉的意见。

1961年7月，文涧泉再一次来到北京。这一次也是来反映问题的。他担心自己识字不多，水平有限，特地请了他的外侄、毛泽覃原配赵先桂的继子赵迎一起来。赵迎是学校的一位教师。毛泽东非常关心农村群众的生活情况，提了很多问题，文涧泉和赵迎都一一做了回答。毛泽东见赵迎讲话很大胆，也很直率，高兴地说：“赵老师，你今后就做我的通讯员，把乡下的情况都写信告诉我，好吗？”从北京回来后，文涧泉和赵迎经常写信给毛泽东，反映乡间的情况，受到了毛泽东的肯定。

还有两件小事，可见毛泽东对亲戚的严格要求和处处带头以身作则。有一天，在菊香书屋，文涧泉见毛泽东给韶山来的很多亲友添制了衣服，便向毛泽东提出：“也给我缝一件长袍吧。”毛泽东摇了摇头说：“不行，平均每人只有一丈多布票，哪有这么多布来制长袍呢？”毛泽东拒绝了他的要求。毛泽东是个重情义的人，他叫工作人员将他自己的一件穿过的旧袍子拿出来，给了文涧泉。

又有一回，文涧泉来过北京几次了，想坐飞机开开洋荤。这次临走时，对毛泽东说：“汽车、火车、轮船我都坐过了，我想坐飞机回去。”毛泽东听了，觉得不行，劝说道：“坐飞机太贵，还是火车好。”文涧泉不高兴地说：“你当主席的，我就不相信买不起一张飞机票。”毛泽东语重心长地说：“十一哥，不是我买不起飞机票，现在国家正在建设，缺钱花，大家都要节约，主席更应该带头啊！”毛泽东为了安慰文涧泉，从稿费中支出300元钱给他，作为回家的路费。

致毛月秋[1]

（一九五三年十月四日）

月秋同志：

你给我的信收到。

为了了解乡间情况的目的（不是为了祝寿。为了节约，无论哪一年均不要祝寿，此点要讲清楚），我同意你来京一行。尚有毛翼臣[2]（不知住什么地方）、文东仙[3]（唐家圫）二同志过去来信，表示要来我处一看。如你及乡间其他同志同意的话，你可约同他们二位一道来京。除你们三人外，其他没有预先约好的同志，一概不要来。你们到京住一个短期仍回家乡。

你们来时，即持此信先到长沙湖南省委统一战线部，找那里的同志帮忙，发给你们三人来京的路费，并请他们派一人送你们来京。

另请你持此信，到韶山、石城[4]两处乡政府及当地的两个区政府及党的负责同志处，和他们商量，如果他们同意的话，请他们将两乡两区的情况及迫切需要解决的困难问题，写成书面材料，交你带来，作为参考之用（不是为了直接解决乡间问题）。

你们三人来时，不要带任何礼物。

你们到京时间，以早为好，希望不迟于阳历十月二十至二十五日。

顺致敬意。

毛　泽　东

一九五三年十月四日

——见于《毛泽东致韶山亲友书信集》第93页（中央文献出版社1996年8月第1版）。

【注释】

〔1〕毛月秋（1879—1957）：名毛贻明，号湘圃，湖南韶山市韶山乡韶源村人，农民。毛泽东的远房族叔。1925年参加韶山农民运动，同年加入中国共产党。曾任中共韶山慈悦支部书记。中华人民共和国成立后，在韶山毛泽东故居做接待工作。

〔2〕毛翼臣：系毛锡臣（1892—1961）之误，湖南韶山市大坪乡新联村人，农民。毛泽东的远房叔祖父。

〔3〕文东仙（1902—1989）：湖南韶山市大坪乡大坪村唐家坨（当时属湘乡）人，农民。毛泽东的表弟。曾跟随毛泽东在湖南第一师范、长沙文化书社做事。

〔4〕石城：石城乡，原属湖南湘乡，1956年撤销。其所辖区域今属韶山市大坪乡。

【解读】

毛月秋比毛泽东大14岁，在族内也比毛泽东长一辈，是一位受毛泽东影响走上革命道路的族人。1927年1月，毛泽东考察农民运动到韶山，毛月秋时为第二乡农协委员长。他带领400余农民敲锣打鼓前往陈家桥相迎。马日事变后，毛月秋被迫离开韶山，后与长沙地下党取得联系，做了党组织的交通员，奔走于长沙、华容、湘乡、湘潭等地，从事党组织的联络工作。

抗战爆发后，毛月秋在韶山自己的家，帮助恢复中共韶山特别支部，将韶山的地下党员由10多人发展到100多人，领导这里的抗日斗争，进行革命宣传，为党传递情报，并把一批热血青年如毛朗明、毛远耀、毛世美、毛浦珠等输送到延安毛泽东身边。

中华人民共和国成立后，毛月秋仍坚持为党工作，担任了毛泽东旧居的管理员和讲解员。

1953年12月26日，是毛泽东的60大寿，这是中华人民共和国成立以后毛泽东第一个逢十的寿诞日。很多人主张热热闹闹地庆祝一番，毛泽东家乡的父老乡亲更是如此，而且许多人都想亲自到北京参加祝寿活动。

1953年9月，毛月秋给毛泽东写了一封信，信中把乡间的情形及当地生产及人民生活的现状向毛泽东做了汇报，并提出阴历十一月中旬去北京，代表家乡的父老乡亲，祝贺毛泽东的60岁大寿。毛泽东接到来信后，给他回了这封信。在回信中，毛泽东首先讲明同意毛月秋等人来京不是为了祝寿，“为了节约，无论哪一年均不要祝寿”。反对别人为自己祝寿，是毛泽东的一贯作风，反对铺张浪费更是毛泽东的行为准则。早在党的七届二中全会上，根据毛泽东的提议，便决定禁止给党的领导者祝寿和用党的领导者的名字作地名、街名和企业的名字，以防止出现为个人歌功颂德的现象。

在这封信中，毛泽东让毛月秋在“你及乡间其他同志同意”的前提下，约毛锡臣、文东仙二位一道来京。并讲明，没有预约的其他同志一概不要来京，“到京住一个短期仍回家乡”。信末，毛泽东再次强调，毛月秋等三人来时，不要带任何礼物，并希望他们不迟于阳历10月20至25日到京，以避开生日前后的时间。“不要带任何礼物”几个字下面还特别加上了着重号。

信中还强调：“无论哪一年均不要祝寿。”这代表了我们党一贯的优良作风。毛泽东是这么说的，也是这么做的。这让我们联想起在延安发生的一件事。1944年“五一”劳动节前夕，毛泽东邀请续范亭等五六人到他的窑洞吃饭。饭后花下漫谈，续问毛泽东的年龄，毛告诉他是光绪十九年十一月十九日生，续忽然想起前一年旧历十一月十九日，正是毛泽东五十整寿，延安各界并没有任何举动。续等毛泽东的老友也都不知道。后来才听说，毛泽东以为国难期间，不必祝寿，打走日寇，时间正多，所以也就不声不响地过去了。于是，续范亭遂献诗一首：

半百年华不知老，先生诞日人不晓。
黄龙痛饮炮千鸣，好与先生祝寿考。

这件趣事平添了一段佳话。

毛泽东同意毛月秋等来京，一则为的是见见家乡父老亲人；再则，“为了了解乡间情况”。因此信中反复叮嘱，要毛月秋等将韶山、石城两处的情况及需要解决的困难，由当地乡、区政府写成书面材料带来。但这里毛泽东特别说明，带材料“不是为了直接解决乡间问题”，而是“作为参考之用”。这充分体现了毛泽东实事求是、谦虚谨慎的作风。如1953年10月16日毛泽东在给李漱清的信中提出：“承告乡情，甚感。地方事，我只愿收集材料以供参考，不愿也不应当直接处理一般地方性的问题，使地方党政不好办事。尚祈谅之。”

这封信篇幅较长，但层次清晰，自然流畅。在语言运用上，谦逊委婉，情理兼具，集中表达了毛泽东对乡间民情的关怀，对故里乡亲的想念。其中对“同意来京”的意图和要求进行的详细而又耐心的解释和劝告，反映了毛泽东作为人民领袖严于律己、以身作则的崇高风范。

信中提到的毛翼臣，显然是毛锡臣的笔误。毛锡臣是毛泽东的远房叔祖父，比毛泽东年长一岁。少年时曾与毛泽东同学，两人感情甚笃。1925年毛泽东回韶山开展农民运动时，曾到毛锡臣家住过。

毛泽东离开韶山时，毛锡臣将家里的猪卖掉，把卖猪钱送给毛泽东做路费。中华人民共和国成立后，毛锡臣致信毛泽东，要求去北京看一看。毛泽东对昔日故交旧友的情谊往往深铭于心，接到他的来信，毛泽东顿生怀旧之情，因而邀其一道来京。在毛泽东家书中提及的亲属中，他是辈分最高的。

在这封信中，毛泽东邀其同毛月秋、文东仙二位一同赴京，但因笔误之故，毛锡臣此次未能成行。直到一年后，即1954年9月，在毛泽东的邀请下，毛锡臣才与毛泽连、邹普勋、谭熙春等乡亲一同来到北京，受到毛泽东的热情接待。

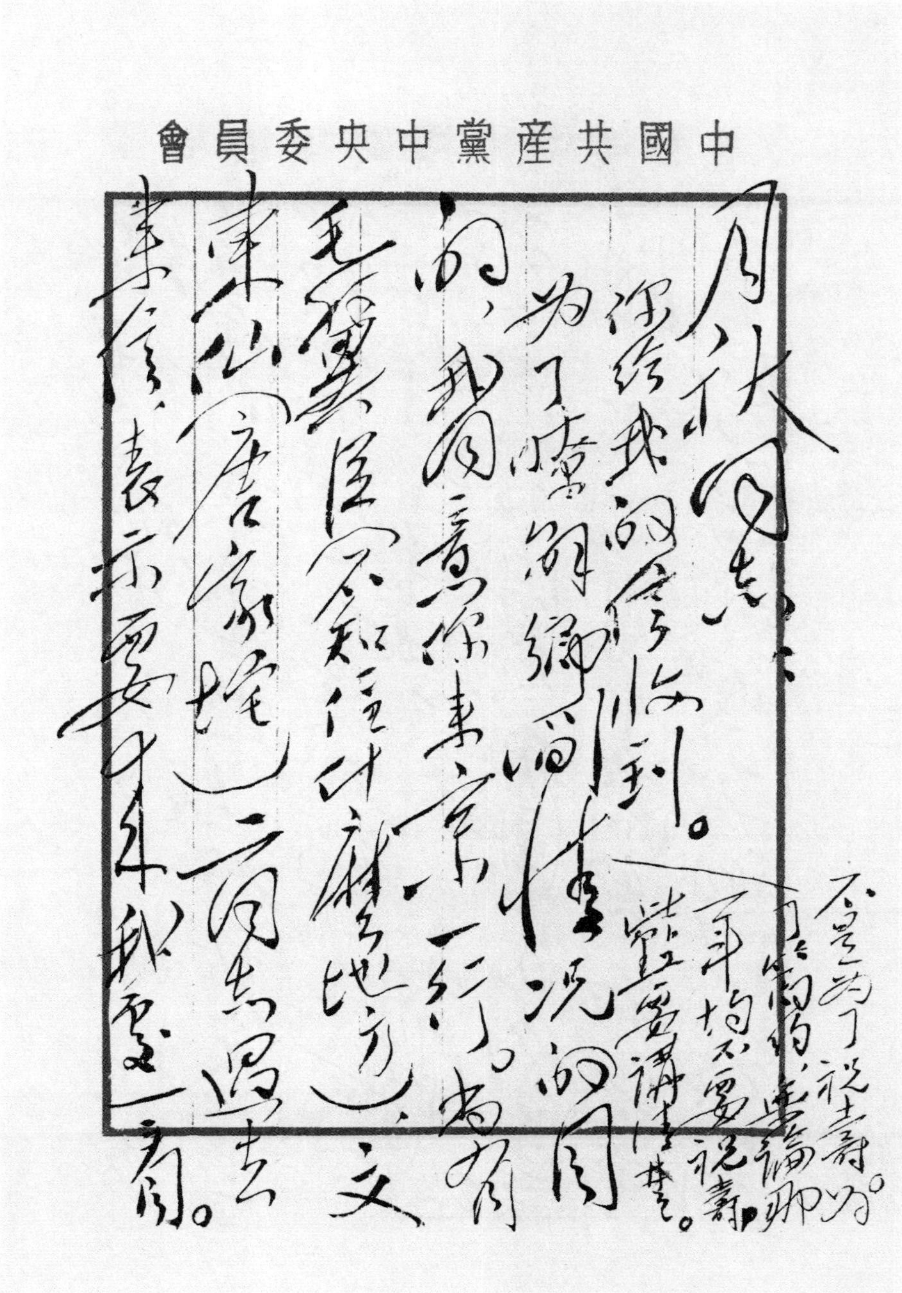

中國共產黨中央委員會

月秋同志：

你给我的信收到。为了解乡间情况的目的，我有意请你来京一行，并约毛霞生（不知住什么地方）、文东仙（唐家圫）二人同来。过去来信，表示要于今年秋季一看。

不是为了说诗。[illegible]事，均不要说诗，只要讲清楚。

致毛月秋（一九五三年十月四日）（共五页）（第一页）

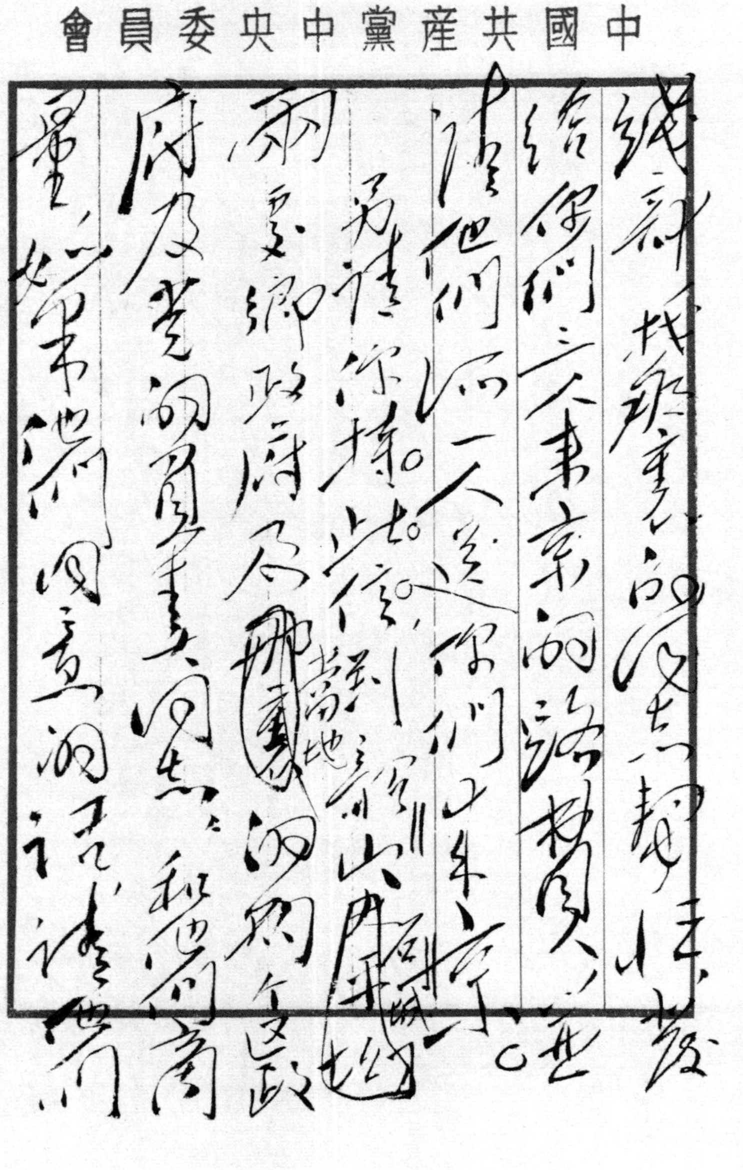

致毛月秋（一九五三年十月四日）（共五页）（第三页）

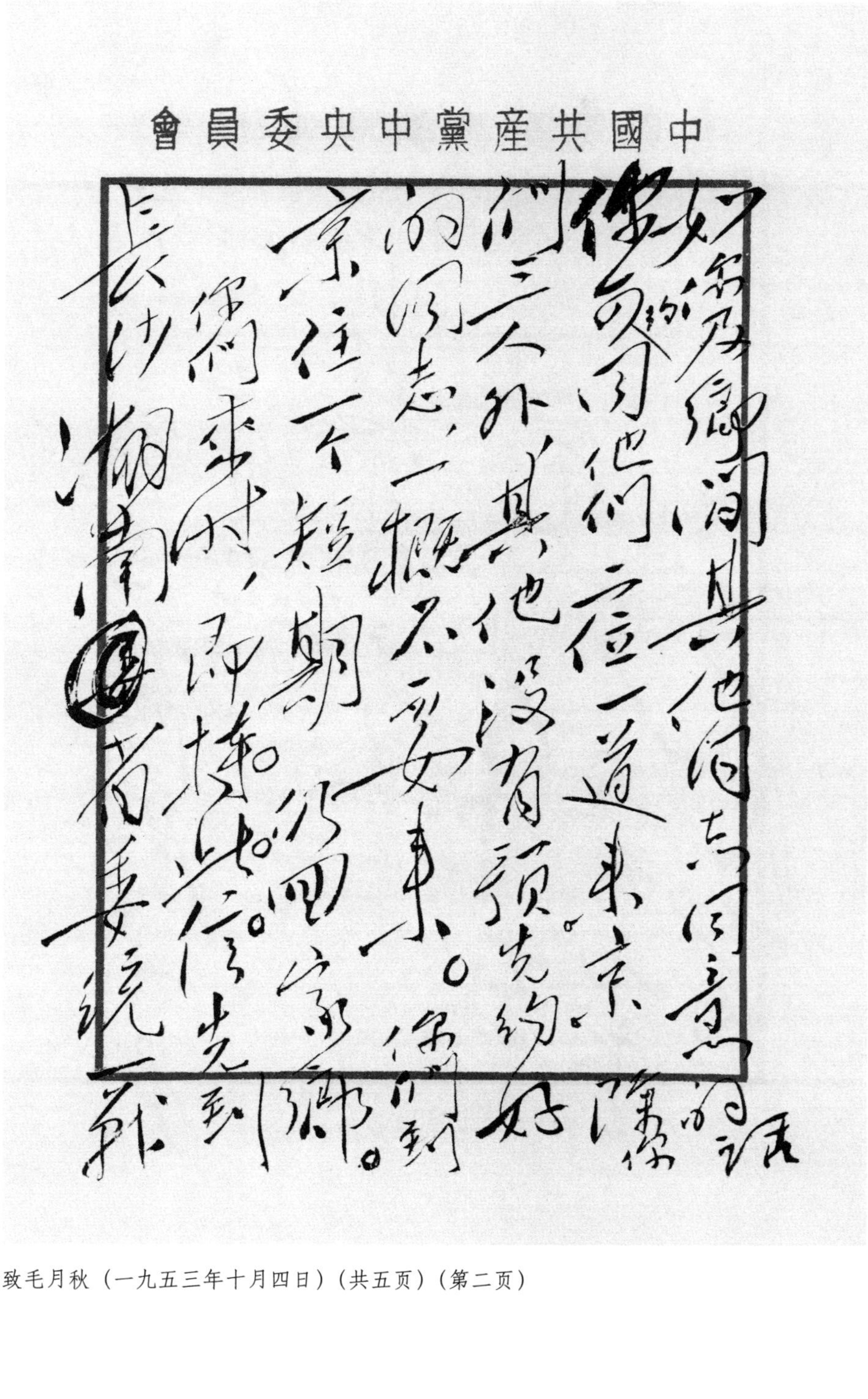
中國共產黨中央委員會

好，你及鄉間其他同志們意見的話
像你約的同他們這位一道來京。除
們三人外，其他沒有預先約好
的同志，一概不要來。你們到
京住一個短期，仍回家鄉。
你們來時，可持此信先到
長沙湖南省委統戰部

致毛月秋（一九五三年十月四日）（共五页）（第二页）

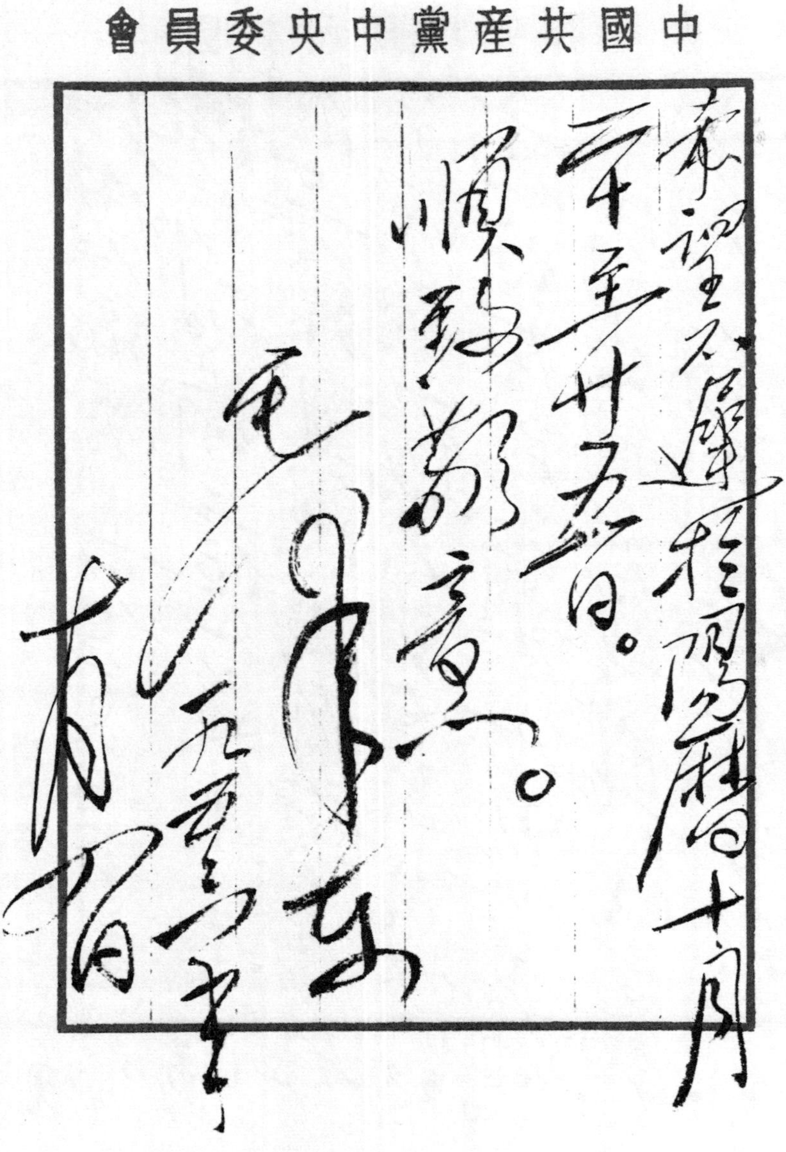
中國共產黨中央委員會

來往路程不算在內。十月

十五至廿五日。

順致敬意。

毛澤東

一九五三年

十月四日

致毛月秋（一九五三年十月四日）（共五页）（第五页）

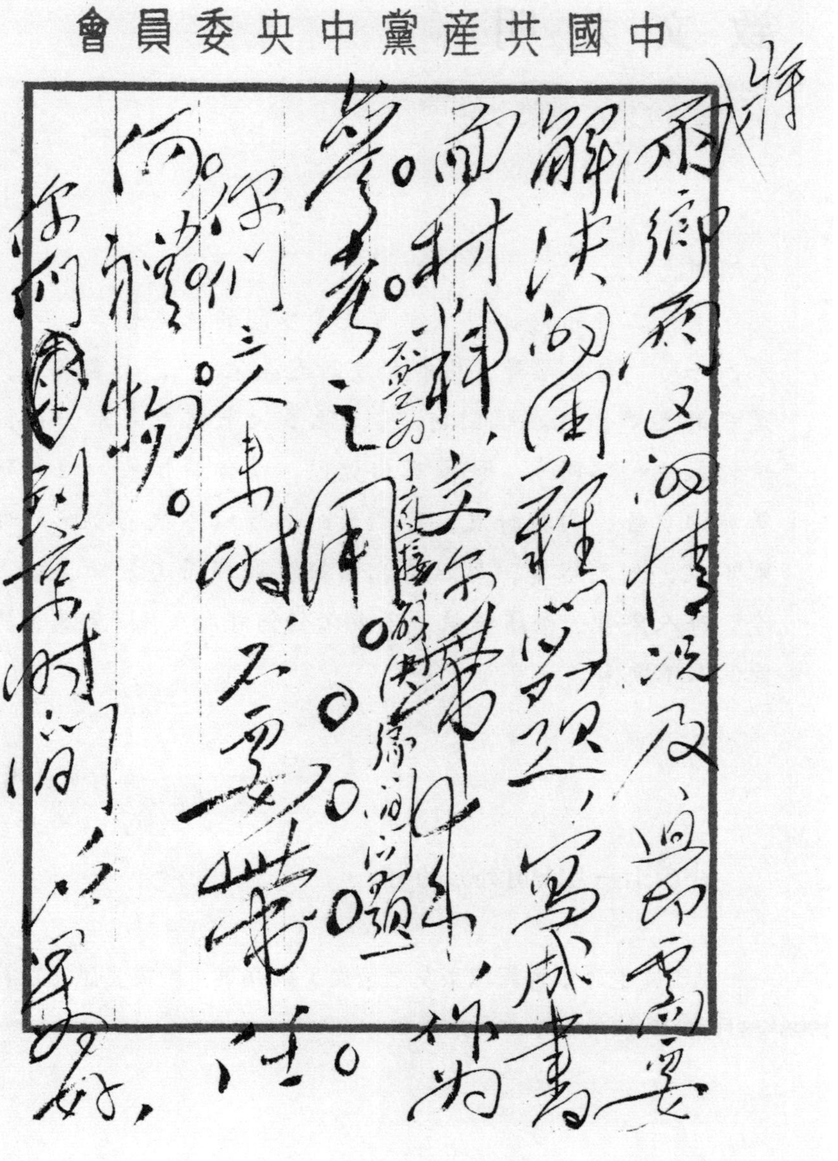

致毛月秋（一九五三年十月四日）（共五页）（第四页）

致文九明[1]

（一九五三年十月二十五日）

九明同志：

十月二日的信收到。你有关于乡间的意见告我，可以来京一行。自备路费，由我补发。毛泽荣[2]，小名宋五，是我的兄弟，住在限门前[3]，他多次来信想来京一行，请你找他一路同来。他没有出过门，请你帮忙他。他的路费亦由自备，由我补发。你们来时如可以不找省委统战部则不找，如无路费，可以持此信找统战部同志帮忙。路上冷，每人要带一条薄棉被。**不要带任何礼物**[4]，至嘱。其他的人不要来。

毛　泽　东

十月二十五日

能于十一月上旬到京为好。

——见于《毛泽东致韶山亲友书信集》第96页（中央文献出版社1996年8月第1版）。

【注释】

〔1〕文九明（1913—）：湖南韶山市大坪乡大坪村唐家坨（当时属湘乡。坨，

tuō）人，农民。文泮香的次子，毛泽东的表侄。

〔2〕毛泽荣：毛泽东的堂弟。详见P87注释〔1〕。

〔3〕限门前：今属湖南韶山市杨林乡凤形村，距韶山冲20余里。1937年毛泽荣投奔在这里的外祖父家，以种田为生，后定居于此。

〔4〕不要带任何礼物：1953年12月26日，是毛泽东60岁生辰。这是花甲之寿，中国人自古至今极为重视。毛泽东一贯反对别人为他祝寿送礼，从延安时代起，毛泽东便倡导党内“不祝寿，不送礼”。中华人民共和国成立后，毛泽东更是以身作则，严厉禁止党内祝寿送礼之风。在这封信和此前一封致毛月秋的信中，毛泽东特别加了着重号强调“不要带任何礼物”。

【解读】

文九明是毛泽东二舅父文玉钦长子文泮香的次子，毛泽东的表侄。大革命时期，毛泽东在韶山、唐家圫等地开展农民运动，文九明当过儿童团长。文九明比毛泽东小20岁，大革命失败后，一直在家务农，直至湘乡解放。

中华人民共和国成立初期，文九明积极配合政府各项工作，当上乡支前委员，负责几个片的征粮工作。后又参加土地改革运动。农业合作化时期，曾任初级农业社社长。由于生活和工作在乡间，文九明对粮食征购、牲畜喂养等问题有自己的看法。另外，对乡间一些党政基层干部搞形式主义的做法也有一定的看法。1953年10月2日，他给表叔毛泽东写了一封信，要求进京面见毛泽东陈述自己的意见。毛泽东接到他的来信后，即于当月给他写了这封回信。想到上一次文九明携带礼物的事，毛泽东特意写了“不要带任何礼物”一句，并加上着重号以示强调。

毛泽东的堂弟毛泽荣，曾多次写信给毛泽东，要求进京看望二十几年未见的“三哥”。由于考虑到毛泽荣眼睛身体不好，也没有出过远门，路上需要人照顾等因素，几次来信，毛泽东均未答应。此次表侄文九明来京，毛泽东想起毛泽荣的多次请求，便叫他找毛泽荣一同进京，路上好对毛泽荣有个照顾。

毛泽东对来京小住，叙叙旧情，特别是能够反映家乡情况的亲戚，是持欢迎态度的。在这封信中，毛泽东对表侄文九明讲："你有关于乡间的意见告我，可以来京一行。"并叫文九明找毛泽荣一路同来。毛泽东动情地说："他多次来信想来京一行，请你找他一路同来。他没有出过门，请你帮忙他。"言谈之中，显示出对堂弟毛泽荣的一片深情。信中，毛泽东强调，两人来时自备路费，"由我补发"。如可以不找省委统战部则不找，如无路费，可以持此信找统战部同志帮忙。同时叮嘱文九明，来时"不要带任何礼物"，并在这句话下加上了着重号，又嘱"其他人"即预先未做计划的人"不要来"。

这封信语言质朴，情意浓浓。特别是"路上冷，每人要带一条薄棉被"等语，充分体现了毛泽东对亲友所怀有的真挚而细腻的情感。而"不要带任何礼物""能于十一月上旬到京为好"，又暗含了毛泽东一贯带头倡导的"不祝寿，不送礼"的作风，读来令人回味，令人钦敬。

"不要带任何礼物"几个字下面还特别加了着重号，在毛泽东家书中，我们已是第二次见到了。在不久前，毛泽东《致毛月秋（一九五三年十月四日）》信中就曾这样嘱咐过。由此可见，这是毛泽东对亲友来京的普遍的一再叮嘱了。

关于毛泽东一再叮嘱文九明不要带礼物的事情，还有一则有趣的故事。

1951年11月上旬，文九明应毛泽东之邀，与另外几个乡亲赴京。临行之前，很为带什么"见面礼"作难。

这一带乡间没有什么土特产，能说得出名字的也就是火焙鱼和酸豆角。他想带点火焙鱼，但妻子却说不好，人家北京城里的国家主席，用老话说那实实在在是一个皇帝，什么好东西没有吃过，还要吃这寸把长的小鱼？要带就带大鱼去，莫让人家觉得寒碜。文九明依计而行，将山塘里打来的一条大草鱼熏得黄亮亮的，带着上了路。当大熏鱼摆到菊香书屋时，毛泽东简直有些不知所措，让秘书收起了这份礼物。招待他们吃饭时，毛泽东问文九明："这次土改你们家划了什么成分？"文九明答："贫农。"毛泽东说："贫农好啊。贫农是我们依靠的主要对象。你这个贫农可要带好头啊！"

文九明一听，可来劲了，说："怎么没带头呢？1949年刚解放，我就当上了乡支前委员，负责几个片的征粮工作呢。"毛泽东说："好呀，你可是为国家做了贡献呢。不过，看来，你这个征粮委员怕是通过征粮，征肥了自己，捞了点什么好处吧？否则，怎么有钱买这么大的鱼带给我呢？"文九明一愣，接着哈哈大笑起来，便说道："天地良心，我文九明要是拿了一粒谷回家，那就要遭天罚。不过，这鱼可不是花钱买的，而是自家塘里养的。"

接着，毛泽东嘱咐说："韶山和棠佳阁（即唐家圫），都是火焙鱼出名。下次可莫带这么大鱼了！顶多带一包火焙鱼就行了。其实，你什么东西都不需要带，要带就带点乡下的材料。你回去后，要多收集一些农村的情况，写了给我寄来也行，带来也行。"

于此可见毛泽东对子侄辈要求之严，毛泽东家风之廉。

这次文九明陪同毛泽荣来到北京，按照毛泽东的要求，他们如实地谈了自己对粮食征购、牲畜喂养等问题的看法，直率地批评了形式主义的做法。

毛泽东高兴地说："这是来自最基层的意见，是难得一听的真话。"又说："我要听的就是这些实话。今后你们来，还希望是这样。"

致文平山[1]

（一九五四年四月二十一日）

平山同志：

来信收到，甚为高兴。

和你祖母合照的像片，没有多的，故未寄你。

毛雪华[2]同志在苏联学习，现时你不必和他通信。此复，祝你

进步！

毛　泽　东

一九五四年四月二十一日

——见于《毛泽东致韶山亲友书信集》第98页（中央文献出版社1996年8月第1版）。

【注释】

〔1〕文平山（1930—1970）：湖南韶山市大坪乡大坪村唐家圫人，毛泽东表兄文运昌的长孙。1949年参加中国人民解放军，次年参加抗美援朝。1954年复员后在中南矿冶学院卫生科工作。

〔2〕毛雪华（1924—2012）：湖南韶山市韶山乡韶山村人。文平山的舅父，毛泽东的族侄。曾为北京第一机床厂总工程师。

【解读】

这是毛泽东唯一写给文家表侄孙辈的一封信。

文平山是毛泽东八舅父文玉钦的次子文运昌的长孙，毛泽东的表侄孙。1949年参加中国人民解放军，次年参加抗美援朝。1954年4月，即将从部队复员回乡的文平山满怀兴奋与激动之情，给表叔公毛泽东写了一封信。不久，便收到了毛泽东的亲笔回信。从这封信可以看出，毛泽东与外祖家感情深笃，他关爱文家后辈子女，鼓励他们脚踏实地，谦虚谨慎，立志成才，同时对外家亲人要求甚严，不允许他们有特权。

文平山从小就读于湘乡涟滨学校，因家境贫寒，初小毕业即辍学，从此勤耕为生。1949年7月，他19岁时，在叔父文凤良的带领下参加了中共潭湘宁边区地下武装湘中纠察总队，成为一名革命战士。同年9月，部队整编，他被编入中国人民解放军一三八师。1950年，朝鲜战争爆发，文平山所在部队奉命开赴朝鲜作战。在战场上，他英勇杀敌，荣立三等功一次，并加入了共青团。部队从朝鲜回国后，移驻广东澄海一带，保卫海疆。

文平山的父亲文砥澜是毛泽东的表兄文运昌的长子，毕生务农；母亲毛韶宪，是韶山毛新梅烈士的长女。大舅毛特夫，1929年参加革命，中华人民共和国成立后担任过湘潭市（原湘潭县辖）市长、湘潭县县长；三舅毛慎仪，1938年去延安参加革命，在中央军委二局工作过，1940年病逝于延安。满舅（小舅）毛雪华，1939年奔赴延安，一直在毛泽东身边学习。中华人民共和国成立后入清华大学深造，以后和妻子陈涌岷双双留学苏联，成为新中国第一代留学生。夫妻二人后分别成为北京第一机床厂总工程师和航空航天工业部航空材料研究所副所长，为新中国建设做出了贡献。

1954年，文平山在信中向毛泽东报告自己的工作、学习和生活等情况。同时，他还得知，这年元月，他的祖母杨达昌与叔祖母刘氏（毛泽东表兄文南松之妻）等赴京，受到了主席的亲切接见，并合影留念。

因此，文平山在给毛泽东的信中提出请寄他一张照片。另外，他还向主席询问了满舅毛雪华的情况，想和满舅建立通信联系。然而，此时毛雪华正在苏联乌克兰基辅工程学院机械系学习机床专业。因此，毛泽东在复信中说："现时你不必和他通信。"直到1956年毛雪华留学结束归国后，文平山才与满舅取得联系。

1954年，文平山复员后到中南矿冶学院卫生科任卫生员。1960年，文平山申请回乡务农，被批准离职。他勤耕守法，深得当地政府和群众称赞。1970年2月病逝。

毛泽东这封短信，虽说谈的都是一些家长里短，但却表达了浓郁的乡情和对子孙后辈的爱护和关怀。连一些细小的事情如照片不多洗，注意节约，在国外读书的亲戚，根据具体情况，建议不必多通信，都从细微处见精神。

致毛少贤[1]

（一九五四年四月二十八日）

少贤同志：

去年十二月的信收到，感谢你的好意。眼病以就近医治为宜，出外不容易。此复。

顺祝健康

毛　泽　东

一九五四年四月二十八日

——见于《毛泽东致韶山亲友书信集》第99页（中央文献出版社1996年8月第1版）。

【注释】

〔1〕毛少贤（1889—1958）：湖南韶山市韶山乡韶山村人，农民。毛泽东的远房叔父，私塾同学。大革命时期曾参加韶山农民运动。

【解读】

20世纪50年代初，毛泽东频频给家乡亲友回信或写信，希望他们安心在当地生产、工作，不要去北京，以免徒劳往返。1950年5月7日，毛泽东给他的远房叔父毛贻华写信，劝他在湘潭就近解决工作，不要去北京。这年5月8日，毛泽东又给远房叔祖父毛春轩写信，劝他不要去北京；后来，毛泽东还给毛泽荣等亲友写信或搭信，均嘱咐他们不要来京。给毛少贤的这封回信，也是此类信件之一。在信中，毛泽东明确告诉毛少贤“眼病以就近医治为宜，出外不容易”。

毛氏家族在韶山一带是一个大家族，按其内部结构分为震、鉴、深、瑺（cháng）、石狎五大房（前四房以祖宗名命名，后一房以居地命名），在韶山冲至今保存了三座祠堂即毛氏宗祠、毛震公祠、毛鉴公祠。毛泽东属长房震房，世居韶山冲滴水洞外的东茅塘，1878年，其祖父、父亲搬到上屋场。按亲疏，东茅塘诸毛姓与毛泽东关系是最近的。这中间，与毛泽东通过信的有毛泽连、毛宇居、毛泽荣等近20位关系或远或近的族人。

对于族人上京的要求，毛泽东采取区别对待。对欲借其名谋职，或想长居北京当“食客”“门人”的，毛泽东坚决回绝；对因生活困难或病痛欲上京寻求帮助的，毛泽东则尽其所能送钱送物，助一时之急，并鼓励他们通过自身的努力，求得问题的解决。毛泽东对亲戚爱之深而求之严，较少客套话，对他们的要求要么答应要么拒绝，甚至严厉批评。他处理亲友的件件要求，无不本着一个最高原则：以国家和人民的利益为本。他从不以权谋私的高风亮节和严于律己的崇高品德，正是今天我们各级领导应该从中汲取的最必需的思想营养。

毛泽东接济亲友，但绝不以公济私，绝不为亲友徇私谋利。他曾多次对身边工作人员说：“我们共产党的章法，决不能像蒋介石他们那样搞裙带关系，一个人当了官，沾亲带故的人都可以升官发财。如果那样下去，就会脱离群众，就会和蒋介石一样早晚要下台。”

毛泽东给亲友的一封封家书，经过时间的沉淀，历久弥香。这些书信的内容不仅透露着浓浓的亲情，也体现了毛泽东在处理公与私、国与家之间关系时高度的原则性与艺术性，令人折服，让人敬慕。

致毛泽荣[1]

（一九五四年六月二十四日）

胜五弟：

你给我的信都收到了，很高兴。江青病况略有进步，她对你的关怀，甚为感谢。孩子们都好。你们都好吗？

祝进步

毛　泽　东

一九五四年六月二十四日

——见于《毛泽东致韶山亲友书信集》第100页（中央文献出版社1996年8月第1版）。

【注释】

〔1〕毛泽荣：乳名宋五，又称逊五、胜五。毛泽东的堂弟。详见P87注释〔1〕。

【解读】

《致毛泽荣（一九五三年五月二日）》信的解读中说，毛泽东多次劝毛泽荣“不必来京看我”的原因除了对亲属严格要求外，直接的原因是“因你眼睛有病，路上行动恐怕不方便”。

机会终于来了。1953年10月2日，唐家圫（tuō）的亲戚表侄文九明要求进京面陈乡情。1953年10月25日，毛泽东回信，特别提到毛泽荣进京的事，嘱咐文九明找毛泽荣同来，并告诉文九明，“他（指毛泽荣）没有出过门，请你帮忙他”。最后还特意嘱咐：“路上冷，每人要带一条薄棉被。不要带任何礼物。”字字真切，句句动情，体现了毛泽东对毛泽荣无微不至的关怀。

文九明收到毛泽东的来信，很快来到杨林村，告知毛泽荣做好进京的准备。毛泽荣多年的心愿眼看就要实现，心中的高兴无法形容。

11月中旬，毛泽荣和文九明到达北京。毛泽东派人到火车站把他们接到中南海丰泽园。分别多年的兄弟相见，一口一个“主席三哥”，一口一声“逊五老弟”，那种热情，那种激动，使在场的秘书和卫士们深受感染，为之动容。

毛泽荣总以为“三哥”当上了中央人民政府主席，肯定过上了与众不同的生活。哪知道，在进京的日子里，他看到的是“三哥”穿着褪了色的布衣，连衬衣上都打了补丁。招待他的不是山珍海味，餐桌上放的是一碟花生米、一碗青菜、一个汤，最好的一个菜是腊肉。毛泽荣十分感动。

毛泽荣和毛泽东有拉不完的家常，说不完的往事。毛泽荣向三哥谈起了当年军阀派了一个营的工兵到滴水洞去挖毛泽东的祖坟，好在乡亲们想方设法，才骗得一帮黑狗子挖了一家地主的祖坟。毛泽东听了哈哈大笑，说：“他何键又能奈我何啵？”又说：“你逊五老弟也参加了保坟善事，难得呀，对韶山的父老乡亲，我毛泽东是要好好感谢感谢啊！”接着，毛泽荣向毛泽东建议把曾经险遭反动军阀何键破坏的祖坟修缮一下，并修一条公路通往虎歇坪，方便人们参观。毛泽东回答说：“不要搞了，还是按老样子好，只是土可以堆得高一点。”又说：“花不起这笔钱呀！再则也没有必要。我们国家刚刚建立，困难很多，我们不能把一点钱都放到修墓造碑上去了啊！”这以后毛泽东家的祖坟一直没有修缮，直到毛泽东逝世多年后，才由当地政府做了一些修整。

在这次进京中，有一个不得不说的故事：毛泽东爱听真话，毛泽荣敢讲真话。毛泽东非常关心真实情况。1954年，全国实行粮食统购统销，在韶山出现了购得过头，造成农民吃粮困难的情况，农民群众很有意见。毛泽荣向毛泽东反映了这一情况。毛泽东高度重视，感到问题的严重性。经过认真研究后，中央及时对粮食统购统销政策做了调整，农民们很满意。

这次谈话以后，经过认真研究，中共中央、国务院于1955年3月3日发出《紧急指示》，决定缩减1955年度粮食征购数字，由930亿斤减为870亿斤，给农民多留些粮食。此外，还决定在全国实行“三定”（定产、定购、定销），获得了农民的积极拥护。有的农民说“‘三定’实际是‘四定’”，农民的心也安定了。

在昔日的“皇宫”，一个普通农民向诸多党和国家的领导人直接汇报情况，这是亘古未有的事情。说老实话，办老实事，做老实人，注重调查研究，是毛泽东亲自培养的家风，帮助党和政府了解真实的情况，及时调整政策，多么值得称赞。

毛泽东对毛泽荣说：“五弟呀，你是个直性子，说的都是老实话，今后你可要多跟我讲些乡里的情况呵。你不会写信，就请人写。我现在是高高在上，需要听一听来自家乡的意见和呼声呵。”

在京期间，毛泽东派秘书陪毛泽荣到医院检查了眼睛。毛泽荣还问起怎么冒（没有）见江青吃饭。毛泽东告诉他：“江青生病住院了。”毛泽东又亲自陪毛泽荣等到医院看望了长时间生病的江青。临别，毛泽东请裁缝给毛泽荣做了一身单衣、单裤、棉衣、棉裤和一件大衣，送了一套棉被、蚊帐和一只棕色皮箱。另外还给了毛泽荣300元人民币，帮助他解决家中的生活困难。

回到家乡后，按照“主席三哥”的嘱咐，毛泽荣一面积极参加生产劳动，一面写信给毛泽东，把家乡人民的生产和生活状况做了汇报。信中，毛泽荣还对“江青嫂子”的病情和岸青兄妹表示了关心。接到他的来信，毛泽东很高兴，不久，抽时间给毛泽荣写了这封回信。

毛泽东在信中就毛泽荣对江青病情的关心之语写道："江青病况略有进步，她对你的关怀，甚为感谢。"从江青的角度向毛泽荣表达谢意。"孩子们都好"一句，充满了父辈的慈爱。"你们都好吗？"一句，是对毛泽荣一家及乡亲们深情的问候和挂念。"祝进步"是对年近六旬的堂弟一家在新社会、新时代中的鞭策和鼓舞，也是对他们的生活一天好似一天的美好祝愿。

致李敏、李讷[1]

（一九五四年七月二十三日）

李敏、李讷，我的亲爱的女儿：

你们的信都收到了，很欢喜。北戴河、秦皇岛、山海关[2]一带是曹孟德[3]（操）到过的地方。他不仅是政治家，也是诗人。他的碣石诗[4]是有名的，妈妈那里有古诗选本，可请妈妈教你们读。我好，勿念。

亲你们！

爸　爸

一九五四年七月廿三日

——见于《老一代革命家家书选》第50页（中央文献出版社、生活·读书·新知三联书店1990年2月第1版）。

【注释】

〔1〕李敏：毛泽东和贺子珍的女儿。详见P60注释〔1〕。李讷：毛泽东和江青的女儿。详见P160注释〔1〕。

〔2〕北戴河、秦皇岛、山海关：北戴河位于河北省东北部渤海边港口秦皇岛西，是著名的夏季避暑休养地。秦皇岛地处河北省东北隅，北依燕山，南濒渤海，西近京津，万里长城横跨全境，是著名的港口和旅游城市。山海

关位于秦皇岛市区东部15公里处，是举世闻名的历史名胜。

〔3〕曹孟德：即魏武帝曹操（155—220），三国时著名的政治家、军事家和诗人。

〔4〕碣石诗：指曹操所作《步出夏门行》第一章《观沧海》："东临碣石，以观沧海。水何澹澹，山岛竦峙。树木丛生，百草丰茂。秋风萧瑟，洪波涌起。日月之行，若出其中，星汉灿烂，若出其里。幸甚至哉，歌以咏志。"

【解读】

毛泽东与贺子珍的女儿娇娇（李敏）小学毕业后，要到北京师范大学附属中学上中学了，毛泽东决定给爱女取个正式的名字。一天，毛泽东把女儿喊过来，从书架上取出一本《论语》，翻到《里仁》篇指着其中一句念道：子曰："君子欲讷于言而敏于行。"然后，又打开《辞源》，指着"敏"字给女儿讲了好几种关于"敏"字的解释，并告诉女儿："你的名字叫敏，但不一定叫毛敏，可以叫李敏。"随后，毛泽东又给女儿讲起转战陕北时期自己非常喜爱的化名李得胜，告诉女儿为何姓李。这样，从上中学开始，女儿娇娇就叫李敏了。

1954年暑假，江青带着李敏、李讷来到北戴河。姐妹俩套着救生圈在海水里尽情地玩耍，特别地开心，也特别地尽兴。同时她们又想到了自己的爸爸毛泽东，考虑到爸爸整日为国事操劳，实在是太累了，为了能让爸爸来这里放松和休息一下，姐妹俩同时给爸爸写了一封信，希望爸爸能尽快来到自己的身边。接到女儿的来信，毛泽东极为高兴，他很快给两个爱女回了这封信。

毛泽东认为"曹操的文章、诗，极为本色，直抒胸臆，豁达通脱，应当学习"。他对身边的工作人员说："我还是喜欢曹操的诗。气魄雄伟，慷慨悲凉，是真男子，大手笔。"毛泽东找来地图查证，说："曹操是来过这里的。"毛泽东在信中告诉李敏、李讷，曹操到过北戴河、秦皇岛、山海关一带。“他不仅是政治家，也是诗人。他的碣石诗是有名的”，叫女儿在北戴河读曹操的诗。同时告诉李敏、李讷，“妈妈那里有古诗选本，可请妈妈教你们读”。

不久，毛泽东自己也来到北戴河。在办公之余，毛泽东还多次畅游大海，写下了气势磅礴的《浪淘沙·北戴河》。

这封信写得亲切温馨，且寓教于乐，鼓励女儿多读优秀的古典诗歌，随时注意性情的陶冶和培养，体现了老一代革命家对儿女的更深层次的爱。

这里有两件事值得一提。毛泽东酷爱中国古典诗词和书法，认为这些优秀的传统文化最能代表中华民族的精神和习性，应该继承和发扬。他教子女从小学习写字和读古诗词。李敏小时候长期在苏联生活，回国时，不会认汉字。毛泽东亲自写字帖让她练字。在毛泽东的帮助下，娇娇进步很快。李讷也写得一手漂亮的好字。中华人民共和国成立初期，毛泽东住在北京香山双清别墅时，还为李敏、李讷、毛远新与秘书叶子龙的两个女儿叶燕和叶丽亚编选过约300首古诗词。稍有空或散步、吃饭时，毛泽东就深入浅出地解说给她们听，同时检查她们背诵古诗的情况。看她们背得不错，毛泽东还写李白的诗句奖励她们。李敏受毛泽东的熏陶，喜欢文学。据有关资料，在初中时期，她能背诵父亲亲自圈划批注过的诗1180首，词378首，曲12首，赋20篇，总计1590首。她将许多诗词抄在自己的笔记本上，经常读读看看。后来她选择了大学历史系，这与毛泽东的培养是分不开的。《打金枝》这出戏是说唐代大将郭子仪的儿子与皇帝的女儿结婚后闹矛盾，郭子仪与皇帝两人各自批评自己的孩子，矛盾得到解决的故事。从解放战争到中华人民共和国成立后，晋剧、黄梅戏、豫剧、京剧的《打金枝》，毛泽东都看过。毛泽东一再让李敏看，意在教育子女明白怎样对待自己的亲人。李敏深感对自己处理家庭矛盾帮助很大。

致邹普勋、谭熙春、毛锡臣[1]

（一九五四年十月二十九日）

邹普勋、谭熙春、毛锡臣同志：

你们三位的信都收到了。熙春、锡臣（龙头山的）想来北京一次，普勋想再来北京一次，我想可以。现天气已冷，可在明年开春（阴历三月间）来，如果你们愿意早来，亦可在阳历十二月中旬来。由你们三人结伴同行，自己出路费，路上买车票等事亦由自己经理。到京住一个月即回家。如果你们同意，即可照这样办。

此外，我弟毛泽连[2]（东茅塘的）要求来京治眼病，请邹普勋兄告诉他，亦可同来。除你们四人之外，别人都不要来。如有不得许可，自己来的，不便招待。锡臣、熙春二位不另复，即请普勋兄转致。

此问近安

毛　泽　东

十月二十九日

——见于《毛泽东致韶山亲友书信集》第101页（中央文献出版社1996年8月第1版）。

【注释】

〔1〕邹普勋（1900—1957）：乳名亨二，湖南韶山市韶山乡韶山村南岸人，农民。毛泽东的邻居和少年时的好友。其父邹春培是毛泽东的启蒙塾师。谭熙春（1882—1960）：湖南韶山市韶山乡竹鸡村人。1922年加入中国共产党。毛锡臣（1892—1961）：湖南韶山市大坪乡新联村人，农民。毛泽东的远房叔祖父。

〔2〕毛泽连：毛泽东的堂弟。详见P177注释〔1〕。

【解读】

邹普勋是毛泽东启蒙塾师邹春培之子。他家与毛泽东的家上屋场离得不远，同在韶山冲南岸。邹普勋自幼与毛泽东在一起玩耍，后又同在其父邹春培处启蒙，二人情同手足。毛泽东过人的资质和天赋以及强烈的求知欲，亦深得邹春培先生喜爱。

1925年2月至8月，毛泽东在韶山领导农民运动，创办农民夜校，建立反帝爱国组织——雪耻会，发动农民开展反帝反封建斗争。邹普勋常到上屋场听毛泽东宣传革命道理，积极参加农民运动，并于次年加入中国共产党。大革命失败后，邹普勋为维持全家生计，劳碌奔波，身体情况很差。

中华人民共和国成立后，毛泽东不忘恩师邹春培，也时常惦记儿时挚友邹普勋。1949年10月，毛泽东在详细了解邹家的情况后，知道邹普勋身体不大好，生活困难，非常惦念，多次致信邹普勋本人及他人，关心他的身体，并帮助其解决家庭生活困难。

1952年7月1日，邹普勋将自家收入增加和生活改善的情况报告毛泽东，并表示想上京与毛泽东会晤。7月11日，毛泽东即予回信。同日，毛泽东还在致毛宇居的信中写道："为了了解乡间情况，拟待秋收以后，邀李漱清、邹普勋二位来京一游。"9月底，邹普勋、李漱清等到达北京中南海，毛泽东与他们畅谈达一个多小时，儿时往事，家乡近况，天南海北，无所不叙。邹普勋等在京期间，毛泽东对他们关心备至，临别之时，还应邹普勋之请，在一本《社会发展简史》扉页上欣然题字：“邹普勋赠给唐煦存，嘱毛泽东书。”回到韶山以后，邹普勋几次致信毛泽东表示感谢，并告之自己的身体状况。1954年，随着国民经济第一个五年计划的执行，社会主义建设事业蒸蒸日上，邹普勋又萌发了去北京看看的念头，10月29日，毛泽东写了这封复信。

全信言词平实晓畅，语重心长，既重友情、亲情，又不无原则。为不给政府添麻烦，俭省节约，毛泽东在信中提出：“你们三人结伴同行，自己出路费，路上买车票等事亦由自己经理。到京住一个月即回家。如果你们同意，即可照这样办。”又嘱：“除你们四人之外，别人都不要来。如有不得许可，自己来的，不便招待。”可以看出，毛泽东写这封信时，态度是严肃的，有些语气甚至是近乎严厉的，让人颇感“无情”。然而这种“无情”、坚持原则、不徇私情、对亲友严格要求的做法，正是对广大人民有“情”的一种具体表现。

收到这封信后，邹普勋等于1954年初冬进京。有一天，毛泽东派人将堂弟毛泽全（时任中国人民解放军总后勤部军需生产管理处处长）及其妻子徐寄萍、姨表兄王季范、表兄文运昌、毛泽全的母亲毛邹氏（邹普勋的姐姐）等接至中南海，同邹普勋、谭熙春、毛锡臣、毛泽连聚会，同他们亲切交谈。谈话中，有一位乡亲提出请毛泽东写个条子给湖南省人民政府，替他在湖南省安排一个参事之类的工作。毛泽东听后神色立刻严肃起来。他说:“建国后韶山很多乡亲来北京看看，我是很欢迎的，但一年不能来得太多，来的多了我招待不起啦。另外，还要给当地政府添麻烦，所以不能多来，生活确有困难者，我可以接济点。至于安排学习、工作这类要求就办不到。”并指出：“你们不要打我的旗号找湖南当地政府的麻烦，这点请你们原谅，也请回去后和其他亲友们说清楚。”

致毛泽荣[1]

（一九五四年十二月十八日）

胜五弟：

你的信收到了。你要求明年四月再来北京一次，我认为可以。还有毛仙梅[2]想来，你可和他一道来。在北京住一个月回家。

寄上人民币贰百万元[3]，以助日用。

顺问近安

毛 泽 东

一九五四年十二月十八日

——见于《毛泽东致韶山亲友书信集》第104页（中央文献出版社1996年8月第1版）。

【注释】

〔1〕毛泽荣：乳名胜五，毛泽东的堂弟。详见P87注释〔1〕。

〔2〕毛仙梅（1889—1960）：湖南韶山市韶山乡韶山村人，农民。毛泽东的族兄。大革命时期曾参加韶山农民运动。

〔3〕贰百万元：旧币，折合1955年3月1日起发行的新人民币二百元。

【解读】

1954年秋，毛泽荣的养子毛绘华刚从部队转业，正忙着找工作。他想到养父和主席的关系密切，便央求养父去找毛主席，希望主席能够帮忙给他安排个工作。父子俩进京后不久，毛泽东在中南海接见了他们。看到初次会面的侄子绘华，毛泽东当即叫秘书拿了200元钱给他作为见面礼，并勉励绘华好好学习，努力工作。

当毛泽荣提出要给绘华找工作时，毛泽东沉默不语，半晌才为难地说："这个事情不太好办，我是国家主席，不能随便给人介绍工作，更不能只考虑自己的亲属、故旧、同事的利益。"毛泽荣听了，心中有些不悦。

晚饭后，毛泽东邀毛泽荣一同散步。路上，毛泽东耐心地向毛泽荣解释说："泽荣，你是我的亲属，我必须严格要求，不会只为你们考虑。至于你的儿子要参加工作，想法是好的，但要靠他自己努力，不能要求政府照顾。"毛泽东语重心长的一席话，使毛泽荣慢慢地想通了。不久，毛泽荣同儿子回到了家乡，但很快他又给毛泽东写去一信，述说家中的困难，并希望来年四月能够再次去趟北京。接到他的信后，毛泽东即给他回了这封信。

毛泽东对亲属族人要求严格，对那些欲借自己的名义谋职或想长居北京当"食客""门人"的，坚决回绝，决不让他们产生"荫庇"心理。而对那些生活的确困难、想来北京叙叙旧情，短住游历的亲属和族人，毛泽东往往尽一己之力，寄款赠物帮助他们解决生活中的实际困难，并答应他们上京的要求。

在信中，毛泽东不仅同意了毛泽荣和毛新梅烈士的胞弟毛仙梅来京小住，还给毛泽荣"寄上人民币贰百万元（旧币，折合新币200元），以助日用"。真实地体现了毛泽东在处理与亲友关系中顾恋和接济亲友的美德。

毛绘华没有辜负伯父的希望，从北京回来后参加了工作，先后在岳阳农场、银行、教育等部门工作。1991年他从岳阳市教委教育督导岗位退休后，仍然在为教育事业贡献余热。

致文炳璋[1]

（一九五五年五月一日）

炳璋同志：

二月十五日的信收到。你可去找毛泽荣（逊五）、毛仙梅[2]二人，和他们一道来京一行，即持此信为证。其他各人均不要来。请你转告文梅清、文东仙[3]二同志，他们给我的信收到了，他们的问题我不能解决，他们不要来京。韶山方面有要来的，除泽荣、仙梅二人可以来之外，均不可来。问你母亲及各位朋友的好！

毛　泽　东

一九五五年五月一日

此信给毛泽荣、毛仙梅二人一阅。

——见于《毛泽东致韶山亲友书信集》第108页（中央文献出版社1996年8月第1版）。

【注释】

〔1〕文炳璋：毛泽东的表侄。详见P171注释〔1〕。

〔2〕毛泽荣：乳名宋五，又称逊五、胜五，毛泽东的堂弟。详见P87注释〔1〕。毛仙梅：毛泽东的族兄。详见P239注释〔2〕。

〔3〕文梅清：毛泽东的表兄。详见P168注释〔1〕。文东仙：毛泽东的堂表弟。详见P211注释〔3〕。

【解读】

1954年初，毛泽东的表侄文炳璋从部队转业回到家乡，担任湘乡县石城乡武装部部长。在家乡工作和生活了一段时间，文炳璋发现了一些问题。他看到自己的亲属里，有人因为上北京见过毛主席以后，变得骄傲起来，不仅好说一些不该说的大话，甚至不大听从地方干部的管理。文炳璋感到这种不正的风气势必会在当地造成一种不良的影响。于是，他把自己的看法和文家个别亲人的落后表现，及时写信反映给表叔毛泽东。

接到表侄文炳璋的来信，毛泽东深感此事的严肃性。经过考虑，毛泽东给外祖父文家所属辖区的湘乡县石城乡党支部和乡政府写了一封长信，同时附上了文炳璋的来信。

信中提出，文家任何人，都要同乡里众人一样，服从党与政府的领导，勤耕守法，不应特殊。毛泽东请当地政府不要因为文家是自己的亲戚，觉得不好放手管理。毛泽东的态度是："第一，因为他们是劳动人民，又是我的亲戚，我是爱他们的。第二，因为我爱他们，我就希望他们进步，勤耕守法，参加互助合作组织，完全和众人一样，不能有任何特殊。如有落后行为，应受批评，不应因为他们是我的亲戚就不批评他们的缺点错误。"

1955年2月，文炳璋再次写信给毛泽东，于是有了这封复信。信中提到的文梅清是毛泽东大舅父文玉瑞的三子，他的亲表兄。文东仙是毛泽东二舅父文玉钦的次子文运昌的嫡亲堂弟，与毛泽东关系密切。但他们提出了毛泽东不便插手的要求时，毛泽东断然拒绝："他们的问题我不能解决，他们不要来京。"

这里讲一个毛泽东一贯主张讲真话、反对讲假话的故事：

收到毛泽东这封信后，文炳璋、毛泽荣、毛仙梅即相约登车北上，几乎与他们同时到达北京的还有陈国生和她的女儿陈锋。6月7日这天，毛泽东在中南海游泳池会客厅接见了来自家乡的这几位客人。毛泽东想了解一下公职人员的收入情况，因为国家当时正考虑将供给制改为薪金制，毛泽东想听听多方面的情况。谈话时，毛泽东特地把秘书叶子龙、罗光禄叫来，并要求他们一定要做好记录。毛泽东问："农民粮食够不够吃？"文炳璋回答说："农村比较富裕，农民有饭吃，只有个别的没有饭吃。"毛泽东有些不相信文炳璋的话，感到很失望。毛泽东又问："农村教师和转业军人生活过得怎么样？"文炳璋回答说："好！"毛泽东听了，感到有"水分"，不真实，立即善意地批评道："说话要实事求是，不要讲假话。"在询问工人的一些问题时，陈国生的回答，毛泽东比较满意。事后，文炳璋非常埋怨自己，怎么当时会这么回答呢！从北京回来后，他认真听取表叔毛泽东的话，兢兢业业地工作，做出了很大的成绩。后来，他调到北京工作，"文化大革命"中不幸去世。

致孙燕[1]

（一九五五年八月三日）

配君同志：

你的信收到，很高兴。你们想到北京一看，是可以的；但是今年不要来，明年再说吧。你母亲在何处工作，情况如何？如有困难，可告知。

祝你进步

毛　泽　东

一九五五年八月三日

——见于《建国以来毛泽东文稿》第五册第268页（中央文献出版社1991年2月第1版）。

【注释】

〔1〕孙燕：学名孙佩君，当时只有13岁，在长沙保育院上学。她的母亲陈玉英曾在毛泽东与杨开慧的家里当保姆。

【解读】

曾在毛泽东和杨开慧家里做保姆的陈玉英的女儿孙燕的保育院放假了，她想到1951年母亲曾写信给毛主席，想去北京一次，毛主席回信了，但没有去成。现在趁着放假她又想去北京，于是给毛主席写了一封信，提出要“到北京一看”的请求。

毛主席收到信后，立即做了回复。这封信写得亲切自然：“你的信收到，很高兴。”“你们想到北京一看，是可以的。”但是工作太忙，难以安排，只好如实相告：“但是今年不要来，明年再说吧。”并表达了对孙燕母亲的关心。显然，毛泽东把孙燕母女当成了自家人，没有客套话，说的完全是真情实话。

致刘松林[1]

（一九五五年八月六日）

思齐儿：

信收到。患重感冒，好生休养，恢复体力，以利出国。如今日好些，望来此一看；否则不要来。最要紧是争一口气，学成为国效力。

祝好！

父 字

一九五五、八月六日

你要的列宁选集两卷，给你送上。

——见于《建国以来毛泽东文稿》第五册第279页（中央文献出版社1991年2月第1版）。

【注释】

〔1〕刘松林（1930—）：原名刘思齐，革命烈士刘谦初和老共产党员张文秋的女儿。1949年10月15日同毛泽东的长子毛岸英结婚。1950年11月，毛岸英在抗美援朝战争中牺牲。此时刘松林准备去苏联留学。

【解读】

这是我们现在所见到的毛泽东给他心爱的长子毛岸英妻子刘松林最早的一封信，此后，我们还将看到毛泽东多次写给这个被他亲切地称作“女儿”的信。

要解读这封信，不得不说起一段哀婉凄怆的故事。毛岸英、毛岸青和刘松林、邵华是姐妹俩嫁给兄弟俩。刘松林和邵华是同母异父的姐妹。她们的母亲张文秋出生在一个举人家庭，1919年参加恽代英等在武汉领导的“五四运动”，1921年加入中国共产党，是一位老革命干部。张文秋前夫刘谦初曾任中共福建省委、山东省委书记等。毛泽东、杨开慧和刘谦初、张文秋两家在革命斗争中早就有了往来。刘谦初1931年在济南英勇就义。1937年，张文秋在延安与彭德怀的老部下、五次反“围剿”立过战功、长征途中身负重伤的陈振亚结婚。一次，毛泽东等领导人看话剧《弃儿》，小思齐（刘松林）饰演剧中一对被国民党反动派逮捕的革命夫妻的小女儿，感情真挚，催人泪下。演出后，毛泽东亲切地和小思齐谈话，叮嘱张文秋和陈振亚要好好教育、培养烈士的后代，并认小思齐做自己的干女儿，还把小思齐带到家里玩。由此，毛岸英和刘松林也就认识了。后来，毛岸英和刘思齐产生了爱情，1949年10月，婚礼在中南海举行，仪式简单而热烈。毛泽东拿出随身带来的一件黑色夹大衣作为礼物，这是1945年毛泽东赴重庆谈判时穿的。毛泽东风趣地对毛岸英和刘松林说：“这一件大衣，白天让岸英穿，晚上盖在被子上，你们俩都有份。”

1950年10月，结婚才一年的毛岸英匆匆告别了因割阑尾尚在住院的妻子刘松林，随志愿军跨过鸭绿江，奔赴朝鲜战场。1950年11月25日，志愿军总部遭到美机轰炸，毛岸英不幸牺牲。

中华人民共和国成立后，国家领导人的孩子，在战场上或抢险救灾中为国牺牲的，恐怕只有岸英一个。

毛泽东当听到向他报告毛岸英牺牲的噩耗时，非常震惊和悲痛。他想抽烟，颤抖的手几次都抽不出一支香烟，他声音沙哑地叹息：“谁让他是毛泽东的儿子呢！”

在决定毛岸英的遗骨是否运回国安葬时，毛泽东摇摇头，说：“青山处处埋忠骨，何必马革裹尸还。不是还有千千万万志愿军烈士安葬在朝鲜吗？”

毛岸英长眠在朝鲜平安南道桧仓郡中国人民志愿军烈士陵园。

毛泽东和大家忍着极大的痛苦隐瞒着张文秋和刘松林母女，不让她们过早地知道这一悲伤的消息。

1952年春节前夕，张文秋在北京的医院里邂逅延安时期的老战友、抗美援朝归来的李贞将军。李贞无意中说出了毛岸英已壮烈牺牲，张文秋闻之如五雷轰顶，几乎昏倒在医院的走廊上。但始终还瞒着女儿刘松林。

1953年7月23日，板门店停战协定签订，浴血奋战三年的中国人民志愿军终于从朝鲜胜利归来。日夜思念着丈夫的刘松林控制不住自己，怀着惴惴不安的心情跑到毛泽东面前。毛泽东明白再也瞒不过去了。他把女儿喊到身边坐下，慢慢地点燃一支烟，又掐灭了烟头，缓缓地说：“……岸英是个好孩子。尤其是你们的开慧妈妈、毛泽民叔叔、毛泽覃叔叔、毛泽建姑姑和楚雄小弟牺牲……”语气变得凝重起来。

刘松林“哇”的一声大哭起来，……哭声打破了中南海的静谧。

周恩来总理急匆匆赶来，握着刘松林的手，劝慰道：“你爸爸的手都冰凉了，……”刘松林这才止住哭，满脸泪痕地去安慰爸爸。

毛泽东还对悲痛中的刘松林说：“今后你就是我的大女儿。”

两年后的1955年夏天，为了换换环境，也为进一步深造，在毛泽东的关怀下，刘思齐准备到苏联留学。出国前夕，刘思齐患了重感冒。病中，她给毛泽东写了一封信，希望能见一见爸爸。很快毛泽东给她回了这封信。

后来，有一次，毛泽东的老同学、老朋友周世钊和毛泽东谈起那场抗美援朝战争，周世钊对毛泽东说：“如果你不派毛岸英到朝鲜战场上，我看他是不会牺牲的。”毛泽东沉默了，屋子里静悄悄的，沉静中蕴含着无言的痛苦。毛泽东终于说话了。他说：“当然，你说，如果我不派他到朝鲜战场去，他就不会牺牲，这是可能的，也是不错的。但是，你想一想，我是极力主张派兵出国的，因为这是一场保家卫国的战争。我做为党的主席，自己有儿子，不派他去抗美援朝，保家卫国，又派谁的儿子去呢？人心都是肉长的，怜子之心都是一样。如果我不派我的儿子去，而别人都像我一样，自己有儿子也不派他上战场，光派别人的儿子去上前线打仗，这还算什么领导人呢？”周世钊点点头。这是多么感人的一幕。

毛泽东历来非常喜爱刘思齐这个儿媳。1938年在延安时，毛泽东就把刘思齐这个革命烈士的后代认作了自己的干女儿。毛岸英牺牲后，毛泽东更是把刘思齐当作自己的亲生孩子看待。此信直呼“思齐儿”，顿时让人感到一种浓烈的亲情，仿佛在呼唤思齐的同时，也同样在呼唤已逝的岸英，激起对岸英的怀念。毛泽东在信中叮嘱思齐要好好养病，并勉励她出国留学后，要争一口气，努力学成，为国效力。

这封信虽短，但字字真情，语重心长，充分体现出老一代革命家对后代成长的关怀和期望。

致刘松林[1]

（一九五六年二月十四日）

亲爱的思齐儿：

给我的信都收到了，很高兴。希望你注意身体，不使生病，好好学习。我们都好，勿以为念。国内社会主义高涨，你那里有国内报纸否？应当找到报纸，看些国内消息，不要和国内情况太隔绝了。

祝好！

得　胜[2]

一九五六年二月十四日

——见于《建国以来毛泽东文稿》第六册第38页（中央文献出版社1992年1月第1版）。

【注释】

〔1〕刘松林：详见P246注释〔1〕。1955年9月至1957年9月，刘松林在苏联莫斯科大学数学力学系读书。

〔2〕得胜：即李得胜，是毛泽东在转战陕北期间使用过的化名。

【解读】

1955年9月，刘松林（刘思齐）进入苏联莫斯科大学数学力学系读书。身处异国他乡，刘思齐非常想念远在万里之外的亲人。短短的几个月，她一连给毛泽东写了好几封信，向父亲问安问好，同时汇报自己在苏联的学习和生活情况。毛泽东也很想念思齐这个女儿，对她在苏联各方面的情况极为关注。繁忙的国事之余，毛泽东高兴地看了女儿的每一封来信，并抽时间给她回了这封信。

毛泽东时时刻刻都在关心刘思齐的健康、学习和进步。在这封信中，毛泽东嘱咐刘思齐要多读报纸，看些国内消息，多了解一些国内社会主义建设的情况。这既是希望通过国内人民高涨的建设热情激发刘思齐学成后回国效力的斗志，同时也是希望刘思齐“不要和国内情况太隔绝了”。关心政治和时事，热爱自己的国家，这是毛泽东对包括刘思齐在内的新中国青年一代的殷切期望。

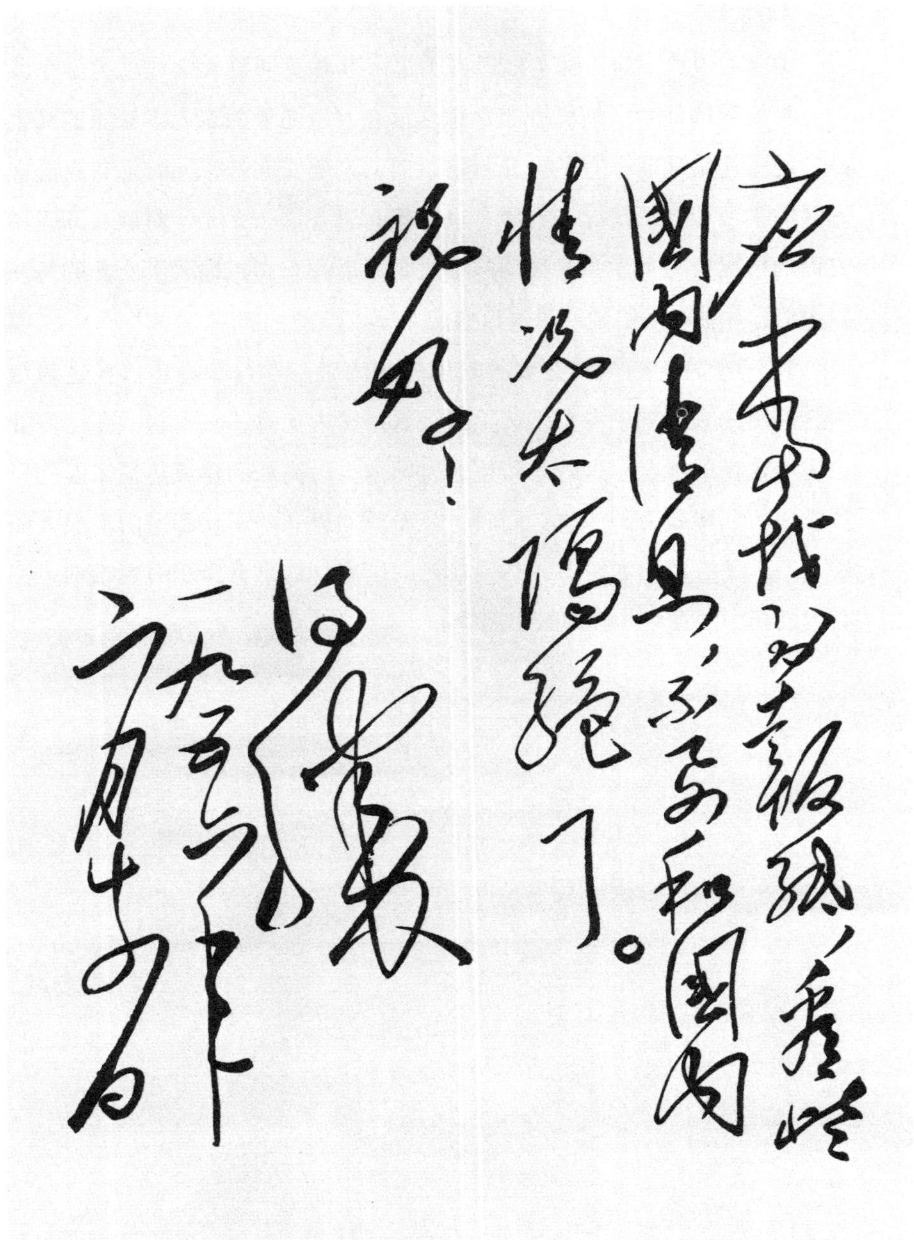

致刘松林（一九五六年二月十四日）（共二页）（第二页）

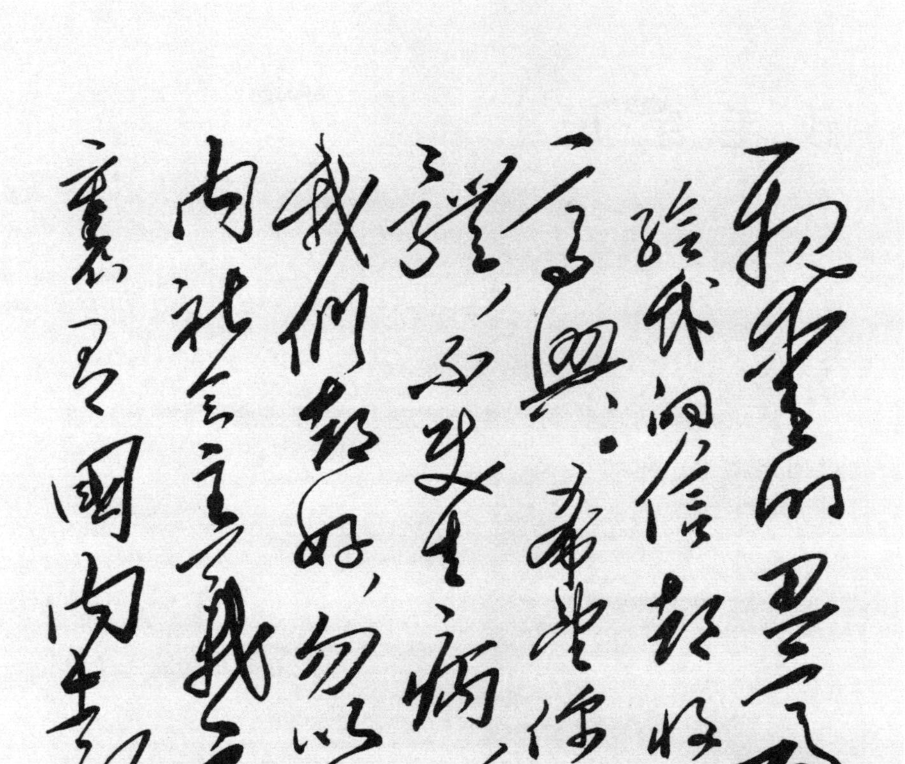

致刘松林（一九五六年二月十四日）（共二页）（第一页）

致毛宇居[1]

（一九五六年四月二十日）

宇居兄：

迭次惠书均已收到，甚为感谢！今借纯珠[2]兄之便敬致问候之意。即祝

兴居康吉！

毛　泽　东

一九五六年四月二十日

——见于《毛泽东致韶山亲友书信集》第110页（中央文献出版社1996年8月第1版）。

【注释】

〔1〕毛宇居：毛泽东的堂兄和私塾老师。详见P34注释〔1〕。

〔2〕纯珠：即毛纯珠（1899—1963），名泽堂，湖南韶山市韶山乡韶源村人，农民。毛泽东的堂弟。

【解读】

1956年4月20日晚，毛泽东在中南海家中接见了毛纯珠及毛泽全（毛荣珠）一家。毛纯珠是毛泽东的堂弟。毛泽全是毛纯珠的大弟，当

时在中国人民解放军总后勤部生产管理部担任生产管理处处长。会见中，毛泽东请他们一起用餐，并向毛纯珠兄弟仔细询问了家乡农业合作社的情况，还特别问到婶母邹氏的情况。

毛纯珠、毛泽全的母亲邹氏是毛泽东在南岸私塾的启蒙老师邹春培的女儿，毛泽东少年时代的好友邹普勋的胞姐。毛泽东当年在南岸私塾读书时常得到她的照顾。1954年秋，邹氏来京时，毛泽东曾把她接进中南海，热情地招待。

会见结束前，毛泽东问了毛泽全的工作情况，并当即写下给毛宇居等人的信，托毛纯珠带回。临别，毛泽东和毛纯珠及毛泽全一家合影留念。

1956年4月，毛宇居的堂弟毛纯珠到北京看望胞弟毛泽全（荣珠）时，受到毛泽东的接见。毛泽东当即写下此信，托他带回，向宇居兄致意。于此可见，毛泽东对这位堂兄兼塾师感情之亲密，时刻不忘。

致毛泽荣[1]

（一九五六年四月二十日）

泽荣贤弟：

多次来信，均收到了。你今年不要来京，明年再讲吧。

顺祝

健康！

毛　泽　东

一九五六年四月二十日

——见于《毛泽东致韶山亲友书信集》第112页（中央文献出版社1996年8月第1版）。

【注释】

〔1〕毛泽荣：毛泽东的堂弟。详见P87注释〔1〕。

【解读】

1953年冬，受毛泽东来信相邀，毛泽荣与文九明、文东仙和革命老人毛月秋前往北京。毛泽东与他们见面畅谈，向他们详细询问了家乡情况。

毛泽东十分注意调查研究，他经常派身边的工作人员外出调查，他身边的警卫战士回家探亲的时候，他也要交给他们调查研究的任务。所以每次会见家乡来的亲友，他都特别注意听取他们对于政府工作的意见，了解他们的愿望和要求。特别是批评方面的意见，他更是鼓励乡亲们畅所欲言。对于生性耿直的毛泽荣，毛泽东在第一次会见时就反复嘱咐，要他回去后注意收集乡下农民对党的政策和政府工作方面的反映，及时向他报告。

毛泽荣牢记主席三哥的吩咐，不负重托，于1954年、1955年先后两次进京向毛泽东和其他中央领导人反映农村情况。1956年春，当毛泽荣再次要求赴京面陈意见时，毛泽东于4月20日给他回了这封信。

1956年是极不寻常的一年，国际国内都发生了一系列重大事件，毛泽东夜以继日，忙着处理国家大事，实在没有工夫会见从家乡来的亲友。这一年，第一个五年计划提前完成，党中央和国务院正忙着编制发展国民经济的第二个五年计划；这一年，对手工业和资本主义工商业的社会主义改造，也达到高潮；这一年，毛泽东召集34个经济部门的负责同志向他汇报工作，讨论社会主义建设需要正确处理的各种矛盾，形成了《论十大关系》；这一年，具有重大里程碑意义的中国共产党第八次全国代表大会召开；这一年，苏共第二十次代表大会召开，开始暴露了苏联社会主义建设中出现的失误和苏联社会主义模式的弊端。

基于国内国际的背景，我们也就不难理解毛泽东在回信中为什么对毛泽荣说“你今年不要来京，明年再讲吧”。收到这封信后，毛泽荣打消了进京的念头，继续收集乡下有关情况，并及时地向毛泽东反映了地方上的一些问题。此后，1962年毛泽荣获准第四次赴京面见“主席三哥”。这时，国家实行调整、巩固、充实、提高的方针，全国人民克服困难，满怀信心地建设社会主义。毛泽东请毛泽荣吃饭，毛泽荣事先以为一定会备一桌丰盛的菜肴。哪知道，桌上摆的是几样普通的家常菜：豆腐、辣椒、茄子、空心菜等。全国正在过苦日子，毛泽东正带头不吃肉哩！

1972年，毛泽荣到北京与毛泽东最后一次见面。他万没想到，这次北京之行，竟成了他们兄弟的永诀。当时，毛泽东躺在病榻上，昏迷不醒。当他清醒时，还挂念家乡的亲人，对守护在身边的女儿李敏说："我快不行了，有件事得请你们去做了，家乡还有两个叔叔（即毛泽荣与毛泽连），他们身体很不好，你们要代我去看看。"

人们惊奇地发现，毛泽荣与毛泽东的一生交往中，五封信与"五"字结下了不解之缘：五次上京、五弟的机缘巧合，印证了毛泽东与毛泽荣之间的兄弟情分。每封书信、每次进京，五弟毛泽荣都得到了三哥毛泽东思想上的教育和物质上的帮助，同时也向毛泽东反映了农村的情况和存在的问题。

毛泽东对毛泽荣既是温情的又是严格的，兄弟之间的情谊温暖而绵长。毛泽东一辈子都没有忘记毛家兄弟。

致毛笔珠[1]

（一九五六年十月四日）

笔珠兄：

纯珠[2]兄来说你已加入了合作社[3]，甚为高兴。望你努力工作。顺祝

康吉！

毛　泽　东

一九五六年十月四日

——见于《毛泽东致韶山亲友书信集》第111页（中央文献出版社1996年8月第1版）。

【注释】

〔1〕毛笔珠（1895—1973）：即毛泽田，湖南韶山市韶山乡韶源村人，农民。毛泽东的堂弟。

〔2〕纯珠：即毛纯珠，毛泽东的堂弟。详见P254注释〔2〕。

〔3〕合作社：即农业生产合作社。1956年，我国农村普遍建立了高级农业生产合作社，生产资料私有制的农业社会主义改造基本完成。

【解读】

毛笔珠是毛福生的第三子，其父毛福生与毛泽东的父亲毛顺生是五服内的堂兄弟，往来密切。其长兄毛宇居是毛泽东少年时代的塾师。毛笔

珠小时候和毛泽东一起在毛宇居的门下读过书，弟兄俩常在一起玩耍，感情不错。毛笔珠的次兄毛智珠是毛远耀、毛远翥（zhù）、毛远翔的父亲。

1925年，毛笔珠参加了农民运动。1927年大革命失败后，由于白色恐怖严重，毛笔珠与党脱离了联系，在家以种田为生。由于毛笔珠为人精明，善于经营，且十分勤劳，逐渐积累了一些资金，购进了部分田产，一家人过着比较富裕的日子。

中华人民共和国成立后，在土地改革中，毛笔珠被划为富农成分，他家的几亩水田也被分给了穷人。1952年冬天，毛宇居进京时，毛泽东曾详细询问了毛笔珠的情况，当听说毛笔珠身体不太好、家中缺少劳力、生活十分困难时，毛泽东深表同情。毛宇居回乡时，毛泽东托他捎去四丈布料作为礼物送给毛笔珠。

1956年4月20日晚，毛泽东在中南海家中与堂弟毛纯珠、毛泽全会面时，又一次问到毛笔珠的情况，当得知毛笔珠在家乡诚实劳动，已经加入了农业合作社时，毛泽东甚感欣慰，当即挥笔写下了这封充满热情和鼓励的信，由毛纯珠带回。

对毛笔珠这位被划为富农成分的堂弟，毛泽东是十分关心的。对毛笔珠早年参加农民运动和支持革命的表现，毛泽东也是了解的。况且，毛笔珠家的情形在划富农成分时处于可划与可不划之间。但是，毛泽东并未通过自己的影响力去干预当地政府所做的决定。“不愿也不应当直接处理一般地方性的问题，使地方党政不好办事”，是毛泽东一贯坚持的原则。不为亲友徇私，不为亲友撑腰，又是毛泽东在对待和处理与亲友关系上的重要原则。因此，毛笔珠最终未能改变富农成分。但富农成分并未割断他与毛泽东之间的兄弟之情，当听说毛笔珠能够服从当地政府的管理，在家乡勤勤恳恳地劳动，并已加入了农业合作社时，毛泽东内心是十分高兴的。

信中，毛泽东表达了自己这种喜悦心情，同时热情地鼓励毛笔珠努力工作。信虽然写得简短，但对当年生活在特定历史背景下的毛笔珠来说是极大的肯定和鼓舞。

致杨开智[1]

（一九五六年十二月十三日）

子珍兄：

历次惠书并寄照片均已收到，甚谢。敬问老太太[2]及阖家安吉！

泽　东

一九五六年十二月十三日

——见于《建国以来毛泽东文稿》第六册第262页（中央文献出版社1992年1月第1版）。

【注释】

〔1〕杨开智：毛泽东夫人杨开慧的胞兄。详见P65注释〔1〕。

〔2〕老太太：指杨开慧的母亲向振熙。

【解读】

收到杨开智的信和照片，毛泽东致信回告，表示感谢，特别不忘对岳母“老太太及阖家安吉”的“敬问”。毛泽东看重亲情、尊老守礼的品格可见一斑。

致毛春秀[1]

（一九五六年十二月十三日）

春秀同志：

给我的信早已收到，多年不见，甚为高兴。

调你儿子[2]做财经工作一事，我不能办，要在当地所属机关自己申请，乞谅为荷！

祝好！

毛　泽　东

一九五六年十二月十三日

——见于《毛泽东致韶山亲友书信集》第113页（中央文献出版社1996年8月第1版）。

【注释】

〔1〕毛春秀（1893—1972）：湖南韶山市韶山乡韶山村人，农民。毛泽东的族姑母，李远明的妻子。李远明（1895—1951），湖南韶山市永义乡狮山村人，毛爱桂的姐夫。

〔2〕你儿子：指李敦厚（1924—1996），当时是小学教师。

【解读】

毛春秀是毛泽东的族姑母，上屋场故居的邻居毛爱桂的姐姐。1925

年春节期间，毛泽东回到韶山开展农民运动，成立了雪耻会，建立了党支部。支部成员常在上屋场开会，有时毛爱桂的大哥毛爱堂等积极分子也来参加。毛爱桂当时才14岁，帮助站岗放哨。毛爱堂于1925年赴广州参加革命，曾为广东省中共党组织工作人员，1927年在湖北武昌牺牲。一说1925年，毛爱堂到广州找到了当时在广州主办农民运动讲习所的毛泽东，经毛泽东介绍，参加国民革命军北伐，后又随毛泽东上井冈山，在长征中不幸牺牲。

毛泽东母亲文七妹在世时，毛爱桂的母亲肖氏经常帮助文七妹料理家务，深受文七妹的喜爱和敬重。文七妹生病时，肖氏又曾帮助服侍照应。毛春秀勤奋、老实，在少年毛泽东心中留下了深刻的印象。两家关系很好。

毛爱桂在1949年冬要外甥李敦厚代他写一信给毛泽东，打听其兄毛爱堂的下落。毛泽东回了信，还问候了毛爱桂的姐夫、毛春秀的丈夫李远明。中华人民共和国成立后，毛泽东一直关心着毛爱桂一家。1954年，毛泽东托乡亲给毛爱桂带去衣料四丈，又关照当地政府帮助毛爱桂治眼病，落实烈属待遇。1955年4月，毛爱桂和大姐毛春秀来到北京，受到毛泽东的热情接待。

1956年，毛春秀给毛泽东写信，提出要调儿子做财经工作的请求，毛泽东在这封回信中，根据他一贯秉公办事的原则拒绝了这一要求。毛泽东对待提出要求引荐或解决工作的族人，一律婉拒，不介绍、不推荐、不说话、不写信，堪称党内干部家风建设的楷模。这封信，看似无情，却更有情，作为中央人民政府主席，毛泽东视人民的利益高于一切，他决不允许自己的亲朋好友中有通过他谋取个人私利的想法。毛泽东恋亲，但不为亲徇私；接济亲友，但一切按党的政策办事。这是毛泽东处理与亲友关系的两大原则。

致杨开英[1]

（一九五六年十二月十六日）

开英同志：

很久以前接你一信，甚为高兴。拖延未复，以后查不到你的地址了。近日毛世美[2]他们来看我，知道你在大连的育英中学做教务长，又说你仍患肺病，甚为系念。寄上一点钱以供医药之用。如有所需，尚望告我。我的情况尚好。杨老太太[3]及杨子珍夫妇[4]和我仍有联系。便时望以你的情况见告。

祝好！

毛　泽　东

一九五六年十二月十六日

——见于《建国以来毛泽东文稿》第六册第269页（中央文献出版社1992年1月第1版）。

【注释】

〔1〕杨开英（1915—1973）：杨昌济之弟杨昌恺的三女儿，毛泽东夫人杨开慧的堂妹，当时任大连第三中学副教导主任。

〔2〕毛世美：现名毛臻，是毛远耀与胡觉民的长子，毛泽东的远房侄孙。其祖

父毛智珠是毛宇居的胞弟。毛世美当时在沈阳黎明机械厂工作。他曾在大连工农速成中学读书，了解一些杨开英的情况。

〔3〕杨老太太：指杨开智和杨开慧的母亲向振熙。

〔4〕杨子珍夫妇：指杨开慧之兄杨开智（字子珍）和他的夫人李崇德。

【解读】

杨开英是杨开慧的堂妹，杨昌济之弟杨昌恺的三女。1915年生于长沙板仓，比杨开慧小14岁。1930年，杨开慧牺牲时，她才15岁。此后，她常去看望霞姐（杨开慧）的母亲向振熙，向伯母尽一片孝心。后来，她考入湖南大学，毕业后，多年从事教育工作。1949年冬去大连，先任教于大连工学院，后调任大连育英中学副教导主任。

她身体状况一直不好，从小患有肺病，家里无钱治疗，工作后病情日益加重，常犯气喘、咳嗽、肺炎等毛病。又由于她以事业为重，尚未成家。

毛泽东见到杨家的亲人，更加怀念杨开慧。毛泽东把对杨开慧的一片深情，也寄托在杨开慧堂妹杨开英的身上，对她关怀备至。

1950年，杨开英去北京看望毛泽东，毛泽东亲切地接见了她。毛泽东见她病情严重，叫她留在北京治疗，并住在自己家里。对于毛泽东给予的关怀，杨开英非常感激，但她自觉不宜在中南海久住，等病情略有好转，即告别毛泽东，返回大连。此后几年，毛泽东与她失去联系。

1956年12月，毛泽东在接见侄子毛远耀、毛远翔兄弟及侄媳胡觉民等人时，听说杨开英肺病未愈，经济拮据，生活极度困难，旋即给杨开英寄去200元人民币，并给她写了这封信，既表达对杨开英病体的关怀，又希望她要与亲友沟通，取得更多亲人的关心和帮助，亲情爱意，充满字里行间。

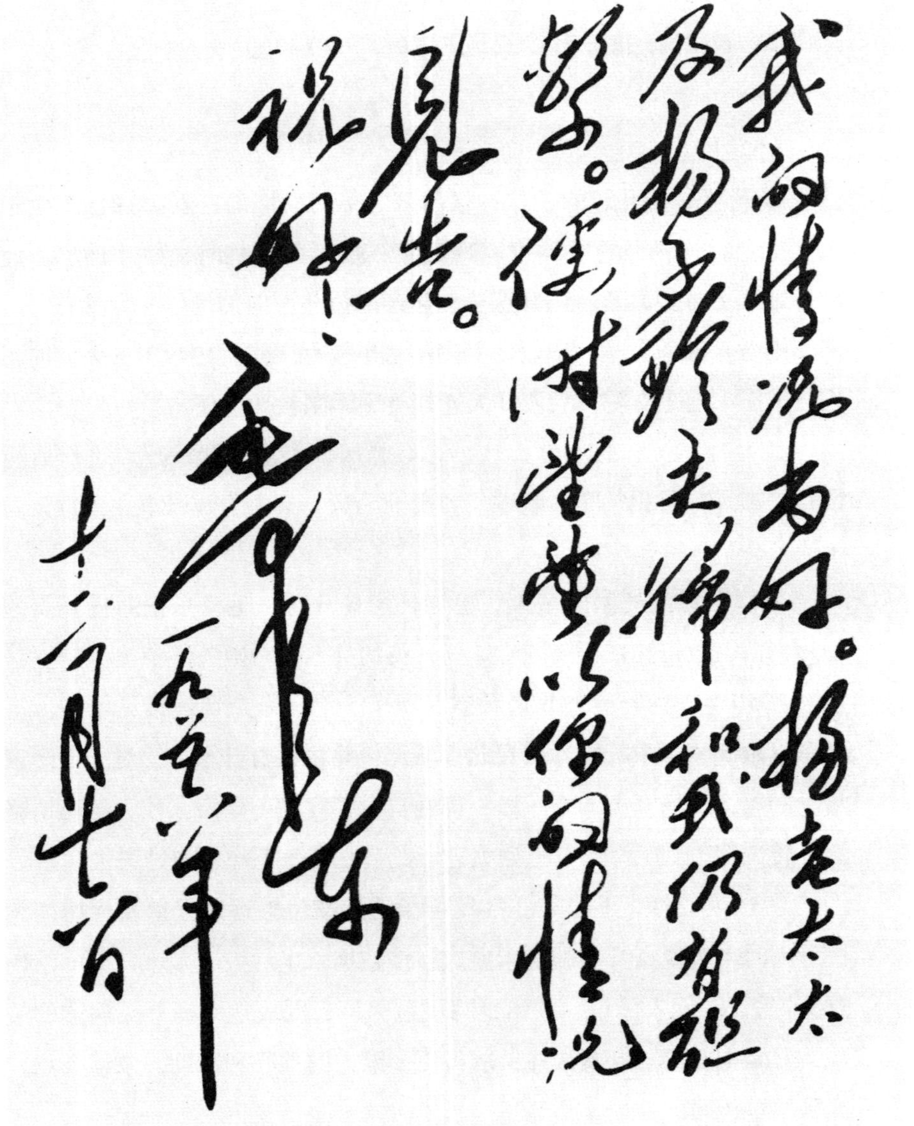

我的情况尚好。杨老太太及杨分子来信和我们有联系。便时请以你的情况见告。

祝好！

毛泽东

一九五六年十二月七日

致杨开英（一九五六年十二月十六日）（共二页）（第二页）

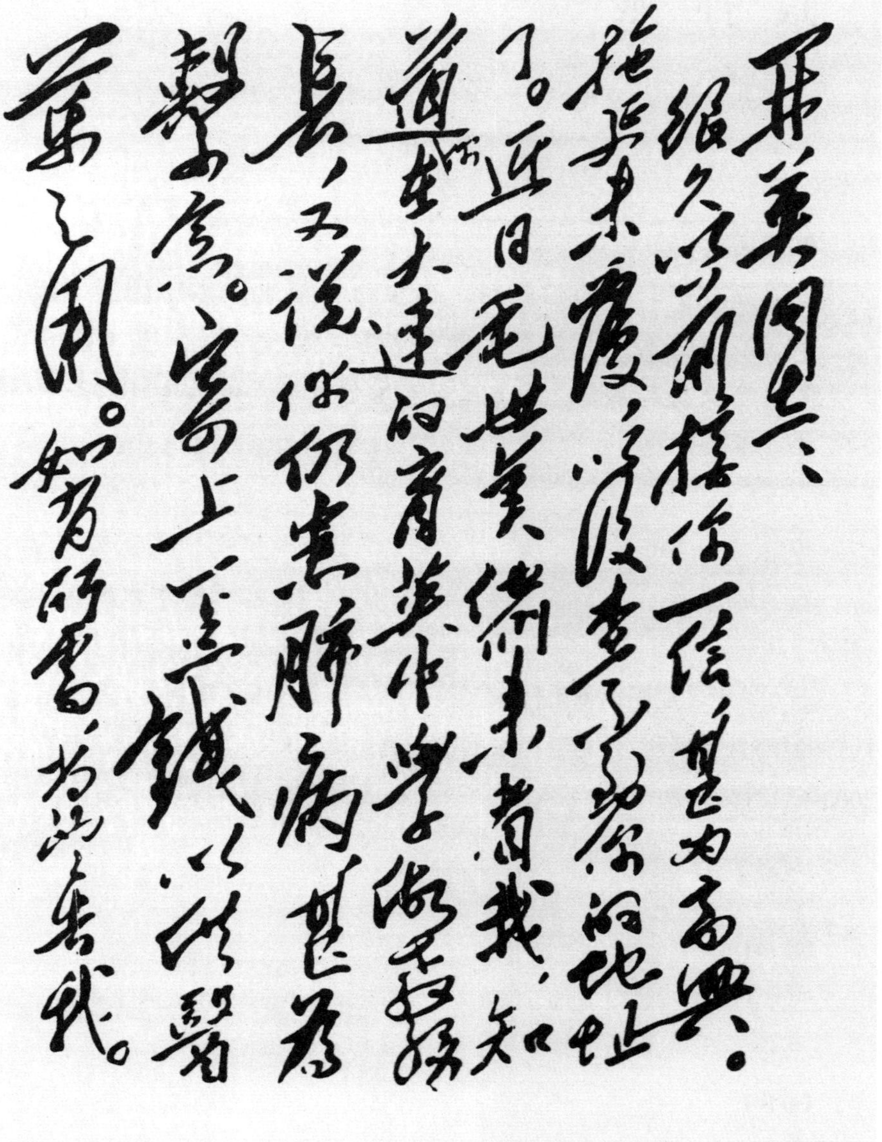

开英同志：

很久以前接你一信，甚为高兴。拖延未复，以后忘记了你的地址了。近日毛世英偕来，告我，知道你在天津的商业学校做教务长，又听说你患肺病甚为严重。寄上一点钱，以供医药之用。如有所需，可写信告我。

致杨开英（一九五六年十二月十六日）（共二页）（第一页）

致孙燕[1]

（一九五七年六月八日）

佩君同志：

五月十六日的信收到。已在初中毕业，甚慰。升学的事，我不宜向学校写信。能否考取，听凭学校。如不能升学，可以在家温课。寄上三百元给你母亲，以后还可以寄一些。不要忧虑。

毛　泽　东

一九五七年六月八日

——见于《建国以来毛泽东文稿》第六册第501页（中央文献出版社1992年1月第1版），《毛泽东书信选集》第488页（中央文献出版社2003年11月第1版）。

【注释】

〔1〕孙燕：学名孙佩君，她的母亲陈玉英曾在毛泽东和杨开慧的家里当保姆。

【解读】

孙燕初中毕业时，想报考湖北武昌的音乐专科学校，但人生地不熟，不知道怎么报考，便于五月十六日写了一封很幼稚的信给毛泽东，请“亲爱的慈父”帮助：

亲爱的慈父：

您好。

我现在马上就要初中毕业了，面临着个投考学校的问题。我们的老师劝我去考音专，听说音专在武昌，我想请您老人家为我写一封信给学校，问一问他们到底要考一些什么科目。还有，我的这种情况考不考得取，我们的老师和同学都说我唱歌还可以，如果只考唱歌，我还是可以的，如果要考其它，还是希望主席您为我了解一下……

收到信后，毛泽东郑重其事地给她回了信，对孙燕初中毕业表示“甚慰”，明确告诉孙燕自己不宜向学校写信说情，能否考取，听凭学校，如不能升学，就在家温习。既讲原则，又有亲情。

孙燕接到毛主席的复信后，认认真真地在家温习功课，并针对自己理科成绩差的缺点，设法补上。在那个月里，孙燕的母亲陈玉英被毛主席请到北京，返回时，还带来了一张有毛泽东签名的照片。有毛主席这样的关心，孙燕鼓足了劲，决心一定要温好功课，考出好成绩来。

致刘松林[1]

（一九五七年八月四日）

思齐儿：

信收到。回来了，很高兴。

转学事是好的，自己作主，向组织申请，得允即可。如不得允，仍去苏联，改学文科，时间长一点也不要紧。不论怎样，都要自己作主，不要用家长的名义去申请，注意为盼。

祝你进步

父 亲

八月四日

——见于《老一代革命家家书选》第53页（中央文献出版社、生活·读书·新知三联书店1990年2月第1版）。

【注释】

〔1〕刘松林：详见P246注释〔1〕。刘松林这时在苏联莫斯科大学数学力学系读书。

【解读】

刘松林从小在艰苦的环境中长大，身体一直不太好。到苏联莫斯科大学读书以后，由于难以适应当地的气候和生活习惯，她不断生病。又由于平时比较多的接触和喜爱文科的她突然学理科，而且还要跟上俄语授课，这使刘松林深感学习的吃力和困难。1957年暑假，刘松林回到北京。她写信把自己的情况和希望转学国内的想法告诉了父亲毛泽东，毛泽东很快给她回了这封信。

毛泽东这封信是以“父亲”落款的，他把松林当作自己的女儿，因而这封信写得既原则又充满了亲情，既提出了自己的意见，又鼓励孩子独立自立。在这封信中，毛泽东除反复强调转学事应由“自己作主”外，教育刘松林要有组织观念，服从组织决定。同时像对自己的子女一样，提出严格的要求，提醒刘松林注意身份和影响，不能搞特殊化，靠毛泽东的影响去谋私利。“不要用家长的名义去申请”，“家长”二字多么亲切、温馨，充分说明毛泽东完全把刘松林当作自己亲生的大女儿看待；同时也像自己对待其他子女一样，提出了严格要求，体现了毛泽东坚定的原则性。这是一个父亲对女儿真正的大爱！

毛泽东对子女的严格要求与少数领导干部对子女放纵、溺爱甚至无原则的包庇，形成了鲜明的对比，非常值得今天的人们去深思和学习。

致刘松林[1]

（一九五七年八月九日）

思齐儿：

信收到。我在此间有事，不要来。你应当遵照医生、党支部、大使馆的意见，下决心在国内转学文科。一切浮言讥笑，不要管它。全部精力，应当集中在转学后几年的功课上，学成为国服务。此嘱。

父　亲

八月九日

——见于《老一代革命家家书选》第54页（中央文献出版社、生活·读书·新知三联书店1990年2月第1版）。

【注释】

〔1〕刘松林：详见P246注释〔1〕。1955年9月至1957年9月，刘松林在苏联莫斯科大学数学力学系读书。1957年10月至1961年8月，刘松林在北京大学俄罗斯语言文学系读书。

【解读】

这封信和毛泽东致刘松林的上一封信，仅相隔5天，一方面表现了毛泽东对刘松林转学之事甚为关切，另一方面，其中别有隐情：

1957年暑假，刘松林从苏联回国，在毛泽东的支持下，办理了转学手续，然后又返回苏联，补办其他手续，于10月回国后正式进入北京大学俄罗斯语言文学系学习。很快，她出入中南海的特别通行证被江青派人收走了。江青还放出话来："刘松林不是我们家的人。"刘松林进不了中南海，自1957年以后，父女俩只有书信往来了。

江青是毛岸英的后妈，毛岸英本来很尊重她。从苏联回国后的一段时间里，毛岸英对这位后妈很注意礼节，也很亲近。但是，时间长了，江青身上的恶性逐步暴露出来，对岸英转而采取冷漠排斥的态度。毛岸英比江青小8岁，身上有着毛泽东不屈的禀性，革命经历和资格也不比江青浅，文化程度高，见的世面多，政治上也比江青成熟，深受毛泽东的信任和喜爱。因此，江青不敢惹毛岸英。有些毛泽东不便说出的话，毛岸英能说也敢说。江青在毛岸英面前无法逞能。毛岸英牺牲后，江青有了泄愤的机会，把对毛岸英的忌恨转嫁到了刘松林身上。对此，刘松林内心十分痛苦，因为不能再去看望爸爸了，更不能把自己的心事倾诉给爸爸听了。

刘松林要求从国外转学国内的消息传出后，便有一些人讥笑她。说她从国内读到国外，又从国外读到国内，没有读好书，没有出息。听到这些闲言碎语，刘松林深感苦恼，内心十分焦虑和矛盾。她多么希望见一见爸爸，从爸爸那里得到理解，得到支持。于是，刘思齐又给毛泽东写了一封信，毛泽东很快给她回了这封信。

在信中，毛泽东要刘松林听取各方面的意见，下决心在国内转学文科。同时，教育刘松林"一切浮言讥笑，不要管它"，集中精力，学好功课，准备为国服务。这些意见，对成长中的刘松林来说是非常中肯的，帮助她克服了彷徨苦闷的情绪，果断转了学。因为让生活中的不愉快纠缠和困扰自己，势必影响工作和学习，浪费自己宝贵的时光。这既是对刘松林的期待和希望，也是对所有青年人的启迪和教育。

致孙燕[1]

（一九五七年十二月十七日）

配君同志

来信收到。我同意你的意见，不去乡村。你母亲年已六十，不能劳动，当然不宜下放。你年小，你母亲需要照料，可以不去。但此事应由党作决定。你可持此信和你母亲一道，去湖南省委统战部，找那里的负责同志谈一谈，请他作出决定。我这封信只是建议，不是决定。

问你母亲和你好！

毛　泽　东

一九五七年十二月十七日

去统战部时，可把你母亲照顾杨开慧同志的历史[2]谈一下，使那里的同志了解情况。

——见于《毛泽东书信选集》第491页（中央文献出版社2003年11月第1版）。

【注释】

〔1〕孙燕：学名孙佩君，她的母亲陈玉英曾在毛泽东和杨开慧的家里当保姆。

〔2〕你母亲照顾杨开慧同志的历史：1926年冬，孙燕的母亲陈玉英到毛泽东和杨开慧的家里当保姆。1930年10月随杨开慧一起被国民党反动派逮捕，在狱中同敌人做了不屈的斗争。

【解读】

1957年下半年，国家在经济建设中遇到了困难，决定压缩和下放城市人口。长沙市做出了三条规定：1. 户口不在长沙的要下放；2. 家庭生活无来源的要下放；3. 本人一时无法找到工作的要下放。当时有人据此三条规定，要让孙燕回宁乡农村去。其时，孙燕已在一所民办中学当代课教师，而且还获得了模范教师的好评。想到就此下乡了，母亲无人照顾，自己也前途莫测。忧急之中，她想起了毛主席，于是向毛泽东主席写了一封信。

敬爱的慈父毛主席：

您好！

妈妈要我写这封信给你，现在，派出所要我们下放，理由是我家无主劳动力，生活无固定来源。要下放到农村去，自食其力。其实，我们每人都有生活费20元，我自己在学校当代课教师，妈妈在办事处做街道工作，任妇女主任。这两点，都是不属于下放的对象。我妈妈在共产党的领导下翻了身，政治上和生活上都得到了很好的照顾。如果下放了，我们一家就无能为力了。向您的家里人问好。

因时间久远，孙燕已无法记起这封信的准确日期，只记得过了不到两个星期，就收到了毛主席的这封回信。

综观几十年来毛泽东给亲友、同学、老师以及乡亲的来信，直接“表态”解决问题的，只有两次，一次是1952年10月10日给毛爱桂的信，同意毛爱桂的儿子毛泽林“出来搞一点随时随意的工作”，并建议他“向所属当地机关申请”。再一回就是这次给孙燕的信，“我同意你的意见，不去乡村。你母亲年已六十，不能劳动，当然不宜下放。你年小，你母亲需要照料，可以不去。”并建议她去找省委统战部时，“可把你母亲照顾杨开慧同志的历史谈一下，使那里的同志了解情况。”

这无疑是两个特例。前者是毛泽东的隔墙邻居，又是烈士的亲属，后者是过去自己家里保姆的女儿，其母也是为革命坐过牢、吃过苦的。可以说，毛泽东把毛爱桂一家和陈玉英一家视作应由公家特别照顾的对象，是完全放在“革命前提”之下的。由此可见毛泽东的爱，是无产阶级利益的爱，是超越了个人私情的博大的爱。

当然，毛泽东办事从来就是有分寸的，他虽然表示同意“不去乡村”，但又说明“此事应由党作决定”，他是不会直接插手地方党政工作的。

其实，孙燕收到毛泽东的这封信后，并没有去省委找谁，因为就在她给毛泽东写的信寄出才两天，长沙市民主街的杨姓户籍警便来到她们家，说明孙燕不属下放对象。所以，毛泽东的这封回信，孙燕没给任何人看。

致李纳[1]

（一九五八年二月三日）

李讷：

念你。害病严重时，心旌摇摇，悲观袭来，信心动荡。这是意志不坚决，我也常常如此。病情好转，心情也好转，世界观又改观了，豁然开朗。意志可以克服病情。一定要锻炼意志。你以为如何？妈妈很着急，我也有些。找了小员、院长计苏华、主治大夫王历耕、内科大夫吴洁诸同志今天上午开了一会，一致认为大有好转。你昨夜睡了九小时，你跑出房门在小廊上看画报。白血球降下来了，特别是中性血球，已恢复正常。他们说不成问题，确有把握，你可以放心。这点发烧，应当有的，完全正常。妈妈很不放心，打了电话给她，她放心了。李讷，再熬几天，就可完全痊愈，怕什么？我的话是有根据的。为你的事，我此刻尚未睡，现在我想睡了，心情舒畅了。诗一首[2]：青海长云暗雪山，孤城遥望玉门关。黄沙百战穿金甲，不斩楼兰誓不还。这里有意志。知道吗？你大概十天后准备去广东，过春节。愿意吧。到那里休养十几天，又陪伴妈妈。亲你，祝贺你胜利，我的娃！

爸　爸

二月三日上午十二时

半睡状态执笔，字迹草率，不要见怪。有话叫小员来告我。

——见于《老一代革命家家书选》第55—56页（中央文献出版社、生活·读书·新知三联书店1990年2月第1版）。

【注释】

〔1〕李讷：毛泽东和江青的女儿。详见P160注释〔1〕。

〔2〕诗一首：是盛唐著名边塞诗人王昌龄（698—757）《从军行七首》的第四首。

【解读】

1958年初，毛泽东的次女李讷得了急性盲肠炎，需要住院动手术。同时，李讷小时候打针，针头曾断在肉里，一直未取出，也需要动手术。经医生研究，决定两个手术一起做。不巧的是，此时江青不在北京，去了广州。平时李讷看病的事情都是由江青安排的。这一次，毛泽东亲自打电话同北京医院院长计苏华联系，医院决定由外科大夫王历耕等人为李讷做手术。结果，割阑尾的手术进行得很顺利，取断针时却遇到了麻烦，手术进行的非常困难。术后，李讷伤口感染，引起发烧。毛泽东极为担心。

几天来，由于工作紧张忙碌，又时时惦念着女儿的病情，毛泽东感到精神从未有过的疲倦。2月3日这天中午12点，在又度过了一个通宵不眠的工作之夜后，毛泽东吃了几片安眠药，准备上床睡觉。临睡前，他仍不放心女儿，便给李讷写了这封长信。

毛泽东很注意李讷意志力的培养。一次，毛泽东带李讷到大海中游泳，从拂晓5点多，一直游到接近中午的11点，李讷游得精疲力竭，但在父亲的鼓励下，李讷硬是坚持了下来。在这封信中，毛泽东又强调了“意志力”的作用，帮助女儿用“意志力”坚定战胜疾病的信心。

首先，毛泽东给女儿分析了人在病重时和病情好转时的两种不同心态，并从人生重病时之所以信心动荡，完全是意志不坚决的一种表现中得出“意志可以克服病情，一定要锻炼意志”的结论，从而坚定女儿克服病情的决心。接着，毛泽东客观地给女儿分析病情，并把医生们的看法以及妈妈从“很着急”“很不放心”到“打了电话给她，她放心了”的情形告诉李讷，以此打消李讷的恐惧和担心。最后，毛泽东录古诗一首，再次鼓励女儿坚定意志。

这是一封充满了人伦亲情和哲理的家书，体现了伟大的父爱。其中所蕴藏的细腻、真挚、深厚的感情通过一种平易、具体、直接触摸到人的脉搏和心灵的语言诠释出来，读来的确令人感动。其实，正是这种情感的真诚与人生感悟的真谛，使家书有了万金难抵的价值，也正是这种真情，这种精神的放松和解脱，这种凝聚了许多生命体验的结晶，使家书的作者在无意中超越平常的自己，达于灵魂飞扬的境界。这也正是毛泽东的家书给人们带来的深刻新奇的体验的奥妙所在。

致陈玉英[1]

（一九五八年二月十一日）

玉英同志：

几次来信均已收到。此次看见佩君[2]，她说暂时不做工作，继续补习，将来再讲工作问题。我看这个主意不错，故让她回长沙。她还年轻，目前学习一时期有益。由她带上二百元，不足之数另寄。

祝好！

毛　泽　东

一九五八年二月十一日

——见于《建国以来毛泽东文稿》第七册第79页（中央文献出版社1992年8月第1版）。

【注释】

〔1〕陈玉英：湖南宁乡人，1926年至1931年曾在毛泽东和杨开慧的家里当保姆。

〔2〕佩君：即孙佩君，陈玉英的女儿。

【解读】

毛泽东视当年的保姆母女如家人，关爱有加。此信不仅对佩君“继续补习”事表示关心和肯定，又带去200元钱，还说“不足之数另寄”。既从经济上资助，又从学习上关怀，足见毛泽东的高风亮节。

致陈玉英（一九五八年二月十一日）（共二页）（信封）

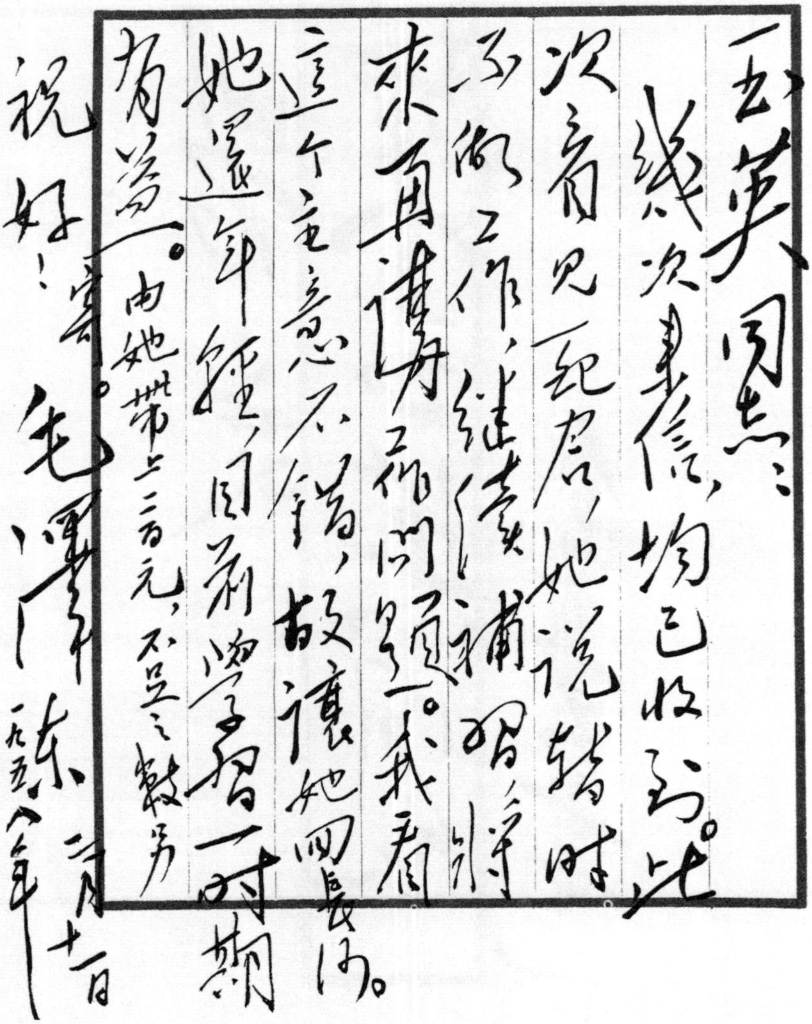
玉英同志：

几次来信，均已收到。此次看见纪君，她说暂时不能工作，继续补习，将来再谈工作问题。我看这个主意不错，故让她回长沙。她还年轻，回前学习一时期有益。（由她带上二百元，不足之数另寄。）

祝好！

毛泽东

二月十一日

一九五八年

致陈玉英（一九五八年二月十一日）（共二页）（第二页）

致杨开智[1]

（一九五八年二月十一日）

子珍同志：

几次来信，均已收到。听说贵体有些毛病，望好好养息。两位老太太[2]高寿健康，甚为高兴，敬致问候之意。并问尊夫人好！

毛　泽　东

一九五八年二月十一日

——见于《建国以来毛泽东文稿》第七册第80页（中央文献出版社1992年8月第1版）。

【注释】

〔1〕杨开智：毛泽东夫人杨开慧的胞兄。详见P65注释〔1〕。

〔2〕两位老太太：指杨开慧的母亲向振熙和向振熙的姐姐。

【解读】

毛泽东一直非常关心杨家亲人，和杨开智联系尤多。1958年，杨开智已是花甲之年，年老体弱，但他仍以多病之躯，积极从事各种社会活动：编写茶叶资料，撰写回忆录，向青少年介绍革命先烈的事迹和毛泽东从事革命斗争的业绩。这是毛泽东在得知杨开智身感不适之后写给他的慰问信。

信中所说的两位老太太，指毛泽东的岳母向振熙和她的姐姐。两位老人这时都已年近90，身体仍很健康，故毛泽东说“甚为高兴”。在问候杨开智和夫人李崇德的同时，也顺便给两位老人带去了衷心的祝福。毛泽东有一颗慈孝之心，对长辈中老人的生活特别关心。杨开智夫妇后来写文章回忆说：“全国实行薪金制后，主席一直给杨老太太寄生活费，从未间断。有一次，秘书偶然疏忽漏寄，主席不知怎么知道了，事隔半年，还指示秘书补寄了来。”

1959年6月毛泽东回韶山，在长沙接见了杨开智，询问了其工作和家庭情况，表现了对亲友的亲切关怀。

致杨开英[1]

（一九五八年二月二十日）

友妹[2]：

来信收到，很高兴。结婚了，病也好了，为你祝贺。好像是在一九五六年，听了胡觉民[3]同志说你又穷又病，曾付一信[4]，并寄了一点钱给你，不知收到否？我还好。江青有一点病。谢谢你的问候。祝你努力为人民服务，同时注意身体。并问李同志[5]好！

毛　泽　东

一九五八年二月二十日

——见于《建国以来毛泽东文稿》第七册第85页（中央文献出版社1992年8月第1版）。

【注释】

〔1〕杨开英：毛泽东夫人杨开慧的堂妹。详见P264注释〔1〕。

〔2〕友妹：即杨开英。

〔3〕胡觉民：湖南湘乡人，毛泽东的堂侄媳，毛远耀的妻子。

〔4〕曾付一信：指1956年12月16日毛泽东致杨开英的信。

〔5〕李同志：指李辉，杨开英的丈夫。

【解读】

1958年2月，经人介绍，杨开英与化工部橡胶工艺设计院工程师李辉结识相爱，结为伴侣。婚后，杨开英由大连调到北京工作，任北京市第六十九中学教导处主任。不久，杨开英给毛泽东写了一封信，告知她已调来北京，成了家，病也好了等消息，字里行间充满着新婚的喜悦。毛泽东接到她的来信，十分高兴，很快给她写了这封回信。

信中充满了对杨开英战胜疾病并找到婚姻幸福的喜悦和祝福之情。对往事的重提，不但没有影响此刻的愉悦心情，反而更使内心获得了极大的欣慰之感。“我还好。江青有一点病。”淡淡一句，是对“友妹”问候的答复。“祝你努力为人民服务，同时注意身体。并问李同志好”，话语不长，却饱含着期望、关怀和问候，是对“友妹”开始新生活的美好祝愿。我们所做的一切，在毛泽东的眼中，归根结底都是“为人民服务”，这充分体现了毛泽东最为崇高的人生观念和革命宗旨。

致毛宇居[1]

（一九五八年九月十日）

禹居兄：

遵嘱写了湘潭大学校名二纸，请转致选用为盼！另致东山学校[2]一缄，亦烦转致。

毛泽东

九月十日

——见于《毛泽东致韶山亲友书信集》第114页（中央文献出版社1996年8月第1版）。

【注释】

〔1〕毛宇居：亦作毛禹居，毛泽东堂兄和私塾老师。详见P34注释〔1〕。

〔2〕东山学校：即原湖南湘乡县立东山高等小学堂。1910年秋至1911年春毛泽东曾在该校读书。

【解读】

1958年8月，湘潭人民渴望已久的湘潭大学即将创办，年已77岁高龄的毛宇居受中共湘潭县委委托，赴京请毛主席为湘潭大学题写校名。

这是毛宇居第三次赴京。见到宇居兄，毛泽东十分高兴。听到宇居兄的来意并听取和询问了有关建校的筹备情况后，毛泽东几分打趣又几分认真地对宇居兄说："近年来，许多人请求题字，我都未题。我的字，写得并不好。我小时候读书的东山学校，几次要求我写校牌，我也未写，假如给你们写了，他们不会有意见吗？"毛宇居略一思量，笑着说："这个问题好办，你写两张，东山学校那一张我替你送去，两县人民不就都没有意见了吗。"毛泽东笑了笑，答应了。

几天后，毛泽东派秘书到毛宇居下榻的和平宾馆看望宇居兄，并送来了写好的校牌和这封便函。毛泽东信后附的校名题字，在他认为满意的字右角打了个小圈子，供学校选用。

毛宇居是韶山亲友中与毛泽东往来最多、最为亲密和信赖的老师和兄长。现在所见，毛泽东致毛宇居的书信有11封，中华人民共和国成立后他曾三次进京面见毛泽东。这是毛泽东写给宇居兄的最后一封信。9个月后，1959年6月25日下午，毛泽东回到了阔别32年的故乡韶山，就对身边的工作人员说："要把我大哥接来。"第二天，毛泽东亲切接见了毛宇居夫妇，并与毛宇居夫妇及其女儿一起照了相。晚上，在韶山宾馆松山一号楼宴请家乡父老乡亲的宴会上，毛泽东起身向同桌的毛宇居敬酒，毛宇居连忙谦让："主席敬酒，岂敢岂敢！"毛泽东说："敬老尊贤，应该应该！"风趣而充满真诚的对答，为两人的交往，平添了一段佳话。5年后，毛宇居在故乡逝世。

致刘松林[1]

（一九五九年八月六日）

娃：

你身体是不是好些了？妹妹考了学校没有？我还算好，比在北京时好些。登高壮观天地间，大江茫茫去不还。黄云万里动风色，白波九道流雪山[2]。这是李白的几句诗。你愁闷时可以看点古典文学，可起消愁破闷的作用。久不见，甚念。

爸　爸

八月六日

——见于《建国以来毛泽东文稿》第八册第421页（中央文献出版社1993年1月第1版），《老一代革命家家书选》第57页（中央文献出版社、生活·读书·新知三联书店1990年2月第1版）。

【注释】

〔1〕刘松林：详见P246注释〔1〕。毛泽东写这封信时，刘松林在北京大学俄罗斯语言文学系读书。

〔2〕登高壮观天地间，……白波九道流雪山：这是李白《庐山谣寄卢侍御虚舟》诗中的四句。

【解读】

1959年，当时在北京大学俄罗斯语言文学系读书的刘松林（刘思齐）大病一场。此时，毛泽东正在主持庐山会议。当他得知刘松林患病，便抽空千里迢迢给她寄来了这封信。

信的一开头就改用了“娃”这一亲切的称呼，这在毛泽东书信中是第一次。毛泽东作为慈父对失去心爱的丈夫、处于痛苦中的刘松林那种浓烈的呵护和疼爱之情跃然纸上。

作为父亲，毛泽东深知刘松林身体不好，是因为心情欠佳。因而在关心她的身体状况时，也尽量从心理上给女儿以安慰和鼓励。信中引用了李白《庐山谣寄卢侍御虚舟》一诗。这首诗写得气势恢宏，豪迈奔放。因对庐山的奇峰、秀水、飞瀑等自然景观的描绘，以及寻幽不如学仙，愿与卢敖同游太清的超凡绝尘的浪漫情怀的流露，被誉为“笔下殊有仙气”。毛泽东十分欣赏这首诗，特别是对信中引用的四句诗更是情有独钟。毛泽东把这四句诗写给病中的刘思齐，希望这四句诗所写的浩阔雄浑之境，能够开阔人的心胸，慰藉刘思齐在病中的苦闷情绪。毛泽东建议刘思齐在病中愁闷时看点古典文学，可以起到消愁破闷的作用。

这封信意在教育刘思齐开阔心胸，积极进取，不向困难低头，勇敢面对挫折，勇于战胜自我，树立战胜困难的信心和勇气。信中妙用李白诗的意境，高远典雅，读后使人精神为之一振。

致李讷[1]

（一九五九年十二月三十日）

李讷：

病好了没有？想你。要读浅近书，由浅入深，慢慢积累。大部头书少读一点，十年八年渐渐多读，学问就一定可以搞通了。我甚好。每天读书、爬山。读的是经济学[2]。我下决心要搞通这门学问。天寒，善于保养，不要再患感冒。

父　亲

十二月卅日上午六时

——见于《建国以来毛泽东文稿》第八册第637页（中央文献出版社1993年1月第1版），《老一代革命家家书选》第58页（中央文献出版社、生活·读书·新知三联书店1990年2月第1版）。

【注释】

〔1〕李讷：毛泽东和江青的女儿。详见P160注释〔1〕。当时在北京大学历史系读书。

〔2〕读的是经济学：1959年12月1日至1960年2月9日，毛泽东带领一个读书小组，先后在杭州、上海和广州研读苏联《政治经济学（教科书）》（修订

第三版）下册。该书由苏联科学院经济研究所的研究人员集体编写。写这封信时，毛泽东在杭州。

【解读】

1959年，毛泽东的次女李讷以优异成绩考入北京大学历史系。课余，她以极大的热情和浓厚的兴趣阅读一些大部头的历史著作。但毕竟只有19岁的年龄，对于这些大部头的书籍，李讷读起来确实有一定的难度。由于学习用功，平时不大注意休息，入冬后，李讷患了感冒。当时毛泽东在外地，进行调查研究和读书学习。离京两月有余，新年将至，又听说女儿生病的消息，毛泽东在杭州的住所给李讷写了这封信。

在信中，毛泽东询问了女儿的病情，并表达了自己对女儿的想念之情。然后，毛泽东循循善诱，教给女儿读书的方法：由浅入深，慢慢积累。毛泽东告诉女儿，经过多年的学习和努力，持之以恒，“学问就一定可以搞通了”。

作为革命家、政治家、军事家，经济学对毛泽东来说也是一门新的课题。1959年12月10日至1960年2月9日，毛泽东曾组织一部分人在杭州研读苏联《政治经济学（教科书）》（修订第三版）下册。他们安排每天下午研读，每天边读边议10页左右，少则5页，多则10多页。除星期天休息以外，从未间断。毛泽东通过“我下决心要搞通这门学问”的行动来熏陶自己的女儿。身教胜于言传，好榜样的作用，在家庭教育中不可忽视。

致刘松林[1]

（一九六〇年一月十五日）

思齐儿：

不知道你的情形如何，身体有更大的起色没有，极为挂念。要立雄心壮志，注意政治、理论。要争一口气，为死者[2]，为父亲，为人民，也为那些轻视、仇视的人们争这一口气[3]。我好，只是念你。

祝你

平安

父 字

一月十五日

——见于《建国以来毛泽东文稿》第九册第13页（中央文献出版社1996年1月第1版），《老一代革命家家书选》第59页（中央文献出版社、生活·读书·新知三联书店1990年2月第1版）。

【注释】

〔1〕刘松林：详见P246注释〔1〕。毛泽东写这封信时，刘松林在北京大学俄罗斯语言文学系读书。

〔2〕死者：指毛岸英。

〔3〕也为那些轻视、仇视的人们争这一口气：意思是说，你受到一些人的轻视和仇视，你要争这一口气。

【解读】

每逢佳节倍思亲，1960年的新春佳节将至，毛泽东怎能不更加怀念在朝鲜为国牺牲的长子岸英，挂念多日不见的岸英的未亡人刘松林，不知道她现在的情形如何？毛泽东提笔给刘松林写了这封信。

在短短不足一百字的家书中，两次用“极为挂念”“只是念你”等词语，这在毛泽东家书中是极为少见的。寥寥八个字，寄托了慈父对爱子和失去丈夫的大女儿多少深情。在毛岸英牺牲近十年来，刘松林熬过了多少个日日夜夜，流淌过多少泪水，有着亲身经历的慈父又怎能不强烈的感受得到呢！

在这封信中，让我们看到了毛泽东支持刘松林出国留学又转学国内，更希望她把大学读完，学有所成。为此，毛泽东鼓励刘松林尽快恢复健康，早日继续投入学习，要立雄心壮志，注意学习政治、理论。并要求刘松林为了死去的生父和丈夫，为毛泽东本人，为人民，争气争光，做出成绩来给那些轻视、仇视自己的人看看。这几句话铿锵有力，掷地有声，极有分量，极有骨气。既是对刘松林的激励和期望，也是毛泽东爱憎情感的鲜明体现。

在毛泽东的关怀和鼓励下，刘松林终于战胜疾病，完成学业，于1961年秋毕业，被分配到解放军工程兵的科研部门从事翻译工作。

致杨开英[1]

（一九六〇年四月二十一日）

开英同志：

久不见，甚以为念。你的情形好吗？有暇望告。

祝好！

毛　泽　东

一九六〇年四月二十一日

——见于《建国以来毛泽东文稿》第九册第153页（中央文献出版社1996年1月第1版）。

【注释】

〔1〕杨开英：毛泽东夫人杨开慧的堂妹。详见P264注释〔1〕。

【解读】

毛泽东写此信，并没有具体事情要说，只是表达“久不见，甚以为念”的感情，进而问候近情，并望“有暇望告”。简短的问安信，看得出毛泽东对亲人的关爱之情。

致杨开英[1]

（一九六〇年四月二十五日）

开英同志：

杨老太太[2]（岸英[3]的外婆）今年九十寿辰，无以为敬，寄上二百元，烦为转致。或买礼物送去，或直将二百元寄去，由你决定。劳神为谢！顺致

问候！

毛　泽　东

一九六〇年四月二十五日

——见于《建国以来毛泽东文稿》第九册第160页（中央文献出版社1996年1月第1版），《毛泽东书信选集》第526页（中央文献出版社2003年11月第1版）。

【注释】

〔1〕杨开英：毛泽东夫人杨开慧的堂妹。详见P264注释〔1〕。

〔2〕杨老太太：杨开慧的母亲向振熙。

〔3〕岸英：即毛岸英，毛泽东和杨开慧的长子。

【解读】

1960年是杨开慧之母、毛泽东岳母向振熙老人的90寿辰。毛泽东听说杨开慧的堂妹杨开英要回长沙老家，便给杨开英写了这封信并交给她200元寿礼带去，以表祝贺。对于既是岳母又是师母的向振熙，毛泽东历来感恩戴德，崇敬有加。

早在1950年4月，毛泽东即派长子毛岸英回湘为岳母杨老太太祝贺80大寿。如今，毛泽东又委托杨开英带去200元，并嘱咐她“或买礼物送去，或直将二百元寄去”，以庆贺杨老太太的90高寿。

致毛岸青[1]

（一九六〇年）

岸青我儿：

前复一封信，谅收到了。甚念。听说你的病体好了很多，极为高兴。仍要听大夫同志和帮助你的其他同志们的意见，好生静养，以求全愈。千万不要性急。你的嫂嫂思齐[2]和她的妹妹少华[3]来看你，她们十分关心你的病情，你应好好接待她们。听说你同少华通了许多信，是不是？你们是否有做朋友的意思？少华是个好孩子，你可以好好同她谈一谈。有信，交思齐、少华带回。以后时时如此，不要别人转。此外娇娇[4]也可以转。对于帮助你的大连市市委同志，医疗组织各位同志们，一定要表示谢意，他们对你是很关怀的，很尽力的。此信给他们看一看，我向他们表示衷诚的谢意。

祝愉快！

父　亲

——见于《建国以来毛泽东文稿》第九册第410—411页（中央文献出版社1996年1月第1版），《老一代革命家家书选》第61页（中央文献出版社、生活·读书·新知三联书店1990年2月第1版）。

【注释】

〔1〕毛岸青：毛泽东和杨开慧的次子。详见P31注释〔2〕。当时在大连养病。

〔2〕思齐：刘思齐，后改名刘松林。详见P246注释〔1〕。毛泽东写此信时，刘松林在北京大学俄罗斯语言文学系读书。

〔3〕少华：张少华，后改邵华。她是刘松林同母异父的妹妹。邵华早就与岸青认识，后与岸青相爱。1960年邵华与毛岸青结婚。当时在北京大学中文系读书。参见P313注释〔1〕。

〔4〕娇娇：即李敏，毛泽东的长女。详见P60注释〔1〕。

【解读】

中华人民共和国成立后，毛岸青曾在中宣部马列主义著作编译所从事翻译工作，参加翻译了斯大林著作《马克思主义和语言学问题》等书。由于有在苏联学习和生活10年的经历，毛岸青具备了相当强的俄文翻译能力，因此，在工作上得心应手，可谓一帆风顺。

可是在婚姻问题上，毛岸青很长时间一直没有找到合适的女朋友。毛泽东对儿子的终身大事非常牵挂。一次，毛泽东开导岸青说："你谈恋爱找对象，就不要说你是毛泽东的儿子嘛！你就说你是中宣部翻译不是很好嘛。我劝你找一个工人或农民出身的人，这对你可能还有些帮助。你要求条件高了，人家的能力强，看不起你，那就不好了，整天不愉快生闷气，那还有什么意思呀。"父亲的一席话，使毛岸青深受启发。

1951年，因儿时在上海流浪时被特务殴打大脑受过伤和哥哥岸英不幸牺牲消息的恶性刺激，毛岸青身患重病，住进北京医院治疗，后又转往大连疗养。其间，毛岸青的病情出现波动，这使毛泽东对儿子更加挂念。毛泽东多次去信询问，安慰岸青，劝他耐心治疗，不要着急，不要自己改变治疗方案。

1957年夏，毛泽东去大连，见岸青的病情大有好转，很是兴奋。毛泽东同岸青亲切而轻松地谈了很久，这使岸青得到了极大的安慰。

1960年，邵华因病从北京大学休学去大连疗养，毛岸青也在大连。毛岸青和邵华从小就认识。毛岸英结婚后，岸青常到刘松林家。邵华常随姐姐刘松林和姐夫毛岸英到中南海看望毛泽东。这样，毛岸青与邵华逐渐熟悉起来。随着交往的增多，他们之间有了感情。毛岸青很喜欢邵华，只因自己一直有病，从来不敢吐露真情。有一次，毛泽东问岸青："你嫂子的妹妹怎么样？"毛泽东鼓励岸青多给邵华写信。当毛泽东得知岸青的身体有好转，又得知岸青一直在和邵华通信，很高兴，他托刘松林和邵华一起去看望岸青，并特意给岸青写了这封长信，鼓励儿子。

在信中，毛泽东嘱咐岸青要听大夫同志和其他同志的意见，安心养病，并要岸青向关心自己给自己看病的医生和大连市委的同志表示感谢。毛泽东关心同志，尊重别人，特别是对下级平等相待。他给子女做出了榜样。毛泽东还告诉岸青说："你的嫂嫂思齐（刘松林，1949年和毛岸英结婚）和她的妹妹少华（张少华，刘松林的同母异父妹妹）来看你，她们十分关心你的病情，你应好好接待她们。"对于岸青与少华的书信来往，毛泽东也表达看法说："少华是个好孩子。"建议岸青同她谈一谈，还问他是否有做朋友的意思。对岸青婚恋问题的特别关切之情溢于言表，让人感受到一个做父亲的强烈责任感。病中的岸青对父亲如此关怀备至，也一定会受到深深的感动。

在毛泽东的关怀和支持下，毛岸青和少华（后改名邵华）于同年在大连结婚。毛泽东派人送了一块手表和一台熊猫牌收音机作为礼物。1970年初，毛岸青和邵华的儿子出生了，这就是毛泽东的第一个孙子。毛泽东为他取了个寓意深刻的名字：毛新宇。

致孙燕[1]

（一九六〇年十二月二十九日）

孙佩君同志：

你妈妈的信和你的信，都收到了，感到高兴。望你们好，有困难告诉我。不要来京，我很忙的。

问你妈妈好，祝她健康。

毛　泽　东

十二月廿九日

——见于《毛泽东家书》第317页（中原农民出版社1993年10月第1版）。

【注释】

〔1〕孙燕：学名孙佩君，她的母亲陈玉英曾在毛泽东和杨开慧的家中当保姆。

【解读】

毛泽东对孙燕像对自己的子女一样关怀，曾给她写过多封信，也邀请她到过北京。这里说一下毛泽东关怀孙燕的故事。

1958年2月，毛泽东派人将孙燕接到北京，留她在那里过春节，前后住了近半个月。2月3日上午，毛泽东在他的书房里接待了这位小“佩君同志”。

“我们也是老朋友了，书信通了几年，今天才见到你，还是这么个娃娃呀。”毛泽东慈祥地拉着孙燕的手，让她坐在右边的沙发上，自己坐在左边。他向身边的工作人员介绍说：“这就是上次陈老太太的女儿，叫佩君，是个很苦的孩子。”毛泽东详细地询问了陈玉英的身体、工作和生活情况，并嘱咐孙燕一定要好好照顾母亲的生活。

“你读书在哪个学校？”“在周南女中。”孙燕很自信地回答着。毛泽东笑着问：“你在你们班的课堂上喜不喜欢发言？”孙燕一下子脸红了，嗫嚅着说：“我就是怕发言，也很少发言。有时候将答案背熟了，一站起来就慌张，问题就答不上了。”

毛泽东像对待自己的亲生女儿一样说：“你还是害羞啊，有什么害羞的呢？女娃儿，就是有这个毛病，不好哩！上课应该积极发言，认真思考问题。要锻炼自己的思维能力，争取发言。”“也不知道为什么，一站起来准备发言，脸上火辣辣地烧，要讲的东西一下子全跑掉了。”孙燕不好意思地说。

毛泽东说：“这里有个勇气的问题，要超越自己，才能克服这些缺点。这是问题的一个方面。另一方面是，怕发言就说明知识掌握不牢固，对问题没有真正理解。读书时，一边读，还要一边思考，多问几个为什么。这样，对问题加深了理解，知识也就掌握了。”孙燕点头，默默地记着毛主席说的这些话。

毛泽东又问：“你除了课本读物外，还买过其他课外书没有？家里订了报纸没有？”“很少买书，也没有订报纸。”孙燕低着头说，“妈妈说，订报纸要好多的钱，家里一时拿不出来。”“那以后我寄点钱给你订报买书。”毛泽东关切地说。谈到这里，毛泽东突然记起了上次孙燕考学校要他去打听考试科目的事，便问道：“你在学校都喜欢一些什么功课？”“喜欢语文、历史、音乐、美术、体育。”孙燕一口气数着。毛泽东笑着说：“从全面发展来看，你还有几门行的！我们国家什么样的人才都需要。搞科学的、从事创作的、唱歌的、跳舞的都需要。”

毛泽东又问：“你最喜欢的是哪一门课？还是准备考什么学校？”“最喜欢的是音乐，”孙燕说，“不过考学校，我的音乐老师要我考中南音专，美术老师要我考中南美专。”

“你最喜欢音乐，那你就先唱个歌给我听听。”毛泽东笑逐颜开地说。孙燕是个活跃分子，在学校，班上开文艺晚会时，孙燕台上台下，十分活跃。同学们每次欢迎她唱个歌，孙燕总是积极应和，有时是唱了一个又一个，让同学们感到十分的快乐。孙燕也分外快乐。可现在要在主席的面前唱歌，孙燕可实在有点紧张了，不唱吧，毛主席要求听一个歌怎么能不唱呢？再则自己刚才也说了最喜欢的课程是音乐，还准备考中南音专呢，怎么好不唱呢？孙燕的脸一下子红了。

毛泽东用目光鼓励着她。“唱一个《我看见了毛主席》好吗？”孙燕终于大起胆子说。

毛泽东连连摇着手说：“不好不好，唱我的歌不好。”“那就唱‘天上太阳红彤彤，中国出了个毛泽东’。”孙燕又改了一只歌。“也不要唱，这些歌都是歌颂我的。”毛泽东又否定了。

孙燕可真急了，她想唱《美丽的姑娘》《四季歌》《天涯歌女》之类的歌，但转而一想，这些歌怎么能在毛主席的面前唱呢？（真是太天真了，后来孙燕自己也叹惜地说：“其实，唱这些歌，主席肯定喜欢听的。”）因为一时找不到合适的歌，孙燕心慌了，脸上火辣辣的，一脸通红。

毛泽东开着玩笑说：“你还没唱歌脸就红了，将来还当得了演员吗？”“老师叫我唱，我一定会唱。”孙燕急头上冒出这么一句话来。“噢——”毛泽东长叹了一声道，“因为我不是老师，所以你就不唱了，是吗？”孙燕自知失言，更是窘得不行，满脸通红。

毛泽东见孙燕的窘态，不禁笑了。他像严父，又像慈母，对孙燕说：“你的胆子太小了点。做事要大胆，唱歌要大胆，不能扭扭捏捏，要多锻炼自己，要敢于实践。如果要学音乐，更要多唱多练。唱多了，练多了，自然就大胆了，大方了。”孙燕低着头，很有几分不好意思，但还是认真地听着。

“在延安，演出《白毛女》时，”毛泽东继续举例说，“台下观众恨死了黄世仁，丢石头打黄世仁，观众们很同情喜儿，为她流下了眼泪，一恨一爱，说明戏演成功了，人民受到了教育。如果演员在台上扭扭捏捏，害羞怕丑，戏就演不成了，怎么可能去影响群众，教育群众？也就不可能受到群众的欢迎了。”这一席话，孙燕句句记在心里。

毛泽东好像是对待自己的女儿一样，继续说：“你现在年龄还小，但说小也不太小了，你要多学习，不要老在妈妈面前离不开，要多和同学们，多和周围的群众去接触，去了解群众，关心群众。”停了一下，毛泽东想到了什么，又将话引深一层说：“不要怕苦，我们以前在战争时期的红军是非常艰苦的，你妈妈和开慧同志一起坐牢就受了很多苦。现在没有战争，但以后你还要经受多种考验。”像慈母严父一样，一个整上午，毛泽东与孙燕说了很多很多。

或者是因为累了，毛泽东靠在沙发上，示意孙燕自己去玩。孙燕见书房侧有一小住室，便信步走了进去。见室内陈设简朴，床不宽，床上的毯子也有几分破旧了，心想，毛主席就睡这样的床铺这样的被子吗？

“毛主席，您就睡这样的床和被，不冷吗？”从那小住室出来后，孙燕几分好奇、几分天真地问。毛泽东笑了笑说：“我应该住什么样的房子呢？你一个娃儿又有多大的房子呢？是不是晚上睡在床上还感到冷呢？”

由冷暖的话题，毛泽东倒注意起孙燕的穿着来，见她衣着单薄，马上操起桌上的电话，好像是要高智和另一位秘书进来。不一会儿，高智和一位女秘书走进来。毛泽东拉着孙燕的手，对他们说：“你们上街去一趟，替我的这位客人买一套好一点的长大的衣服。”

那位女秘书打量了一下孙燕，表示说：“如果她能随我们一起上街，买的衣服就更合身一些。”“那好。”毛泽东非常高兴地说，“你跟他们一起上街，顺便好好地看一看北京的名胜古迹。”这样，孙燕与高智他们一起上街了。

在北京住了近半个月，要去的地方，要看的地方，都去了，也都看了，孙燕想要回家了。2月11日，孙燕穿着那身新买的绿呢衣服，来到毛泽东的书房。

“呵哟，好精神啰！”毛泽东拉着孙燕的手，好一阵打量，言语中十分喜悦。孙燕说明了这次是来辞行的，问主席有什么信带没有。

毛泽东笑着说：“我们的小佩君同志又想家了不是？”孙燕的脸又红了。毛泽东便问了她回去后的一些打算，孙燕都一一作答。最后，毛泽东打开砚盖，给陈玉英写了一封信：“此次看见佩君，她说暂时不做工作，继续补习，将来再讲工作问题。我看这个主意不错，故让她回长沙。她还年轻，目前学习一时期有益。”写完信，毛泽东又让秘书取来200元钱，交由孙燕带回。

孙燕回到长沙后，听毛主席的话，“好好学习”，在家温习功课，复习乐理知识，准备参加中南音专的招生考试。

到五六月间，招生考试开始。考场就设在长沙市大众音乐场。一位姓杨的主考老师点到“孙燕”的名字后，她勇敢地走了上去。她记得几月前到北京去见毛主席，毛主席在和她谈话时，教导她既然想学唱歌，胆子就要大一点的一席话，一点也没有怯场，临场发挥也相当出色。8月初，一纸录取通知书送到孙燕的手中，孙燕立即将这一好消息写信报告了毛主席。

时间过得真快，转眼之间，1960年底，孙燕快从中南音专毕业了，在她离校外出实习搞创作演出之前，给毛泽东主席写了一封信，大意是：就要外出实习了，到明年7月，就要毕业参加工作了，想到参加工作后，工作一定很忙，是很难有机会上北京的，因此希望在校读书期间（放假以后）来北京一转。这期间，孙燕的母亲陈玉英也写了类似要求去京的信给毛泽东。不久，一件信封上写着“湖北艺术学院李召邦先生转孙燕收”的信送到了正在武汉钢铁公司搞创作演出的孙燕手中。孙燕一看便知道这信是谁寄来的，急急展函阅读。

毛泽东写的这封信相对于给孙燕她们母子的其他几封信，写得很随意、亲切，又很坦率、诚恳。“我很忙的”——这是他不让她们“来京”的原因。其时，毛泽东正在准备主持中共第八届中央委员会第九次全体会议。在这么个时候孙燕她们来北京，显然是不适宜的。当时正处于三年困难时期，大家正在过苦日子，毛泽东虽然拒绝了她们母女来京的要求，但十分记挂着孙燕她们家的生活困难，当即指定中央办公厅的有关人员，给孙燕寄了100元钱。

1961年7月2日，孙燕由中南音专毕业，她并没有利用与毛泽东主席的那种特殊的关系要求照顾，而是凭着学校的一纸介绍信回到了长沙，并到市文化馆报到参加了工作。“文化大革命”开始后，她被调到长沙市图书馆工作。1980年调回到市文化馆，一直工作到退休。

几十年来，孙燕一直不忘毛主席对她“将来好好工作，好好为人民服务”的教诲，认真工作，做出了出色的成绩。

致刘松林[1]

（一九六一年六月十三日）

女儿：

你好！哪有忘记的道理？你要听劝，下决心结婚吧[2]，是时候了。五心不定输得干干净净。高不成低不就，是你们这一类女孩子的通病。是不是呢？信到，回信给我为盼！

问好。

父 亲

六月十三日

——见于《建国以来毛泽东文稿》第九册第522页（中央文献出版社1994年1月第1版），《老一代革命家家书选》第63页（中央文献出版社、生活·读书·新知三联书店1990年2月第1版）。

【注释】

〔1〕刘松林：详见P246注释〔1〕。1957年10月至1961年8月，刘松林在北京大学俄罗斯语言文学系读书。

〔2〕下决心结婚吧：在毛泽东的过问和关怀下，1962年2月，刘松林同中国人民解放军空军学院教员杨茂之结婚。毛泽东为他们抄录了一幅新写的《卜算子·咏梅》词，还给了刘松林三百元钱，叫刘松林代他买了礼品。

【解读】

毛岸英牺牲后，刘松林一直孤身一人，毛泽东时时刻刻关心着刘松林的学习、健康和进步。随着时光的推移，毛泽东又开始为刘松林的婚姻问题着急。

一天，他趁着李敏、李讷和刘松林在一起的时候说："你们都可以考虑对象啰！"几个孩子便嚷嚷道："上哪儿找啊？"

毛泽东风趣地说："那你们闭着眼睛上街抓一个呗。"刘松林也开玩笑地说："那抓个麻子可怎么办？"

1961年夏天，刘松林就要从北京大学毕业了。这时，离毛岸英牺牲已经过了整整十个年头。在这过去的十年当中，有谁能知道刘松林熬过了多少个痛苦的不眠之夜，又有谁能知，她流过多少伤心的眼泪。但岁月的脚步从不因悲伤和回忆而停歇，刘松林也已经从当年的青春少女过了而立之年。毛泽东为松林的个人问题，十分的焦急。过去的两年，毛泽东多次婉转地劝刘松林找个合适的人，成个家，还亲自托人给松林介绍了两个，但都没有成功。而心爱着岸英的刘松林却并不着急，她把全部精力都投入到了学习之中。毛泽东也不好直言相劝。这一次，刘松林就要完成学业了，毛泽东终于提笔给刘松林写了这封信。

在信中，毛泽东首先亲切地说："女儿，哪有忘记的道理？"继而直言自己的心事，委婉地劝道："你要听劝，下决心结婚吧，是时候了。"从这深情的话语里，我们看到，毛泽东是多么希望松林能够从对往日感情的追忆中走出，找个合适的人，成个家，以了却自己的心愿。"五心不定输得干干净净。高不成低不就，是你们这一类女孩子的通病。"毛泽东引用俗语猜度时下女孩的心理，以此劝说，还是希望刘松林能以正确的态度，尽快解决个人问题。作为父亲，毛泽东当然深知松林心中只有岸英那份难以忘怀的真情。但毕竟岸英已离世多年，怎能让松林形单影只地度过一生？

为了切实帮助解决刘松林的婚姻问题，毛泽东继续托人一定要找一个“中意”的人。一天，空军副司令员兼空军学院院长刘震对毛泽东说：“我们空军学院强击机教研室有位教员，叫杨茂之，是从苏联留学回来的。这个人老实正派，我觉得可以。主席是不是……”

毛泽东了解清楚情况后，有意识安排刘松林与杨茂之开始交往。当时，杨茂之30岁出头，身高体健，是渔民之子，身上有着忠厚老实的品质。经过一段相处，刘松林对这桩婚姻表示认可。事实上，他们在苏联空军学院学习，在留学生聚会时，他们见过面，但没有说过话。想不到这样一对在异国就相识的陌生人，竟走到了一起。

1962年2月，刘松林与杨茂之在刘松林家的四合院举办了婚礼，毛泽东将新创作的《咏梅》词书赠致贺，外送300元让刘松林代购了礼品。在毛泽东的关爱下，刘松林从此走出了生活的阴影，开始了新的人生之路。

毛泽东作为人民领袖和慈父，在爱子为国牺牲后，把儿媳当作亲生女儿，给予无微不至的关怀。又作为公公劝儿媳改嫁，并且千方百计为她找一个合适的对象。在未完成这件事之前，毛泽东一直将其作为自己最关心的未了心愿。这不仅增添了他巨大的人格魅力，同时也表现了他崭新的婚姻观、伦理观、道德观和新社会的人际关系，为我们提供了许多有益的启示，做出了榜样。

致李讷[1]

（一九六二年一月九日）

李讷：

贺片收到，高兴。你为什么不写封信给我呢？为什么那样吝啬呢？你不爱爸爸了，是不是呢？我希望不是，你是爱我的，只因我对你帮助太少，缺乏长谈，互不交心，所以如此。你给我来封信吧。

祝你上进！

父　亲

一九六二年一月九日

——见于《建国以来毛泽东文稿》第十册第4页（中央文献出版社1996年8月第1版），《老一代革命家家书选》第64页（中央文献出版社、生活·读书·新知三联书店1990年2月第1版）。

【注释】

〔1〕李讷：毛泽东和江青的女儿。详见P160注释〔1〕。当时在北京大学历史系读书。

【解读】

毛泽东的次女李讷进入北京大学读书以后，毛泽东反复叮嘱女儿不要将自己特殊化，应视为普通一员。李讷与一般同学一样，吃、住在学校，只有周末才回家。毛泽东从不允许卫士用公车接送李讷，李讷总是骑着那辆飞鸽牌自行车往返于中南海和北大之间。

李讷每月的口粮只有27斤，在学校常饿肚子，每次回家，一上餐桌，每每风卷残云，狼吞虎咽，连涮盘子的水也不放过。看到女儿饿成这样子，毛泽东心里虽然难过，但他也不允许李讷从家里带吃的东西到学校。一次，李讷从家中带去了一包奶粉，毛泽东知道后，很不高兴。又一次，卫士去看李讷，顺带了一包饼干，毛泽东知道后发了火。他说："别人可以送，我的孩子一块饼干也不许送！谁叫她是毛泽东的女儿！"

1960年底，因为严重的经济困难，李讷大病一场，全身浮肿，情绪十分低落，身体一直不能够恢复。1961年不得不休学在家。然而，正处于我国国民经济如此困难的时期，毛泽东无暇多过问女儿的情况，李讷为此感到苦闷。1962年元旦，李讷给父亲寄去了一张贺年卡。没有见到女儿的来信，多日不见女儿的毛泽东便给女儿写了这封信。

毛泽东与李讷，父女情深。在繁重的工作之余，毛泽东总希望看到因住校学习而很少与之见面的女儿的来信，从女儿的来信中去了解女儿，关爱女儿，也渴望从中看到女儿对自己的理解和爱。接近古稀之年的毛泽东，更是如此。所以，当毛泽东收到李讷寄来的贺片时，心中既感到高兴，同时又颇不满足，甚至还有些伤感。在这封信中，毛泽东以略带质疑的口气询问女儿："你为什么不写封信给我呢？为什么那样吝啬呢？你不爱爸爸了，是不是呢？我希望不是，你是爱我的。"接着，毛泽东把女儿不给他写信的原因归咎于自己，并动情地对女儿说："你给我来封信吧。"

这封信，毛泽东写得亲切、平易，真情流露，甚至带一点孩子气，读来让人动容。

致毛岸青〔1〕

（一九六二年一月十二日）

岸青儿：

寄来的信，收到，甚为高兴。现在住院治疗，望遵医嘱，不要变方法治疗、休息。一切待今年上半年机会成熟时，就会解决的。我好，时有点小毛病，一下子就过去了，忽<勿>以为念。

祝好！

父　亲

一九六二年一月十二日

——见于《建国以来毛泽东文稿》第十册第10页（中央文献出版社1996年8月第1版）。

【注释】

〔1〕毛岸青：毛泽东和杨开慧的次子。详见P31注释〔2〕。

【解读】

这是毛泽东的一封极普通的家书，内容只是有关身体情况的交谈，希望住院治疗中的毛岸青“遵医嘱”，不要以父亲的“小毛病”为念，让人在平凡中体会到亲切细微的父爱和亲情。

致邵华[1]

（一九六二年六月三日）

你好！有信[2]，拿来，想看。要好生养病，立志奔前程，女儿气要少些，加一点男儿气，为社会做一番事业，企予望之。《上邪》[3]一篇，要多读。余不尽。

父　亲

六月三日上午七时

——见于《建国以来毛泽东文稿》第十册第100页（中央文献出版社1996年8月第1版），《老一代革命家家书选》第65页（中央文献出版社、生活·读书·新知三联书店1990年2月第1版）。

【注释】

〔1〕邵华（1938—2008）：原名张少华，毛泽东次子毛岸青的妻子。毛泽东写这封信时，没写上款。

〔2〕有信：指毛岸青、邵华各自写给毛泽东的信。

〔3〕《上邪》：汉乐府《铙歌》十八曲之一。上：指天。邪：通“耶”，语气词。上邪：指天为誓的意思。全诗为：“上邪！我欲与君相知，长命无绝衰。山无陵，江水为竭，冬雷震震，夏雨雪，天地合，乃敢与君绝。”

【解读】

邵华，原名张少华，1938年生于延安，她是陈振亚和张文秋的女儿，与刘松林是同母异父的姐妹。像她的姐姐刘松林一样，少年时代也有过牢狱之灾。她出生几个月，父亲陈振亚因在保卫延安中有战功，受到军委的嘉奖，并送到苏联治疗，妻子张文秋和女儿松林、邵华相陪同往，不料途经乌鲁木齐（当时称迪化）时被新疆军阀盛世才扣留害死。失去了父亲的邵华与姐姐、母亲一起坐牢，直到1946年才经党的营救获释返回延安。

在毛泽东的关怀和帮助下，邵华顺利地进小学，上中学，1959年秋考取了北京大学中文系。读大学时，邵华已经由腼腆的小姑娘变成了谈吐自如的大学生。她喜欢到毛伯伯那里去探讨学问，成了毛泽东的“论友”“文友”。毛泽东谈《三国演义》，谈古典文学，邵华就谈外国文学，谈《简爱》，对《简爱》的主人公大加赞赏。听邵华这么一说，本来没有看过《简爱》的毛泽东，马上就买来阅读。邵华的《中国通史》课考得了好成绩，便兴冲冲地跑来告诉毛伯伯。毛泽东笑着说，这是死记硬背，算是知道了点皮毛，还没有很好地理解；要多读史料，多思考，能把“为什么”都说清楚，这一课才算学好了。

有一次，邵华来看望毛泽东，谈起宋人诗词来。毛泽东问邵华喜欢谁的作品，她说喜欢陆游的。毛泽东问其原因，邵华说：“因为陆游的诗，充满热血沸腾的爱国主义激情，具有雄浑豪放的战斗风格，常常表现出‘一身报国有万死’的牺牲精神。”毛泽东又问她最喜欢陆游的哪儿首？邵华便列举了《关山月》《书愤》《示儿》《夜游宫》等。毛泽东听了兴味极浓，挥毫写出了《夜游宫》一词。

最令邵华兴奋不已的是，有一次在中南海，毛泽东同他们谈起了唐代诗人。毛泽东说：王勃年轻有为，才高学博，为文光昌流利，可惜死得太早了。他发现孩子们也十分喜欢《滕王阁序》，便高兴地坐到桌子前，悬腕挥毫写下了“落霞与孤鹜齐飞，秋水共长天一色”的千古名句。写得气势磅礴，不同凡响。邵华接过来，如获至宝，激动得几乎跳起来。

在毛泽东的关心、支持下，1960年下半年邵华与毛岸青在大连结婚，组建成一个美满的小家庭。

1962年春天，毛岸青和邵华从大连回到北京。见到他们，毛泽东风趣地说："新媳妇总该去认认家门，让外婆和亲友们看看嘛！"遵照父亲的嘱咐，两人先到板仓祭扫妈妈杨开慧的陵墓，又到韶山看望乡亲们，然后又双双回到长沙。这可乐坏了已经92岁高龄的外婆向振熙老人。她一手拉着岸青，一手拉着邵华，端详来，端详去，总是舍不得放手。舅舅杨开智和舅妈李崇德也向他们问长问短。毛岸青和邵华也亲热地向外婆和舅舅、舅妈问好，同时转达了父亲毛泽东对大家的问候。全家人沉浸在欢聚的幸福之中。

同普通人一样，毛岸青和邵华的婚后生活，也有不如意的时候。一段时间，邵华因身体不好，再加上学业未竞，久留外地，一度情绪低落。毛泽东了解到这一情况后，给邵华写了这封信。

毛泽东非常关心儿子岸青和儿媳邵华婚后的生活。在这封信中，毛泽东不但叮嘱邵华要"好生养病"，还希望她"立志奔前程，女儿气要少些，加一点男儿气，为社会做一番事业"。这对因病休学、忧虑前途、情绪低落的邵华来说是多么及时的一种精神上的鼓励。

在信中，毛泽东要邵华多读汉乐府民歌《上邪》，那是一首古代女子对爱情忠贞不渝的誓词，表示坚决跟她的情人相爱到底。意在鼓励邵华不要为眼前的困境所吓倒，要以事业为重，坚信爱情上的坚贞不渝足以战胜生活上的各种困难。从中可见毛泽东作为慈爱的父亲的一片良苦用心。"余不尽"，则更是余味无穷，寄托了领袖父亲对子女的无限关爱和嘱托。

邵华读了这封信，深受感动。她很快恢复了开朗豁达的性格，对岸青关心有加，更加体贴入微了。生活上，她把家务料理得井井有条；学习上，她更加刻苦用功，取得了显著成绩。她没有辜负父亲的一片厚望，在以后几十年的生活中，证明他们的爱情是坚贞的，生活是幸福的。

这封信写得言简意赅，渗透着博大深沉的父爱，且对人有极大的鼓舞和启迪作用。出自一位日理万机的共和国领袖之手的家书，读来的确令人感动。

这封信还有一个有趣的细节。开头没有上款，当然按照书信的格式可以写上称呼，但家信不必那么规整、拘泥。毛泽东待儿媳像自己亲生的女儿，落款既已写了“父亲”，不写上款又何尝不使人读来更加感到亲切、温暖，同时又可见出毛泽东处事为人潇洒自如而又精细关切的态度和风格。

致杨开智[1]

（一九六二年十一月十五日）

开智同志：

得电惊悉杨老夫人[2]逝世，十分哀痛。望你及你的夫人节哀。寄上五百元，以为悼仪。葬仪，可以与杨开慧同志我的亲爱的夫人同穴。我们两家同是一家，是一家，不分彼此。望你节哀顺变。敬祝

大安。

毛　泽　东

一九六二年十一月十五日

——见于《建国以来毛泽东文稿》第十册第217页（中央文献出版社1996年8月第1版），《毛泽东书信选集》第547页（中央文献出版社2000年11月第1版）。

【注释】

〔1〕杨开智：毛泽东夫人杨开慧的胞兄。详见P65注释〔1〕。

〔2〕杨老夫人：杨开智和杨开慧的母亲向振熙。详见P69注释〔1〕。

【解读】

1962年11月，向振熙老人以92岁高寿去世，毛泽东闻讯后，于哀痛之中给杨开智寄去唁函并悼仪500元。在唁函中，毛泽东首先表达了在惊悉向振熙老人逝世后“十分哀痛”的心情。

当年，正是在杨昌济和向振熙的关爱和赞同下，最终毛泽东与杨开慧结成了连理。毛泽东一生深爱和怀念着杨开慧，也始终尊敬、孝敬这位对自己有着恩德的岳母和师母。因而在向振熙老人谢世时，他在信中满怀深情地特意嘱托：“葬仪，可以与杨开慧同志我的亲爱的夫人同穴。”这不仅是对向振熙老人的敬重，也是对杨开慧深情的怀念。毛泽东反复劝告杨开智夫妇节哀，并强调，“我们两家同是一家，是一家，不分彼此。”表达了对杨开智夫妇的信赖和关切。

这封特别的家书，篇幅虽短，但感情容量很大，语气庄严而凝重，读之令人为之动容，感慨万千。

1976年夏，毛泽东病重。杨开智专程赴北京请求探视，工作人员考虑到毛泽东身体衰弱，未予准许，他让毛泽东身边的人递进一张近照和信。毛泽东一看就认了出来，当即让人打电话把杨开智请进来。医护人员认为不宜见客，就把信放在一级待办柜内，准备病情好转后再召见。不久，毛泽东与世长辞，探望终成憾事。

致李讷[1]

（一九六三年一月四日）

李讷娃：

刚发一信，就接了你的信。喜慰无极。你痛苦、忧伤，是极好事，从此你就有希望了。痛苦、忧伤，表示你认真想事，争上游、鼓干劲，一定可以转到翘尾巴、自以为是、孤僻、看不起人的反面去，主动权就到了你的手里了。没人管你了，靠你自己管自己，这就好了，这是大学比中学的好处。中学也有两种人，有社会经验的孩子；有娇生惯养的所谓干部子弟，你就吃了这个亏。现在好了，干部子弟（翘尾巴的）吃不开了，尾巴翘不成了，痛苦来了，改变态度也就来了，这就好了。读了秋水篇[2]……，好，你不会再做河伯[3]了，为你祝贺！

爸　爸

一月四日

——见于《建国以来毛泽东文稿》第十册第239页（中央文献出版社1996年8月第1版），《老一代革命家家书选》第67页（中央文献出版社、生活·读书·新知三联书店1990年2月第1版）。

【注释】

〔1〕李讷：毛泽东和江青的女儿。详见P160注释〔1〕。当时在北京大学历史系读书。

〔2〕秋水篇：即《庄子·秋水》，相传为战国时人庄周（约公元前369—前288）所作。李讷当时在学校里正学习《古代汉语》中的《庄子·秋水》。

〔3〕河伯：传说中的黄河水神，《庄子·秋水》中主人公之一。秋天涨水，百川灌河，河伯盲目自大，以为天下、浩大壮观之水都归集于自己。他顺流而东行，到了北海，看不到海水的尽头，方知自己渺小，于是望洋兴叹。

【解读】

1962年1月，毛泽东的次女李讷收到父亲关于贺年片的来信后，这才了解已是老人的父亲渴望得到女儿的理解和爱，也立刻理解了父亲因工作繁忙而与她沟通较少的情况。此后，李讷便注意到要及时给父亲写信了。因为她知道，这不仅不会打扰父亲，反而可以使父亲从女儿的温馨中得到慰藉。李讷在北大读书期间，父女俩通了不少信，谈了不少知心话。每当李讷感到烦恼和痛苦时，便写信向父亲敞开心扉。

1963年新年伊始，李讷给父亲写了一封信。信中回顾了过去一年自己的一些缺点，并谈到自己学习了《庄子》“秋水篇”后的认识。李讷认为其中的河伯（传说中的黄河水神）鼠目寸光，自高自大，是不可取的。

从李讷的来信中，毛泽东看出了女儿在成长过程中遇到的问题和在认识上的提高，便很快给女儿回了这封语重心长、充满鼓励的信。

毛泽东深爱自己的女儿，希望李讷能像普通人家的孩子一样，能够适应大学中相对独立的生活，自己管理好自己。同时希望李讷要学会辩证地看自己，不要有任何家庭的优越感，不要自以为是，孤僻，看不起人，甚至盲目自大。从李讷的痛苦和忧伤中，毛泽东以自己的阅历和经验，高兴地看到了女儿的进步，并在信中热情地鼓励李讷说：“从此你就有希望了。”毛泽东认为，痛苦、忧伤表示李讷在认真想事，有了争上游、鼓干劲的愿望，这本身便是进步。

在信中，毛泽东善意地批评了部分干部子弟的“娇生惯养”和“翘尾巴”，并对李讷直言“你就吃了这个亏”。毛泽东认为，尾巴翘不成了，确实痛苦。但随之而来的是态度的改变，向好的一面发展。也就是说由坏事变成了好事。言谈之中，充满了辩证法。对于女儿每一微小变化，毛泽东都关注着；对于她的每一点进步，毛泽东都表示肯定和喜悦。最后，毛泽东还为李讷读了“秋水篇”后认识有所提高表示祝贺。

《庄子·秋水》讲的故事是：秋天涨水，百川灌河，河伯盲目自大，以为天下浩大壮观之水都归集于自己。他顺流而东行，到了北海，看不到海水的尽头，方知自己渺小，于是望洋兴叹。这个故事意在告诫人们，天外有天，山外有山，切不可自以为是和盲目自大。所以毛泽东在信中说：“读了秋水篇，好，你不会再做河伯了。”对女儿的进步，毛泽东的喜慰之情溢于言表。

致李讷[1]

（一九六三年一月十五日）

李讷娃：

信收到，极高兴。大有起色，大有壮志雄心，大有自我批评，大有痛苦、伤心，都是极好的。你从此站立起来了。因此我极为念你，为你祝贺。读浅，不急，合群，开朗，多与同学们多谈，交心，学人之长，克己之短，大有可为。

爸　爸

一月十五日

——见于《建国以来毛泽东文稿》第十册第240页（中央文献出版社1996年8月第1版），《老一代革命家家书选》第69页（中央文献出版社、生活·读书·新知三联书店1990年2月第1版）。

【注释】

〔1〕李讷：毛泽东和江青的女儿。详见P160注释〔1〕。当时在北京大学历史系读书。

【解读】

作为主席毛泽东的女儿，李讷必然会受到这一特定身份的影响。虽然李讷在学校中的身份保密，但李讷的自我封闭，极大地阻碍了她与周围同学的交流、交谈、交心。毛泽东深知女儿的这一弱点。信中，毛泽东首先肯定女儿认识的提高和所做的自我批评以及所立的壮志雄心，并真诚地鼓励女儿说：“你从此站立起来了。”接下来，毛泽东还特别指出了高干子弟的通病，语重心长地嘱咐李讷一定要放下架子，“合群，开朗，多与同学们多谈”。并要女儿“学人之长，克己之短”，认为李讷只要这样做了，一定会取得更大的进步。

这封信完全是一个了解女儿和关心女儿的父亲写给女儿的知心话。大有激情，大有亲情，大有鼓舞人心的作用。从中可以看到一位慈父渴望女儿不断成长和进步的良苦用心。

李讷一直生活在毛泽东身边，经常受到父亲的教育和熏陶。在她的闺房里，书籍占据了大部分空间。她像父亲一样非常喜爱读书，对中国古代的历史和古典文学有着浓厚的兴趣。她衣着朴素，在生活各方面严格要求自己，在思想品德方面也极为追求进步。但毕竟生活在这样一个有着特殊背景的家庭，加上自己特有的经历和个性，李讷在学校中很难与周围的同学们交流和沟通。

此外，父辈们的业绩很早就在李讷心中树立起一座巨大的丰碑，李讷渴望有一天能够像父辈们一样干出一番大事业。对于自己目前平淡的学习生活和学到的肤浅的知识，李讷很不满足。她因此感到痛苦和忧伤。为此她给父亲写了一封信，诉说自己的心事，并对自己的缺点做了深刻的自我批评，表达了自己要积极进取的决心。毛泽东非常了解自己的女儿，深知女儿的弱点和长处。在收到李讷的来信后，毛泽东及时给李讷写了这封回信，给予女儿恳切的指导和鼓励。

这封信中还有一点值得注意，毛泽东家书不仅从思想品德、身体健康、为人处世等方面培养、教育子女，而且指导和帮助子女改进学习方法，取得更好的效果。李讷初入大学，求知心切，面对大量的历史典籍，不知如何入手。毛泽东根据自己多年来的读书经验，为子女“支招”，提出了“读浅，不急”的主张和要求。这是非常切合李讷这一代人的实际的，对于我们今天的年轻人也具有普遍的指导意义。

在毛泽东的教导和鼓励下，李讷后来在学习、思想和品格上都有了长足的进步。

【附录一】

毛泽东亲属关系

（本书书信原文和解读文字所涉及的人员）

一、毛泽东家

·**毛祥焕**（其有）（1794—1839）毛际耀的长子。毛泽东的高祖父。

·**毛祖人**（四端）（1823—1893）毛泽东曾祖父。生子二：毛恩农、毛恩普。

·**毛恩普**（翼臣）（1846—1904）毛泽东祖父。生子一：毛顺生；生女二：张毛氏、贺毛氏。

·**毛顺生**（贻昌）（1870—1920）毛泽东父亲。

·**文素勤**（文七妹）（1867—1919）文绵薰的三女。毛泽东母亲。

·**张毛氏**毛恩普长女。毛泽东的大姑母。

·**贺毛氏**毛恩普次女。毛泽东的二姑母。

·**毛泽东**（润之、闰芝、李得胜）（1893—1976）。

·**罗大秀**（罗大姑、一秀）（1889—1910）毛泽东的原配。

·**杨开慧**（云锦、霞姑）（1901—1930）毛泽东第二任妻子，1930年11月牺牲。生子三：岸英、岸青、岸龙。

·**贺子珍**（桂圆）（1909—1984）毛泽东第三任妻子。后与毛泽东终止婚姻关系。生三子三女，长大成人仅女儿李敏。

·**江　青**（李淑蒙、李云鹤、蓝苹、李进）（1914—1991）毛泽东第四任妻子。生一女李讷。

·**毛泽民**（咏莲、润莲）（1896—1943）毛泽东的大弟，1943年9月牺牲。生四子三女。长、次、三子早殇。四子毛远新，养子毛华初（远怀），长女毛远志。

·**王淑兰**（1896—1964）毛泽民的原配。生三子二女。三子均殇。长女毛远志。

·**钱希钧**（1905—1989）毛泽民第二任妻子，1939年离婚。1943年改嫁周小鼎。

·**朱丹华**（朱旦华）（1911—2010）毛泽民第三任妻子。1940年与毛泽民结婚，生子毛远新。1946年改嫁方志纯。

·**毛泽覃**（咏菊、润菊）（1905—1935）毛泽东的二弟，生子毛楚雄（远大）。1935年4月牺牲。

·**赵先桂**（1905—1932）毛泽覃的原配。后改嫁裴光。1932年夏因裴光牺牲哭泣被特务发现遇害。毛泽东的大舅母、干母文赵氏是赵先桂的姑母。

·**周文楠**（润芳、菊生）（1910—1992）毛泽覃第二任妻子。生子毛楚雄（远大）。毛泽覃牺牲后，改嫁王英樵。

·**贺　怡**（贺懿、贺一、银圆）（1911—1949）毛泽覃第三任妻子。1949年11月为寻找毛泽东失散的儿子毛毛，车祸遇难。

·**毛泽建**（达湘、菊妹子）（1905—1929）毛贻经之女，后过继给毛顺生。1929年8月牺牲。

·**陈　芬**（—1928）毛泽建的丈夫。1928年夏牺牲。

·**毛岸英**（远仁、化名杨永福）（1922—1950）毛泽东和杨开慧的长子。1950年11月牺牲。

·**刘松林**（思齐）（1930—）毛岸英的妻子。刘谦初和张文秋之女。毛岸英牺牲后，与杨茂之结婚。

·**毛岸青**（远义、化名杨永寿）（1923—2007）毛泽东和杨开慧的次子。

·**邵　华**（张少华）（1938—2008）毛岸青的妻子。陈振亚和张文秋之女。

·**毛岸龙**（远智、化名杨永泰）（1927—20世纪30年代中期）毛泽东和杨开慧的三子。20世纪30年代在上海病逝。

·**李　敏**（娇娇、姣姣）（1936—）毛泽东和贺子珍的女儿。

·**孔令华**（1935—1999）李敏的丈夫。

·**李　讷**（1940—）毛泽东和江青的女儿。

·**王景清**李讷的丈夫。

·**毛远志**（1923—1990）毛泽民和王淑兰之女。

·**曹全夫**（1921—）毛远志丈夫。

·**毛远新**（李实）（1941—）毛泽民和朱丹华之子。

·**全秀凤**毛远新的妻子。

·**毛华初**（远怀、王华初，后改名毛华初）（1921—2015）生母罗醒，后牺牲。毛泽民和王淑兰的养子。

·**韩瑾行**毛华初的妻子。

·**毛楚雄**（远大）（1927—1946）毛泽覃和周文楠之子。1946年8月牺牲。

·**贺麓成**（毛岸成）（1935—）毛泽覃和贺怡之子。

·**贺海峰**毛泽覃和贺怡之女。

·**陈国生**（1922—）革命烈士梁泽南的女儿。梁牺牲后，毛泽建收为养女。

·**毛新宇**（世新）（1970—）毛岸青和邵华的儿子。

·**郝明莉**毛新宇前妻。

·**刘　滨**毛新宇的妻子。

·**曹志卫**毛远志长子。

·**曹　宏**毛远志次子。

·**曹耘山**毛远志三子。

·**曹立亚**毛远志之女。

·**毛莉莉**毛远新之女。

·**毛宁科**毛华初长子。

·**毛宁利**毛华初长女。

·**毛宁娜**毛华初的次女。

·**毛宁亚**毛华初的次子。

·**孔继宁**（1962—）李敏和孔令华之子。

·**孔冬梅**（东梅）（1972—）李敏和孔令华之女。

·**陈东升**孔冬梅的丈夫。

·**李效芝**（李小宇、后改名王效芝）李讷之子。

·**毛东东**毛新宇、刘滨之子。毛泽东的曾孙。

·**毛甜懿**毛新宇、刘滨之女。毛泽东的曾孙女。

·**陈玉英**曾在毛泽东和杨开慧家中做保姆。

·**孙　燕**（孙佩君）陈玉英的女儿。

二、韶山毛家

·**毛祥麟**（1797—1853）毛际耀的次子。毛泽东的叔高祖父。

·**毛祥彦**（1805—1842）毛际耀的三子。毛泽东的叔高祖父

·**毛祥玙**（1808—1876）毛际耀的四子。毛泽东的叔高祖父

·**毛恩农**（德臣）（1841—1907）毛祖人长子。毛泽东的伯祖父。子三：贻盛、贻富、贻经；女三：适肖、适汤、适李。

·**毛贻盛**（菊生、良辅）（1872—1916）毛恩农长子。毛泽东堂叔父。子一：泽连（抚胞弟贻经次子为嗣）。

·**毛贻富**（梅生、良材）（1877—1916）毛恩农次子。毛泽东堂叔父。子一：泽荣。

·**毛泽荣**（宋五、逊五、胜五）（1897—1986）毛贻富之子。毛泽东的堂弟。子一：抚子远翔。

·**毛贻经**（蔚生、良英）（1882—1919）毛恩农三子。毛泽东堂叔父。子三:泽琏、泽连（过继给毛贻盛）、泽青；女一：泽建。

·**毛陈氏**（蔚生六婶）毛贻经的妻子。

·**毛泽琏**（永琏）（1908—？）毛贻经长子。毛泽东的堂弟。后牺牲。

·**毛泽连**（润发）（1913—1995）毛贻经次子（过继给毛贻盛）。毛泽东的堂弟。子二：坚平、养子岸平；女一：小青。

·**毛泽青**（运才、咏才、万才）（1916—1981）毛贻经三子。毛泽东的堂弟。子三：远佳、远明、远林；女三：小平、小滨、毛巍。

·**毛远翔**（毛毅）（1926—1996）毛泽荣抚子。毛泽东堂侄。

·**毛岸平**（远平）（1944—）毛泽连养子。毛泽东堂侄。

·**毛坚平**（远坚）毛泽连之子。毛泽东堂侄。

·**毛小青**（远青）（1954—）毛泽连之女。毛泽东堂侄女。

·**毛远佳**毛泽青长子。毛泽东堂侄。

·**毛远明**毛泽青次子。毛泽东堂侄。

·**毛远林**毛泽青三子。毛泽东堂侄。

·**毛小平**毛泽青长女。毛泽东堂侄女。

·**毛小滨**毛泽青次女。毛泽东堂侄女。

·**毛　巍**毛泽青三女。毛泽东堂侄女。

·**毛祖基**（兰芳）毛祥玓长子。毛祖人堂弟。毛泽东叔曾祖父。子一：恩黼；女二：秋蓉、秋絮（均殇）。

·**毛祖衎**毛祥玓次子。毛祖人堂弟。毛泽东叔曾祖父。

·**毛恩黼**（鼎臣）（1844—1909）毛祖基之子。毛泽东堂伯祖父。子五：贻谋、贻训、贻读、贻谟、贻诒；女二：适季、适钟。

·**毛贻谋**（福生）（1863—1933）毛恩黼长子。清国子监监生。毛泽东堂伯父。子三：泽启、泽先、泽田（出抚胞弟贻读承祧）；女一：启慧。

·**毛贻训**（麓钟）（1866—1921）毛恩黼次子。毛泽东堂伯父、塾师。清郡庠生。子四：泽承、泽癸、泽合、泽普；女二：适胡、适谭。

·**毛贻读**（寿生、霞阁）（1877—1935）毛恩黼三子。毛泽东堂叔父。子二：长子殇、泽田（抚胞兄贻谋三子为嗣）。

·**毛贻谟**（喜生、星阁）（1879—1933）毛恩黼四子。毛泽东堂叔父。子三：泽堂、泽全（出抚胞弟贻诒承祧）、泽满；女五：适彭、适赵、适贺、四五殇。

·**毛贻诒**（全生）（1882—1910）毛恩黼五子。毛泽东堂叔父。子二：泽润

（殇）、泽全（抚胞兄贻谟次子为嗣）；女一：（殇）。

·**毛简臣**（恩镕）（1848—1925）毛泽东的远房叔祖父、塾师。

·**毛泽启**（宇居、先甲）（1881—1964）毛贻谋长子。毛泽东堂兄、塾师。子一：远涛；女五：长、次皆殇、人初、阳初、媛初。

·**毛泽先**（联甲、智珠）（1888—1962）毛贻谋次子。毛泽东堂兄。子四：远耀、远翥、远翔、远义；女四：适李、适张、适文、适郑。

·**毛启慧**（？—1970）毛贻谋之女。毛泽东堂姐。

·**毛泽承**（开甲、佛珠）（1883—1927）毛贻训长子。毛泽东堂兄。子一：远悌（抚胞弟泽癸次子为嗣）；女三：适庞、远民、远春。

·**毛泽癸**（绵甲、慧珠）（1896—？）毛贻训次子。毛泽东堂弟。后牺牲。子三：远孝、远悌（出抚胞兄泽承为嗣）、远忠；女一：适胡。

·**毛泽合**（孟甲、浦珠）（1917—1945）毛贻训三子。毛泽东堂弟。1945年牺牲。子三：远俊、远杰（殇）、远仁；女二：远青、满贞（殇）。

·**毛泽普**（新甲、月珠）（1919—1999）毛贻训四子。毛泽东堂弟。

·**阎伯华**（1923—1998）毛泽普之妻。子二：远震、远新；女三：毛群、小平、明敏。

·**毛泽田**（魁甲、碧珠、笔珠）（1895—1973）毛贻读抚子（毛贻谋三子）。毛泽东堂弟。子二：远翱、次子殇；女一：金辉。

·**毛泽堂**（光甲、纯珠）（1899—1963）毛贻谟长子。毛泽东堂弟。子一：远善。

·**毛泽满**（润珠）（1919—1995）毛贻谟三子。毛泽东堂弟。子二：远佼、远平；女一：远云。

·**毛泽全**（鼎甲、荣珠）（1909—1989）毛贻诒之子（抚胞兄贻谟次子为嗣）。毛泽东堂弟。子一：远建；女六：养女远南适何、远慧、远玲、远平、远敏、远丽。

·**徐寄萍**毛泽全的妻子。

· **贺晓秋**（1896—1960）毛泽东远房姑父的侄儿和继子。毛泽东的表弟。

· **贺晓明**（1900—1959）毛泽东远房姑父的侄儿。贺晓秋的胞弟。毛泽东的表弟。

· **贺林生**贺晓秋的长子，毛泽东的表侄。

· **贺凤生**贺晓秋的次子，毛泽东的表侄。

· **毛锡臣**（恩翌）（1892—1961）毛泽东的远房叔祖父。

· **毛少贤**（1889—1958）毛泽东的远房叔父。

· **毛贻柏**（逸民）（1909—1968）毛泽东的邻居、族叔。

· **毛桂昌**（1894—1958）毛泽东的远房族叔。

· **毛贻明**（月秋）（1879—1957）毛泽东的族叔。

· **毛贻华**（1904—1984）毛泽东的远房叔父。

· **毛贻全**（1906—1949）毛泽益的父亲，毛泽东的堂叔。

· **毛爱堂**（爱棠）（1895—1927）毛泽东上屋场家的邻居和族叔。1927年牺牲。

· **毛贻业**（爱桂）（1914—）毛泽东的族叔。毛爱堂之弟。

· **毛春秀**（1893—1972）毛爱堂、毛爱桂的姐姐。毛泽东的族姑母。

· **李远明**（1895—1951）毛春秀的丈夫。

· **毛福轩**（恩梅）（1897—1933）毛泽东的远房叔祖父。1933年牺牲。

· **毛春轩**（1901—1951）毛福轩之弟。毛泽东的远房叔祖父。

· **毛迪秋**（1925—）毛福轩之子。毛泽东的远房叔父。

· **毛浪秋**（1924—1986）毛春轩之子。毛泽东的远房叔父。

· **毛远涛**毛宇居之子。

· **毛远耀**（卓夫、振国）（1912—2013）毛泽先（智珠）长子。

· **胡觉民**毛远耀妻子。毛泽东堂侄媳。

· **毛远翥**（任夫、自财）（1918—1995）毛泽先（智珠）次子。

· **毛远翔**（毛毅）（1926—1996）毛泽先（智珠）三子。毛泽荣抚子。

· **毛远义**毛泽先（智珠）四子。

·**毛远孝**毛泽癸（慧珠）长子。

·**毛远悌**（乙夫）（1924—2001）毛泽癸（慧珠）次子。毛泽承抚子。毛泽东的族侄。

·**毛远忠**毛泽癸（慧珠）三子。

·**毛泽庆**（有升）（1911—1947）毛泽东的族弟。

·**宋女士**（毛宋氏）（1918—1960）毛泽庆的妻子。

·**毛旭梅**（学梅、泽济、锡光）（1884—1956）毛泽东的族兄。

·**毛新梅**（泽澍、锡纯）（1886—1927）毛旭梅的大弟。

·**毛望梅**毛仙梅的三哥。毛旭梅的二弟。

·**毛仙梅**（泽治、锡龄）（1889—1960）毛旭梅的三弟。

·**毛泽益**（1929—）毛泽东的族弟。

·**毛岳乔**（1892—1957）毛泽东的族兄。

·**毛特夫**（远绵）（1912—1982）毛新梅长子。毛泽东的族侄。

·**毛慎仪**（远猷、华吾）（？—1941）毛新梅次子。毛泽东的族侄。

·**毛雪华**（远荣）（1924—）毛新梅四子。毛泽东的族侄。文平山的舅父。

·**毛朗明**（泽林）（1912—1993）毛泽东的族弟。

·**毛照秋**（远煌、南兴）（1903—1973）毛仙梅之子。毛泽东的族侄。

·**谭季余**（1899—1961）毛泽东、毛宇居的亲戚。

·**李祝华**（李轲、李科）（1909[一说1902]—1992）毛泽东的姑表弟。

三、唐家圫（tuō）文家

·**文作霖**（德明）毛泽东的外曾祖父。生三子：文绵芳、文绵薰、文绵姜。女四：名不详。

·**文贺氏**（1826—1909）毛泽东外祖母。

·**文绵芳**（芝兰）文作霖长子。毛泽东的伯外祖父。生子：文正儒、文正美和四女。

·**文绵薰**（芝仪）（1821—1888）文作霖次子。毛泽东的外祖父，生三子三女。长子文玉瑞、次子文玉钦、三子文正材；长女适钟，次女适王，三女适毛。

·**文绵姜**（芝祥）文作霖三子，毛泽东的叔外祖父，生子文正华。

·**文正义**（正兴、玉瑞）（1853—1920）文绵薰长子。毛泽东的大舅父（文家排行第七，也称七舅父）和干父，生三子：长子文谷香、次子文涧泉、三子文梅清。

·**文赵氏**（1854—1924）文玉瑞之妻。毛泽东的大舅母和干母。

·**文正莹**（玉钦、玉清）（1859—1929）文绵薰次子。毛泽东的二舅父（文家排行第八，也称八舅父）。生三子：长子文泮香、次子文运昌、三子文南松。

·**文赵氏**（1855—1937）文玉钦之妻。毛泽东的八舅母。

·**文正材**文绵薰三子，毛泽东的三舅父（文家排行第九，也称九舅父），早夭。

·**钟文氏**文绵薰长女。毛泽东的大姨母。子：刘霖生（继子）。

·**王文氏**文绵薰次女。毛泽东的二姨母。生二子：长子王星臣，次子王季范。

·**王文生**王文氏的丈夫、毛泽东的二姨父。

·**文正儒**（玉善）（1844—1919）文绵芳长子。毛泽东的四舅父（文家排行第四）。

·**文正美**（玉里）（1847—1922）文绵芳次子。毛泽东的五舅父（文家排行第五）。

·**文正华**（玉森）（1864—1930）文绵姜之子。毛泽东的十舅父（文家排行第十）。

·**文谷香**文玉瑞长子。毛泽东的表兄。

·**文涧泉**（1881—1967）文玉瑞次子。毛泽东的表兄，生子文端人。

·**文梅清**（1887—1960）文玉瑞的三子。毛泽东的表兄，生子文端灵。

·**文泮香**（1880—1950）文玉钦长子。生子文赐生、文九明。

·**文运昌**（咏昌、润昌）（1884—1961）文玉钦次子。毛泽东的表兄。生子文砥南、文凤良。

·**文南松**（1890—1952）文玉钦三子。毛泽东的表兄。生二子：文孝根、文秉璋。

·**文静纯**文南松之女。

·**章锦明**文静纯的丈夫。

·**刘霖生**（新澍）（1865—1949）毛泽东大姨母钟文氏的继子。毛泽东的姨表兄。清代长沙府生员。

·**王星臣**王文生长子。毛泽东的姨表兄。生二子一女。

·**王季范**（1884[一说1885]—1972）王文生次子。毛泽东的姨表兄。毛泽东在湖南第一师范读书时的老师。生一子。

·**文平山**（1930—1970）文运昌的长孙。

·**王国焘**王星臣长子。毛泽东姨表侄。

·**王曼恬**王星臣之女。毛泽东姨表侄女。

·**王智田**王星臣次子。毛泽东姨表侄。

·**王德恒**王季范之子。毛泽东姨表侄。子：名不详。女：王海容。

·**王海容**王德恒之女。王季范孙女。毛泽东姨表侄孙女。

·**文端人**（士芬）（1901—1932）文涧泉之子。毛泽东的表侄。

·**文端林**（端灵）文梅清之子。毛泽东的表侄。

·**文赐生**文泮香长子。毛泽东的表侄。

·**文九明**（1913—）文泮香的次子。毛泽东的表侄。

·**文砥澜**（砥南）文运昌长子。毛泽东的表侄。

·**文凤良**文运昌次子。毛泽东的表侄。

·**文孝根**文南松长子。毛泽东的表侄。

·**文秉璋**（炳璋）（1920—1973）文南松次子。毛泽东的表侄。

·**文　凯**（涛生）（1883—1955）毛泽东远房表兄。

·**文东仙**（1902—1989）毛泽东的表弟。

·**章淼洪**文静纯之女。毛泽东的表侄孙女。

·**朱　光**章淼洪丈夫。

·**赵浦珠**毛泽东七舅母的侄儿。毛泽覃发妻赵先桂的堂兄。

·**赵储琳**毛泽东七舅母的侄儿。毛泽覃发妻赵先桂之兄。

四、杨林罗家

·**罗远雄**（鹤楼）罗大秀的父亲。

·**罗远英**（竹楼）罗远雄之兄。

·**罗石泉**（光烈）（1888—1951）罗远英的长子。

·**罗迪泉**（光伦）罗远英的次子。出抚给罗远雄（鹤楼）为嗣。

五、板仓杨家

·**杨书祥**（？—1884）杨开慧祖父。生三子：杨昌运、杨昌济、杨昌恺；一女：郑杨氏。

·**杨昌运**杨书祥的长子。

·**杨昌济**（华生）（1871—1920）杨书祥的次子。杨开慧的父亲。

·**向振熙**（1870—1962）杨开慧的母亲。

·**郑杨氏**杨书祥之女。杨开慧的姑妈。

·**杨昌恺**（昌楷、瑞生）杨书祥的三子。

·**杨　琼**杨昌济的长女。

·**杨开智**（1898—1982）杨昌济之子。杨开慧之兄。

·**李一纯**杨开智的前妻。

·**李崇德**杨开智的妻子。

·**向理卿**杨开慧的大舅父。

·**向明卿**杨开慧的二舅父。

·**杨开仁**杨昌恺的长女。杨开慧的堂妹。

·**杨开秀**杨昌恺的次女。杨开慧的堂妹。

·**杨开英**（1915—1973）杨昌恺的三女。杨开慧的堂妹。

·**李　辉**杨开英的丈夫。

·**杨开明**（1905—1930）杨昌恺之子。杨开慧的堂弟。1930年牺牲。

·**向三立**向理卿之子。杨开慧的表弟。

·**向　复**向理卿之子，杨开慧的表弟。

·**向　钧**（1906—1928）向理卿之子。杨开慧的表弟。1928年1月牺牲。

·**杨　展**（1920—1941）杨开智长女。1941年秋牺牲。

·**杨　瑛**杨开智次女。

·**杨秀生**杨开慧的族兄。杨开慧牺牲后，受杨开智夫妇委托，为杨开慧收殓。

六、永新贺家

·**贺焕文**（调元）（1871—1938）贺子珍之父。

·**温吐秀**贺子珍之母。

·**贺敏学**（1904—1988）贺子珍之兄。

·**李立英**（？—2002）贺敏学妻子。

·**贺敏仁**贺焕文次子，毛泽东的妻弟。长征途中被错杀。

·**贺先圆**（1909—1928）贺焕文三女。毛泽东的妻妹。被敌人杀害。

·**贺敏萱**贺焕文三子。贺子珍同父异母弟。

·**贺小平**贺敏学之女。

七、毛泽东弟妹姻亲家

·**周陈轩**（1883—1968）毛泽覃的岳母。周文楠的母亲。

·**周祖余**（颂年、自娱）（1874—1942）毛泽覃妻子周文楠的同父异母之兄。

·**周起鹗**周文楠的侄儿。

·**赵浦珠**（1886—1975）毛泽覃原配赵先桂的堂兄。毛泽东大舅母、干母文赵氏的侄儿。

·**陈淑元**毛泽建养女陈国生的生母。毛泽建的丈夫陈芬的胞姐。1928年牺牲。

·**梁泽南**陈淑元的丈夫。毛泽建的养女陈国生的生父。1928年牺牲。

八、毛泽东子女姻亲家

·**刘谦初**（1897—1931）刘松林的父亲。1931年牺牲。

·**张文秋**（一平）（1903—2002）刘松林、邵华的母亲。刘谦初牺牲后，1937年与陈振亚结婚。

·**陈振亚**（1903—1941）邵华的父亲。张文秋的后夫。1941年牺牲。

·**孔从洲**（1906—1991）孔令华的父亲。

【附录二】

参考文献

〔1〕共和国第一家，赵志超著，中央文献出版社2003年11月第1版。

〔2〕建国以来毛泽东文稿·第一册，中共中央文献研究室编，中央文献出版社1987年11月第1版。

〔3〕建国以来毛泽东文稿·第二册，中共中央文献研究室编，中央文献出版社1988年11月第1版。

〔4〕建国以来毛泽东文稿·第三册，中共中央文献研究室编，中央文献出版社1989年11月第1版。

〔5〕建国以来毛泽东文稿·第四册，中共中央文献研究室编，中央文献出版社1990年9月第1版。

〔6〕建国以来毛泽东文稿·第五册，中共中央文献研究室编，中央文献出版社1991年2月第1版。

〔7〕建国以来毛泽东文稿·第六册，中共中央文献研究室编，中央文献出版社1992年1月第1版。

〔8〕建国以来毛泽东文稿·第七册，中共中央文献研究室编，中央文献出版社1992年8月第1版。

〔9〕建国以来毛泽东文稿·第八册，中共中央文献研究室编，中央文献出版社1993年1月第1版。

〔10〕建国以来毛泽东文稿·第九册，中共中央文献研究室编，中央文献出版社1994年1月第1版。

〔11〕建国以来毛泽东文稿·第十册，中共中央文献研究室编，中央文献出版社1996年8月第1版。

〔12〕建国以来毛泽东文稿·第十一册，中共中央文献研究室编，中央文献出版社1996年8月第1版。

〔13〕建国以来毛泽东文稿·第十二册，中共中央文献研究室编，中央文献出版社1998年1月第1版。

〔14〕建国以来毛泽东文稿·第十三册，中共中央文献研究室编，中央文献出版社1998年1月第1版。

〔15〕老一代革命家家书选，中共中央文献研究室编，中央文献出版社、生活·读书·新知三联书店1990年2月第1版。

〔16〕毛泽东的儿女们，华英编著，中外文化出版公司1989年12月第1版。

〔17〕毛泽东的人际世界，宋一秀、杨梅叶编著，中央文献出版社2000年10月第1版。

〔18〕毛泽东故事丛书·毛泽东书信背后的故事，曾珺编著，浙江人民出版社2015年1月第1版。

〔19〕毛泽东和他的百位亲属，马玉卿主编，陕西人民教育出版社、陕西人民出版社1998年12月第1版。

〔20〕毛泽东和他的父老乡亲，赵志超著，湖南文艺出版社2011年9月第1版。

〔21〕毛泽东和他的亲友们，谢柳青著，河北人民出版社1993年2月第1版。

〔22〕毛泽东家风，孔祥涛主编，中国书籍出版社2006年9月第1版。

〔23〕毛泽东家世，李湘文编著，南粤出版社1990年11月香港第1版。

〔24〕毛泽东家书，谢柳青编著，中原农民出版社1993年10月第1版。

〔25〕毛泽东家书钩沉，潘相陈编著，中共中央党校出版社1997年9月第1版。

〔26〕毛泽东家书品读，柳常青编著，红旗出版社2004年3月第1版。

〔27〕毛泽东年谱(1893—1949)修订本·共三册，中共中央文献研究室编，逄先知主编，中央文献出版社2013年12月第2版。

〔28〕毛泽东年谱(1949—1976)修订本·共六册，中共中央文献研究室编，逄先知、冯慧主编，中央文献出版社2013年12月第1版。

〔29〕毛泽东三兄弟，毛新宇著，人民文学出版社2016年12月第1版。

〔30〕毛泽东书信赏析，王树山、王健夫主编，山东人民出版社1997年11月第1版。

〔31〕毛泽东书信选集，中共中央文献研究室编，中央文献出版社2003年11月第1版。

〔32〕毛泽东一家人，赵志超著，中央文献出版社2000年4月第1版。

〔33〕毛泽东遗物事典，韶山毛泽东同志纪念馆编著，红旗出版社1996年11月第1版。

〔34〕毛泽东早期文稿（1912.6—1920.11），中共中央文献研究室、中共湖南省委《毛泽东早期文稿》编辑组编，湖南出版社1990年7月第1版。

〔35〕毛泽东致韶山亲友书信集，中共中央文献研究室毛泽东研究组、韶山毛泽东同志纪念馆编，中央文献出版社1996年8月第1版。

〔36〕毛泽东传(1893—1949)，中共中央文献研究室编，金冲及主编，中央文献出版社1996年8月第1版。

〔37〕毛泽东传(1949—1976)，中共中央文献研究室编，逄先知主编，中央文献出版社2003年12月第1版。

〔38〕生活中的毛泽东，于俊道主编，解放军出版社1999年9月第1版。

〔39〕听外婆讲那过去的事情——毛泽东与贺子珍，孔东梅著，中央文献出版社2005年2月第1版。

〔40〕伟人毛泽东丛书·毛泽东人际关系（上、下册），黄允升、张鹏主编，中央民族出版社2004年1月第1版。

〔41〕我的伯父毛岸英，毛新宇著，长城出版社2000年11月第1版。

后　记

编完了这本书，我感到极大的欣慰。多年来的宿愿，终于实现了。

毛泽东是中国人民的领袖，二十世纪最伟大的人物之一。他带领人民创建了中华人民共和国，把祖国和人民从危难中拯救出来。他对中国和人类的巨大贡献，值得人们永远地尊敬。毛泽东又是一位极富个性和人格魅力的人，在许多领袖人物中，他的故事最动听，也最吸引人，是讲也讲不完的。

毛泽东的理论著作、军事著作、外交著作都广为流传，而且涌现出一大批的研究成果。他的书信、家书一般都很简短，没有引起研究者的足够注意。但却是一份宝贵的财富，与中国历史上许多著名的家书，如颜氏家训、朱氏家训、诸葛亮诫子书、清代十大家书、现代的傅雷家书等相比较，可以说毫不逊色。毛泽东的家书虽然不是很多，大多也很简短，但是却贯穿了他的一生。这些家书内容丰富，思想深刻，笔端带有强烈的感情，文字优美精练。挖掘其中蕴藏的思想内涵，整理其背后的诸多故事，是一件非常有意义的事。前面已经有人开启了先河，我们只是在他们的基础上继续前行，力争将家书收集得更完整，把故事讲得更好，让它激励我们自己，更让它在神州大地上世世代代流传下去，教育我们的后代子孙。

编完了全书，有必要交代几件有关事项。

感谢商务印书馆国际有限公司的大力支持，2016年冬他们策划了这一选题，让我编写这部书稿。接到通知后，我立即应允，并组织了江苏的作者开始编写，同时邀请了韶山毛泽东同志纪念馆的研究人员参与书稿的编写工作。

感谢韶山毛泽东同志纪念馆副馆长龙剑宇同志对书稿编写的帮助和大力支持。感谢中共湖南省委党史研究室研究员夏远生同志认真审阅了初稿。

感谢南京军区原炮兵部长毛银河，他是毛泽东的族人，为本书提供了他参与撰修的《毛氏族谱》等宝贵资料。

感谢中共中央文献研究室原主任逄先知先生，感谢中共中央文献研究室原常务副主任杨胜群，他们都是毛泽东生平、思想、著作的研究专家，对我从事的毛泽东诗词、书法研究，一直以来，都给予了极大的关怀和帮助。

特别感谢中共中央文献研究室的审读专家，在重大选题备案中，他们提出了宝贵的意见，为书稿的政治质量提供了可靠的保障。

还要感谢在我们之前开辟了毛泽东书信、家书研究工作的同志，毛泽东的亲属，以及毛泽东生平、思想、著作的研究者们，没有他们所提供、收集和整理的众多家书，没有他们所回忆、叙述的生动、精彩的故事，没有他们多年来潜心研究所取得的丰硕成果，要编写出这样一本书是不可能的。在这里，一并向他们表示由衷的感谢和崇高的敬意。

本书的编写人员如下：主编季世昌，副主编徐四海、龙剑宇，编写人员有李丽、张因、刘伟、柳云峰、朱净之、常浩如、江海、赵启斌等。

本书的编写前后花了两年时间，数易其稿，不断充实材料，修改文字，力求信息更准确，文辞更完美。

希望广大读者通过阅读这本书，进一步了解我们的先辈——无产阶级革命家和革命烈士为建立中华人民共和国所付出的无私奉献、艰苦努力和浴血奋斗。希望我们的后代，能够读到这本书，以便深入了解一代伟人、伟大领袖毛泽东丰富的内心世界以及大公无私地对待亲人的崇高境界。希望青少年朋友通过阅读这些家书，提高思想觉悟和道德修养。

愿大家喜欢这本书。

季世昌于古都金陵